Doris Fetscher, Andreas Groß (Hg.)

Critical Incidents neu gedacht

KULTUR – KOMMUNIKATION – KOOPERATION

herausgegeben von Gabriele Berkenbusch und Katharina von Helmolt

ISSN 1869-5884

17   *Nicola Düll, Katharina von Helmolt, Begoña Prieto Peral,*
     Stefan Rappenglück, Lena Thurau (Hg.)
     Migration und Hochschule
     Herausforderungen für Politik und Bildung
     ISBN 978-3-8382-0542-7

18   *Sara Dirnagl*
     „*Because here in Germany*". Kategorisierung und Wirklichkeit
     Eine dynamische *Membership Categorization Analysis* von
     Migrationsberatungsgesprächen
     ISBN 978-3-8382-1005-6

19   *Astrid Lohöfer, Kirsten Süselbeck (Hg.)*
     Streifzüge durch die Romania
     Festschrift für Gabriele Beck-Busse zum 60. Geburtstag
     ISBN 978-3-8382-1000-1

21   *Stefan Serafin, Vera Eilers (Hg.)*
     Vivat diversitas
     Romania una, linguae multae. Festschrift für Prof. Dr. Isabel Zollna zum 60.
     Geburtstag
     ISBN 978-3-8382-0959-3

22   *Katharina von Helmolt, Daniel Ittstein (Hg.)*
     Digitalisierung und (Inter-)Kulturalität
     ISBN 978-3-8382-1177-0

23   *Thomas Johnen, Mônica Savedra, Ulrike Schröder (Hg.)*
     Sprachgebrauch im Kontext
     Die deutsche Sprache im Kontakt, Vergleich und in Interaktion
     mit Lateinamerika/Brasilien
     ISBN 978-3-8382-0825-1

24   *Robert Graner*
     Perspektiven Interkultureller Kommunikation in der
     Entwicklungszusammenarbeit
     Eine ethnographische Studie zu touristischer Entwicklung in Ecuadors
     Amazonasgebiet
     ISBN 978-3-8382-1353-8

25   *Doris Weidemann, Tina Paul, Anja Brandl (Hg.)*
     Interkulturelle Herausforderungen transnationaler Forschungsprojekte
     Erfahrungen in der chinesisch-deutschen Wissenschaftskooperation
     ISBN 978-3-8382-0369-0

Doris Fetscher, Andreas Groß (Hg.)

CRITICAL INCIDENTS NEU GEDACHT

Bibliografische Information der Deutschen Nationalbibliothek
Die Deutsche Nationalbibliothek verzeichnet diese Publikation in der Deutschen Nationalbibliografie; detaillierte bibliografische Daten sind im Internet über http://dnb.d-nb.de abrufbar.

Bibliographic information published by the Deutsche Nationalbibliothek
Die Deutsche Nationalbibliothek lists this publication in the Deutsche Nationalbibliografie; detailed bibliographic data are available in the Internet at http://dnb.d-nb.de.

Coverabbildung: Rawpixel/Shotshop.com | Stockfoto: 140101892

ISBN-13: 978-3-8382-1492-4
© *ibidem*-Verlag, Stuttgart 2022
Alle Rechte vorbehalten

Das Werk einschließlich aller seiner Teile ist urheberrechtlich geschützt. Jede Verwertung außerhalb der engen Grenzen des Urheberrechtsgesetzes ist ohne Zustimmung des Verlages unzulässig und strafbar. Dies gilt insbesondere für Vervielfältigungen, Übersetzungen, Mikroverfilmungen und elektronische Speicherformen sowie die Einspeicherung und Verarbeitung in elektronischen Systemen.

All rights reserved. No part of this publication may be reproduced, stored in or introduced into a retrieval system, or transmitted, in any form, or by any means (electronic, mechanical, photocopying, recording or otherwise) without the prior written permission of the publisher. Any person who does any unauthorized act in relation to this publication may be liable to criminal prosecution and civil claims for damages.

Printed in the EU

Inhaltsverzeichnis

Doris Fetscher und Andreas Groß
Einleitung 7

Beiträge

Doris Fetscher
Critical Incidents als Fragmente autobiografischen Erzählens. Eine
Korpusanalyse 15

Andreas Groß
Wie lernt man an Critical Incidents? Eine lerntheoretische
Perspektive 45

Katharina von Helmolt
Mehrperspektivische Analyse natürlicher Interaktionssituationen 75

Volker Hinnenkamp
Critical Incidents in der unterrichtlichen Praxis – von der
Dekonstruktion zur Induktion 93

Susanne Klein
Und was, wenn keiner dabei ist? Studentische Gruppendiskussionen
über Critical Incident Narrationen 111

Beatrix Kreß
"Teens do WHAT in Germany?!" YouTube-Tagebücher als
Dokumentationen kritischer Interaktionssituationen? 137

Francisco Javier Montiel Alafont und Christoph Vatter
Vom *Critical Incident* zur interkulturellen *Case Study*? Methodische
Herausforderungen und didaktische Potenziale im Kontext des
Fremdsprachenunterrichts 163

Kirsten Nazarkiewicz
Was ist das Kritische an Kritischen Interaktionssituationen? –
Critical Incidents aus kulturreflexiver Sicht 185

Agata Puspitasari Ranjabar
Critical Incident Method as a Research Tool: Dealing with
Administrative Rules and Procedures in Germany – A Case Study 213

Die CI-Werkstatt 231

Doris Fetscher
Wie man drüber spricht - Das Kurzinterview als Methode 235

Andreas Groß
Didaktisch-methodische Überlegungen zum „Taschenträger" 239

Katharina von Helmolt
Interkulturalität als Deutungsperspektive 243

Gundula Gwenn Hiller
Critical-Incident-Analyse mit Hilfe des KPSI-Modells 247

Volker Hinnenkamp
In die Erzählung Hinein-Fragen lernen 251

Beatrix Kreß
Sprachliches Handeln als kulturelles Handeln in CI-Erzählungen 255

Francisco Javier Montiel Alafont und Christoph Vatter
Erkennen – Verstehen – Handeln: Der „Taschenträger" aus
fremdsprachendidaktischer Sicht 257

Kirsten Nazarkiewicz
Kulturreflexivität im Umgang mit dem Critical Incident (CI) „Der
Taschenträger" 261

Katrin Nissel
Rollenabgleich, Hierarchiewechsel, Intersektionalität. 265

Agata Puspitasari Ranjabar
Der "Taschenträger" – A Goffmanian View. 267

Annika Schmidt
Der „Taschenträger": Eine proxemische Analyse. 271

Autor*innen 275

Doris Fetscher und Andreas Groß

Einleitung

Die Arbeit mit Critical Incidents[1] (im Folgenden: CI's) gehört zweifellos zu den etabliertesten und populärsten Instrumentarien in interkultureller Lehre und interkulturellem Training. Gleichwohl ist der Ansatz in den letzten Jahren von unterschiedlicher Seite einer weitreichenden Kritik unterzogen worden. Die Einwände betreffen zum einen die kulturtheoretische Fundierung: Auf diese Weise werde speziell durch den CI-Ansatz ein überholtes, essentialistisches Kulturverständnis aktiviert. Zum anderen wird die gängige Praxis beanstandet, das Material im Hinblick auf die damit verbundenen Vermittlungsabsichten hin zu frisieren bzw. „kundengerecht" eingängig zu gestalten. Damit, so der Vorwurf, werde mit Hilfe von CIs entgegen der vertretenen interkulturellen Lernprogrammatik der Stereotypenbildung Vorschub geleistet.

Nun erscheint es aber weder sinnvoll noch realistisch, in der interkulturellen Lehre, der Bildungs- bzw. Trainingsarbeit sowohl auf fallbasierte Ansätze mit didaktisiertem Material bzw. nicht bearbeitete CI-Narrationen zu verzichten, da das (wie immer auch verstandene) „Interkulturelle" an soziale Situationen gebunden ist, die für die Beteiligten oder Beobachtenden Ereignischarakter haben. Von diesen Ereignissen wird natürlich sowohl ungesteuert (in Alltagsgesprächen innerhalb und außerhalb von Lehr-/Lernsettings) als auch mehr oder weniger gesteuert (in dafür vorgesehenen Phasen von Lehr- und Trainingssettings) erzählt. In didaktischer Hinsicht würde durch einen Verzicht auf beide Formate eine wesentliche Möglichkeit vergeben, komplexe Thematiken anhand solcher Narrationen und ihrer Aufbereitung zu Fallstudien auf erfahrungs- und problemorientierte Weise zu bearbeiten.

Die Kritik am Ansatz kann überdies Anlass sein, über neue Perspektiven des Arbeitens mit CIs nachzudenken: Im Lauf der Zeit haben sich nicht nur theoretische Grundlagen verändert, sondern auch die

---

[1] Im Buch wird der Begriff Critical Incident auf unterschiedliche Weise formatiert: Neben der Abkürzung CI haben die Autor*innen den Begriff in englisch- und deutschsprachiger Version verwandt.

Möglichkeiten der Materialgewinnung, -aufbereitung und -dokumentierung sowie der Einsatzszenarien, in denen mit CIs gearbeitet wird.

Vor dem Hintergrund solcher Überlegungen entstand 2019 die Idee eines Symposions mit dem Titel „CIs neu gedacht". Auf Einladung der Fakultät für Angewandte Sprachen und Interkulturelle Kommunikation der Westsächsischen Hochschule Zwickau wurde im Rahmen von zwei Arbeitstreffen gemeinsam diskutiert, wie bisher ungenutzte Potentiale des Arbeitens mit CI-Narrationen in Forschung, Lehre und Training genutzt werden können. (Nachwuchs-)Wissenschaftler*innen aus unterschiedlichen Disziplinen, die teilweise schon seit vielen Jahren, teilweise erst seit kurzem mit CIs in Forschung, Lehre und Bildungsarbeit befasst sind, näherten sich während des Symposiums dem Thema mit ganz unterschiedlichen Sichtweisen, Erfahrungen und methodischen Zugängen. Dabei war der Grundgedanke leitend, den Diskurs offenzuhalten bzw. zu öffnen, und zwar sowohl im Hinblick auf die kontrovers geführte akademische Auseinandersetzung als auch auf das belastete Verhältnis zwischen Forschung und (Trainings-)Praxis.

Im Zusammenhang mit dem Symposion, das die Teilnehmenden als sehr inspirierend erlebten, entwickelte sich die vorliegende Publikationsidee. Im Sinne des Grundgedankens des Symposiums war schnell klar, dass hier nicht an einen „klassischen Sammelband" gedacht war; vielmehr sollte die Publikation den Beteiligten die Gelegenheit geben, den begonnenen Dialog auch auf schriftlicher Ebene weiterzuführen. Als besonders hilfreich erwies sich hier das Format der *CI-Werkstatt*: Die Autor*innen waren gleich zu Beginn der Publikationsarbeit aufgefordert, anhand eines vorgegebenen Falles den eigenen theoretischen und methodischen Zugang in knapper Form darzulegen. Die Anforderung, auf diese Weise eigene Zugänge und methodische Herangehensweisen an einer konkreten CI-Narration darzulegen, erwies sich als anspruchsvoll, aber auch als hilfreich für die Erstellung der Beiträge. Die dabei produzierten Ergebnisse wurden in einer virtuellen Austauschrunde vorgestellt und miteinander diskutiert.

Im Zuge des Publikationsprozesses ist eine Bandbreite unterschiedlicher überwiegend anwendungsbezogener Zugänge und Blickweisen auf die Arbeit mit CIs bzw. den CI-Ansatz entstanden, der neben den beschriebenen Problemlagen das nach wie vor vorhandene Potential des Ansatzes belegt[2]:

Doris Fetscher untersucht ein Korpus von 14 schriftlichen, studentischen Critical-Incident-Narrationen unter einer narratologischen Perspektive. Sie geht dabei davon aus, dass es sich bei CI-Narrationen um Fragmente autobiographischen Erzählens handelt und greift bei ihrer Analyse auf Kategorien zurück, die unter anderem für die Analyse autobiographischer Interviews entwickelt wurden. Dabei steht die Frage im Mittelpunkt, welche Darstellungsverfahren CI-Narrationen zugrunde liegen, welche Darstellungsaspekte eingesetzt werden oder wie die Erzählenden sich und die „Anderen" positionieren. Zudem argumentiert sie in ihrem Aufsatz für eine begriffliche Differenzierung zwischen CI-Anwendung, CI-Narration und CI-Storytelling. Das Fazit gibt einen Ausblick auf Möglichkeiten eines differenzierten Umgangs mit CIs in Forschung und Training.

Andreas Groß richtet den Fokus auf lerntheoretische Aspekte des Arbeitens mit CIs in organisierten Lehr- / Lernzusammenhängen. Ausgehend von der bisherigen Verwendungsgeschichte des CI-Ansatzes in der interkulturellen Bildung arbeitet er unterschiedliche Lernparadigmen und ihre Auswirkungen auf die jeweiligen Vorstellungen von und Umgangsweisen mit CIs heraus. Darauf basierend werden neuere Lern- und Bildungsdiskurse skizziert und die damit verbundenen Entwicklungspotentiale des CI-Ansatzes aufgezeigt. Der „erweiterte Möglichkeitsraum des Arbeitens mit CIs" (S. 64) biete Anregungen für die Bildungspraxis; über eine lerntheoretisch informierte CI-Debatte könne aber auch die Kluft zwischen fach- und lerntheoretischen Diskursen verkleinert sowie ein Beitrag zur Professions- bzw. Kompetenzentwicklung interkultureller Bildungspraxis geleistet werden.

Katharina von Helmolt hinterfragt die Möglichkeiten und Grenzen traditioneller CI-Ansätze und votiert für den Einsatz aufgezeichneter natürlicher Interaktionen, „da diese den Blick auf die Kontextabhängigkeit von kommunikativem Handeln" (S. 77) schärfen. Sie stellt ein darauf basierendes gesprächsanalytisch fundiertes Lehr- / Lernformat vor und diskutiert an Beispielen aus der Praxis Lernchancen und didaktische Herausforderungen. Die Analyse von Audio- und Videomitschnitten basiert gemäß ihrem Ansatz in Anlehnung an Luhman auf einem Konzept von

---

[2] Wir haben uns dazu entschlossen, die Beiträge in alphabetischer Reihenfolge abzudrucken, um den nichtintendierten Eindruck einer Rangordnung zu vermeiden.

„Interkulturalität als Beobachtungsperspektive erster und zweiter Ordnung" (S. 84): Die alltagsweltliche interkulturelle Beobachtungsperspektive erster Ordnung wird durch eine Beobachtungsperspektive zweiter Ordnung ergänzt, die das Gespräch über interkulturelle Interaktionen analysiert.

Volker Hinnenkamp setzt sich in seinem Beitrag zunächst kritisch mit einer „klassischen Definition" (S. 94) von Critical Incidents (Brislin u. Yoshida, 1994) auseinander, die von einem festgelegten Apriori von kulturellen Wissensbeständen ausgeht. Mit Verweis auf den spatial turn in den Sozialwissenschaften betrachtet er im Folgenden aus interaktionistischer Perspektive als „CIs als zu öffnende und zu befragende Räume." (S. 96). Auf dieser Grundlage schlägt er eine induktive Umgangsweise mit CIs in der Interkulturellen Lehre vor: Das Verfahren, das er als „In-den-Text-Hineinfragen, Aus-dem-Text-Hinausfragen und In-die-Lebenswelt der Beteiligen-Hineinfragen" (S. 97) bezeichnet, wird anschließend anhand zweier CIs vorgeführt und damit konkretisiert.

Im Mittelpunkt von *Susanne Kleins Beitrag* stehen ungesteuerte Gruppengespräche über Critical Incident Narrationen. Grundlage dafür sind Transkripte von zwei Gruppendiskussionen, die im Rahmen eines Tests der Wissensbasis NILS (*Network Intercultural Learning and Sensitivity*) mit Studierenden im ersten Semester aufgezeichnet wurden. Es handelt sich um Aufzeichnungen von Gesprächen über CI-Narrationen, die vorab von anderen Studierenden in die Wissensbasis eingepflegt wurden. Obgleich das Setting insgesamt natürlich didaktisch gerahmt ist, erfolgen die Gespräche in den Kleingruppen ungesteuert. Klein stellt in der Analyse dieser Gespräche die Frage, was passiert, wenn eine Auseinandersetzung mit CIs ungesteuert stattfindet: „Welche Aspekte, Themen und Kategorien werden durch die Studierenden relevant gemacht? Wie werden Kategorien verhandelt?" (S. 111). Die Ergebnisse der Analysen werden abschließend durch Überlegungen ergänzt, wie solche Beobachtungen für die interkulturelle Lehre fruchtbar gemacht werden könnten.

Der Beitrag von *Beatrix Kreß* setzt sich mit der Frage auseinander, ob Beiträge in YouTubekanälen, die von den Erstellenden selbst als interkulturell markiert wurden, CIs „aufrufen", und ob es sich bei solchen Beiträgen generell um eine spezifische Gattung im Rahmen kultureller und interkultureller Erzählungen handeln könnte. Am Beispiel von Transkripten aus entsprechenden Beiträgen fokussiert Kreß in ihrer Analyse die Perspektive sprachlicher Bearbeitungsprozesse kultureller Differenz und wie sich durch sie „[...] Be- und Verarbeitungsprozesse interkultureller Begegnungen ausgestalten" (S. 137) lassen. Über diese Analyse hinaus gibt der Beitrag sowohl in der Einleitung als auch im Fazit zahlreiche Anregungen zur Auseinandersetzung mit den verschiedensten Medienformaten im Internet und ihrem Potenzial für einen interkulturellen Diskurs.

Francisco Javier Montiel Alafont und *Christoph Vatter* befassen sich mit dem didaktisch-methodischen Implikationen des CI-Einsatzes im Fremdsprachenunterricht und den Verknüpfungsmöglichkeiten mit dem Themenfeld Interkulturelle Kommunikation. Sie entwickeln ein interkulturelles Lernmodell, das „fremdsprachenspezifische Faktoren berücksichtigt und gleichzeitig den Weg für eine Progression von Critical Incidents hin zu komplexen Lernszenarien mit Case Studies / Fallstudien ebnet." (S. 165). Hierzu zeichnen sie die Bedeutung von CIs bzw. Fallstudien in interkulturellen Trainingskontexten nach, arbeiten Elemente interkultureller Kompetenz heraus, die für den Fremdsprachenunterricht relevant sind, und schließen methodische Überlegungen zum interkulturellen Lernen mit Critical Incidents und Fallstudien an, die auf dem Dreischritt „Erkennen – Verstehen – Handeln" basieren.

Kirsten Nazarkiewicz stellt in ihrem Beitrag anhand des in der CI-Werkstatt vorgestellten Falles „Der Taschenträger" dar, wie CIs auf kulturreflexive Weise bearbeitet werden können. Die Grundlage dieses Zugangs bilden drei methodologisch unterschiedlich fundierte Kulturbegriffe, die jeweils einen anderen Blick auf die geschilderte Situation, das zur Analyse notwendige Wissen und die Lern- und Lösungsprozeduren eröffnen. Ausgehend von der Überlegung, dass „das Kritische" in Interaktionszusammenhängen auf typische Friktionen wie Erwartungsbrüche, Nicht-Verstehen und Machtasymmetrie zurückzuführen ist, kommt sie zu dem Schluss, dass CIs nicht notwendigerweise pädagogisch konstruiert sein müssen, sondern „jegliches Material kulturreflexiv analysiert, behandelt und zum Interkulturellem Lernen genutzt werden kann." (S. 186).

Agata Puspitasari Ranjabar nähert sich dem CI-Ansatz vor dem Hintergrund einer spezifischen forschungsmethodischen Fragestellung: Sie möchte anhand von CIs rekonstruieren, wie internationale Studierende bürokratische Anforderungen in Deutschland bewältigen bzw. wie es ihnen gelingt, sich das nötige Wissen dazu anzueignen. Ausgehend von einer kurzen Skizzierung des CI-Ansatzes analysiert sie transkribierte Interviews und arbeitet dabei interkulturelle Problemstellungen und Lösungsansätze der Protagonisten heraus. Bezüglich der Erhebung narrativen CI-

Materials mit Hilfe offener Interviewverfahren kommt sie zum Schluss: „Working with CIs by participants' own representation is risky and rich at the same time". (S. 226). Dem praktischen Problem, dass auf Grundlage mäandernder Erzählungen ein großer und komplexer Materialkorpus entsteht, stehen die Erweiterungsmöglichkeiten des CI-Ansatzes gegenüber, insofern der Bezug auf das erfahrungsbezogene Wissen die Denkweise der Erzähler*innen (bspw. in Form eines Reflexionsprozesses) in den Fokus rückt.

Mit den Beiträgen des vorliegenden Buches soll eine erste Idee vermittelt werden, in welche Richtung CIs „neu gedacht" werden können. Es ist der Begrenzung eines solchen Unterfangens geschuldet, dass viele Fragen und Aspekte nicht beantwortet bzw. thematisiert werden konnten. Der fragmentarische Charakter des Buches ist durchaus kein Nachteil; er kann vielmehr als „Diskussionsaufforderung" verstanden werden, die sich an unterschiedliche Zielgruppen (Studierende, Trainierende bzw. Lehrende, Forschende) richtet. In diesem Sinne freuen wir uns auf zahlreiche und interessante Rückmeldungen, die den Diskurs weiterführen.

Es ist gute Praxis, am Ende eines solchen Publikationsprozesses Dank auszusprechen. Er gilt zuerst den Autor*innen, die sich – dazu während der Coronapandemie - auf das Wagnis eines solchen kooperativen Schreibprozesses eingelassen haben. Darüber hinaus gilt ein besonderer Dank Frau Julia Jägerhuber, die uns in vielfältiger Weise eine ausgesprochen große Hilfe war und die damit sehr zum Gelingen des Bandes beigetragen hat.

Doris Fetscher und Andreas Groß

Beiträge

Doris Fetscher

Critical Incidents als Fragmente autobiografischen Erzählens. Eine Korpusanalyse

> Geschichten lehren uns, wie man lebt und wie man liebt.
> Wir wachsen mit ihnen auf und wir werden mit ihnen beerdigt.
> (Samira El Ouassil u. Friedemann Karig, 2021, S. 14).

1. Critical Incidents: Ereignis, Narration, Anwendung

Gegenstand meines Beitrags ist ein Korpus von 14 schriftlichen, von Studierenden verfassten Critical-Incident-Narrationen, die alle im selben Kontext entstanden sind (Anhang I). Dieses Korpus werde ich unter einer narratologischen Perspektive unter der Fragestellung betrachten, welche Merkmale diesen Texten gemeinsam sind und wodurch sie sich voneinander unterscheiden. Dabei gehe ich davon aus, dass es sich bei CI-Narrationen um Fragmente autobiografischen Erzählens handelt und werde mich entsprechend auf Kategorien der Textanalyse stützen, die u.a. von Lucius-Hoene und Deppermann (2004) zur Analyse von autobiografischen Interviews entwickelt wurden:

- Welche Darstellungsverfahren liegen CI-Narrationen zugrunde?
- Welche Darstellungsaspekte werden eingesetzt?
- Wie positionieren die Erzählenden sich selbst und die anderen Akteure?
- Könnte es sich bei CI-Narrationen sogar um eine eigene Textsorte handeln?
- Wie können ihre Spezifika für das interkulturelle Lernen unter Berücksichtigung eines kritischen, interaktionistischen Kulturbegriffs fruchtbar gemacht werden[1]?

---

[1] Siehe hierzu zum Beispiel Nazarkiewicz und Schröer in ihrer Einführung zum Band „Verständigung in pluralen Welten" (2021, S. 7-8).

Abschließend stelle ich dann die Frage, was es für Forschung, Lehre und Training bedeuten könnte, wenn wir Critical-Incident-Narrationen zuallererst als solche Fragmente autobiographischen Erzählens betrachten.

Dazu vorab eine kurze Begriffsklärung: In interkultureller Lehre und im Training wird in den unterschiedlichsten Formaten mit sogenannten Critical Incidents gearbeitet, wobei die Verwendung des Begriffs uneinheitlich ist und dadurch oft verwirrend wirkt. Erst in den letzten Jahren wird die Verwendung des Begriffs stärker reflektiert. Hans Jürgen Heringer zum Beispiel hat in der fünften Auflage seiner Einführung „Interkulturelle Kommunikation" (2017) das Kapitel über Critical Incidents um das Unterkapitel 9.4 „Narrativik oder story telling" ergänzt und dieses dem Kapitel 9.3 mit dem Titel „Didaktische Formate" gegenübergestellt. In zwei älteren Beiträgen zur Arbeit mit CIs differenziere ich selbst zwischen „Rohfassung" für die unbearbeitete CI-Narration und „didaktisierte Fassung" für nachbearbeitete Versionen. (Fetscher, 2010; 2015). Im Handbuch „Methoden interkultureller Weiterbildung" widmen Andreas Groß und Wolf Rainer Leenen den Critical Incidents als „Sonderform fallbasierten Lernens" ebenfalls ein eigenes Kapitel (Groß u. Leenen, 2019, S. 325-386). Sie grenzen Critical Incidents darin als „relativ kurz gehaltene Beschreibungen" ab von interkulturell relevanten Erzählungen, Geschichten oder Stories, die wiederum definiert werden als, „[...] breitere Schilderungen von Geschehnissen, die selbst erlebt, nacherzählt oder auch frei erfunden sein können und entweder schriftlich, mündlich oder in Bildern weitergegeben werden." (S. 335).

Neben der Schwierigkeit der Unterscheidung zwischen didaktisierten Formaten („Critical Incident Technique": Flanagan, 1954; Fiedler, Mitchell u. Triandis, 1971; Brislin, Cushner, Cherrie u. Yong, 1986 oder dem „Culture Assimilator": Thomas, 1991) und nicht didaktisierten Formaten fällt auf, dass der Begriff „Critical Incident" häufig sowohl für das situierte Geschehen als auch für die Ereignisnarration verwendet wird.[2] Und obwohl Groß und Leenen oben nicht ausschließen, dass es sich auch um fiktive Erzählungen handeln könnte, wird in der interkulturellen Lehre doch

---

[2] The term critical incident refers to a communication situation, which the participants (or one participant) consider as problematic and confusing, even amusing. Critical incidents are occasions that stay in mind. Typically, critical incidents consist of examples of cultural clash events – situations where unexpected behaviour occurs – with suggestions on how to solve these situations, https://www.jyu.fi/viesti/verkkotuotanto/kp/ci/introductio n.shtml (20.08.21).

allgemein davon ausgegangen, dass es sich um faktuale Narrationen handelt. Bei der Arbeit mit Critical-Incident-Narrationen steht dementsprechend meist die Inhaltsseite („Geschichte" oder „story") im Mittelpunkt des Interesses und nicht die Darstellungsseite („Erzählung" oder „discourse").[3]

Auf Grund dieser Beobachtungen möchte ich für diesen Aufsatz folgenden Begriffskomplex festlegen: Wenn es um das ephemere erzählenswerte Geschehen geht, das durch einen „Bruch" des Gewohnten als Ereignis wahrgenommen wird, werde ich vom CI-Ereignis sprechen. Ein CI-Ereignis kann sowohl physisch (offline) als auch virtuell (online), zum Beispiel in einer E-Mail medial vermittelt, geschehen. Ein Mix aus beiden Modi ist ebenfalls möglich, wenn sich zum Beispiel im face-to-face Kontakt (offline) ein Missverständnis auswirkt, das vorher in einer E-Mail entstanden ist. Im Fall eines medial stattfindenden CI-Ereignisses kann es sich um eine verbale oder schriftliche, synchrone oder asynchrone Interaktion handeln. Gespeichert vorliegen können neben den schriftlichen Interaktionen auch kurze verbale Sprachnachrichten aus den Messengerdiensten sowie auch Kommunikation über visuelle Elemente (Emoticons, Fotos, Filme, Memes), die eine immer größere Rolle spielen. In solcher Weise gespeicherte CI-Ereignisse können „faktisch" gut nachvollzogen werden. Vom ephemeren physischen Geschehen können wir dagegen nur durch eine Narration, im weitesten Sinn hier verstanden „als eine zeitlich strukturierte Repräsentation von Ereignissequenzen" erfahren. Aber auch von einem medial vermittelten Geschehen kann erzählt werden oder es kann Teil einer Narration über ein komplexeres Ereignis sein. („Stell Dir mal vor, da schreibt mir der doch in der E-Mail, dass ...") Gioxoglou und Georgakopoulou (2022) weisen in ihrem Aufsatz „A Narrative Practice Approach to Identities: Small Stories and Positioning Analysis in Digital Contexts" explizit auf die Multimodalität des storytelling (text, image, sound, and video) hin sowie auf die Beobachtung, dass sich storytelling auch zwischen Online- und Offline-Kommunikation bewegen kann (S. 243).

Geht es um die narrative Rekonstruktion des erzählwürdigen Geschehens und damit Ereignisses, spreche ich von CI-Narration und geht es

---

[3] Bei der Verwendung der Begriffe aus dem Gebiet der Narratologie stütze ich mich auf Saupe und Wiedemann (2016). Sie verweisen auch auf die jüngere „transmediale" Narratologie, die die oben genannte Unterscheidung insofern infrage stellt, als die Darstellungsseite, also die Art des Mediums, selbstverständlich auch die story beeinflusst.

schließlich um ein nachbearbeitetes und didaktisiertes Format einer CI-Narration, dann werde ich parallel den Begriff CI-Anwendung gebrauchen. In Bezug auf die CI-Narration werde ich zwischen dem CI-Storytelling und der CI-Narration unterscheiden. Als CI-Storytelling bezeichne ich die mündliche, ephemere Narration eines CI-Ereignisses, wie sie oft in Trainingssituationen, aber auch im Alltag stattfindet. „CI-Narration" möchte ich für ein wie auch immer konserviertes empirisch nutzbares, nicht didaktisierend nachbereitetes Datenmaterial verwenden, um das es in diesem Beitrag gehen wird. Dabei muss noch ergänzt werden, dass der Erhebungskontext oder Entstehungskontext von CI-Narrationen transparent gemacht werden muss, da innerhalb von didaktischen Settings auch von einer „didaktischen Kontaminierung" der CI-Narrationen oder des CI-Storytellings ausgegangen werden muss. Für die Analyse, sowohl aus Forschungs- als auch aus Trainingsperspektive, ist also sowohl der Kontext, in dem die CI-Narration entstanden ist, sowie das Medium, in dem die CI-Narration vorliegt, ganz entscheidend, denn es macht einen großen Unterschied, ob die CI-Narration in Form eines Vlogs (siehe Kreß in diesem Band), eines Audioformats, eines Eintrags in eine Webanwendung (Fetscher u. Klein, 2020), eines virtuellen Portfolios (Berkenbusch u. Fetscher, 2013) oder einer handschriftlichen Aufzeichnung in einem Tagebuch vorliegt. Einen Sonderfall stellen Transkripte von CI-Narrationen dar (siehe v. Helmolt in diesem Band), die ich dann zu den CI-Anwendungen zählen würde, wenn sie für didaktische Zwecke erstellt wurden.

Da es sich bei Erzählungen generell um subjektive und kulturgebundene Rekonstruktionen von Ereignissen handelt, sollte die Frage, wer eine CI-Narration oder eine CI-Anwendung in welchem Format, zu welchem Zeitpunkt und zu welchem Zweck verfasst hat, gerade auch in Trainings immer transparent gemacht und dadurch die Diskursebene mit reflektiert werden.[4]

2. Critical Incidents in der Trainingspraxis

Die Idee zu diesem Beitrag kommt aus der Trainingspraxis. In Trainings wird sowohl mit CI-Anwendungen als auch mit CI-Storytelling sowie mit CI-Narrationen gearbeitet. Im klassischen Sinn der CI-Anwendungen schaffen es „gute" CI-Narrationen, aus denen eine kulturbedingte

---

[4] Hilfreich kann hier auch ein Blick in die biographische Fallarbeit in der Geschichtswissenschaft sein. Siehe hierzu zum Beispiel Jureit (2014, S. 225-241).

Irritationen gut herausgearbeitet werden kann, häufig, in die CI-Narrations- bzw. Anwendungssammlungen des oder der Trainer*in aufgenommen zu werden und werden unter Umständen jahrelang in Trainings immer wieder verwendet.[5] Ich habe selbstkritisch in meiner Arbeit beobachtet, dass ich, häufig aus Zeitmangel, automatisch immer wieder dieselben, „bewährten" CI-Narrationen heranziehe und konnte dies auch bei Kolleg*innen feststellen.[6]

Beobachten kann man zudem, dass sich, ganz ähnlich wie beim Phänomen „der Geschichten aus der Yucca-Palme"[7], in Trainingskreisen besonders spektakuläre CI-Narrationen in leicht veränderten Versionen und unterschiedlichen Angaben zur Herkunft verbreiten und damit eine Art Eigenleben entwickeln.

In den letzten zwanzig Jahren haben sich neben den klassischen Anwendungs-Formaten zahlreiche Verfahren der Bearbeitung von CI-Narrationen etabliert, die nicht mehr ausschließlich kulturbedingte Irritationen fokussieren und deren Ziel es ist, einen differenzierteren Blick auf die situative Komplexität von irritierenden Interaktionen zu fördern.[8]

Werden in Trainingssettings CI-Narrationen erhoben, entstehen selbstverständlich auch mündliche und schriftliche Geschichten, die den oben genannten „klassischen" Anforderungen nicht entsprechen, die also nicht „mit ausreichendem Wissen über die beteiligten Kulturen plausibel gedeutet werden können" (Heringer, 2017, S. 226) oder die erzähltechnisch keine Spannung erzeugen bzw. Überraschung bieten.

Mit welcher Art von Narrationsmaterial haben wir es dann in der Trainingspraxis eigentlich zu tun, wenn wir CI-Narrationen erheben? Ab wann betrachten wir eine CI-Narration als eine CI-Narration? Sind die von den Teilnehmenden eingebrachten Erzählungen unterschiedlich „nützlich" für das interkulturelle Lernen? Muss man ein in einem bestimmten Setting

---

[5] Bei der Arbeit mit CIs, vor allem mit CI-Anwendungen, müssen folgende kritische Fragen gestellt werden: Wie lange bleiben solche CI-Anwendungen in sich schnell entwickelnden Gesellschaften eigentlich up to date und führen nicht gerade die Beispielhaftigkeit und Zuspitzungen zu didaktischen Zwecken zu einer Generalisierung und damit letztlich zu einer Stereotypisierung? (Heringer, 2017, S. 239 und Fetscher, 2015, S. 119).

[6] CI-Narrationen oder Anwendungen können besonders „bewährt" sein, weil sie einen großen Aha-Effekt auslösen, aber auch, weil sie besonders tief, komplex oder vielschichtig sind und einen vielperspektivischen Zugang ermöglichen. Siehe zum Beispiel die CIs in Fetscher 2013 und 2015 und die Begründung für die Auswahl des „Taschenträgers" für die CI-Werkstatt in diesem Band.

[7] Brednich, Rolf Wilhelm (2007). „Die Spinne in der Yucca-Palme: sagenhafte Geschichten von heute". C.H. Beck.

[8] Siehe die Beiträge und zahlreichen Verweise in diesem Band, insbesondere in Groß.

erhobenes Korpus in seiner Gesamtheit betrachten, und die Rollen- und Gruppendynamiken in einem Training mitberücksichtigen? Wie kulturgebunden ist die Art und Weise, wie wir erzählen? Und wie kulturgebunden ist unsere Vorstellung von interkultureller Lehre, wenn wir zum Beispiel als Lernziele Selbst- und Metareflexion, das Aufdecken von natürlichem Ethnozentrismus sowie das Infragestellen explizit ethnozentristischer Haltungen formulieren oder ganz einfach erwarten, dass Teilnehmende von Ereignissen berichten, in denen sie selbst oder andere „gar nicht gut wegkommen", weil sie vielleicht handlungsunfähig waren, die Situation falsch eingeschätzt hatten oder fehlendes Wissen offenbar wird. Im „Taschenträger" in der CI-Werkstatt wird dies sehr deutlich. Die Frage, ob in einem Lehr- und Lernsetting mit negativen Darstellungen oder kritischen Reflexionen über sich selbst und andere gearbeitet werden kann, ist sicherlich kultursensibel und muss von den Trainierenden vorausschauend mit reflektiert werden.

3. Das Korpus

Das hier vorgestellte Korpus (Anhang I) wurde am 16.01.2020 im Seminar *Einführung in die interkulturelle Forschung* an der Westsächsischen Hochschule Zwickau mit Studierenden aus dem ersten Semester (im Alter von 18-21 Jahren) im B.A. Studiengang *Languages and Business Administration (LBA)* erhoben[9]. Susanne Klein bezieht sich in ihrem Beitrag in diesem Band ebenfalls auf CI-Narrationen aus diesem Korpus und beschreibt den Kontext der Erhebung, deren vorrangiges Ziel ein Test der Wissensplattform NILS (Network Intercultural Learning and Sensitivity) war, ausführlich in Kapitel 2.1.[10]

In das Thema Critical Incidents wurden die Studierenden in einer Unterrichtsstunde über das bereits oben zitierte Kapitel zu Critical Incidents

---

[9] Zwei Studierende sind Nicht-Muttersprachler.
[10] Eine Besonderheit der Erhebung liegt in der Nutzung der Wissensplattform NILS (https://nils.fh-zwickau.de, 10.04.2022), in die die CI-Narrationen von den Studierenden über einen Texteditor mit ihren PCs während des Unterrichts eingepflegt wurden. Außerdem stellt die Plattform ein Tool zur Kategorisierung der CI-Narrationen bereit. Hier können, nachdem die Geschichten aufgeschrieben wurden, Kategorien wie „Ort des Geschehens", „Kontaktfeld", „Alter der Beteiligten" etc. angegeben werden. Eine ausführlichere Darstellung findet sich in Klein in diesem Band. Ziel der Plattform ist es, ein multiperspektivisches Stöbern durch eine große Zahl von CI-Narrationen zu ermöglichen. In etwas abgeänderter Form ermöglicht auch die App nils2Go, die in Anlehnung an die Wissensbasis im Rahmen einer Masterarbeit entwickelt wurde, einen Einblick in diese Idee des Stöberns.

aus Heringer (2017) eingearbeitet. Mit einem kritischen lebensweltlichen Kulturbegriff waren sie aber noch nicht konfrontiert worden. Für den Test der Plattform erhielten die Studierenden die Aufgabe, wenn möglich, ein selbst erlebtes CI-Ereignis zunächst in Kleingruppen zu erzählen und dieses dann in Einzelarbeit als schriftliche Narration in die Plattform einzupflegen. Die vorliegenden Texte wurden direkt aus der Plattform kopiert und lediglich offensichtliche Tippfehler zur besseren Lesbarkeit korrigiert. Die Plattform stellt ein eigenes Eingabefeld für den Titel der Geschichte bereit, so dass die Studierenden auch dazu angehalten wurden, sich einen Titel für ihre Geschichten auszudenken. Mit diesen Titeln schaffen die Studierenden natürlich einen spezifischen Fokus auf ihre Geschichte und geben damit womöglich auch eine Lesart vor oder erzeugen zumindest eine gewisse Erwartung bei den Lesenden. Im Rahmen dieses Aufsatzes kann auf diesen wichtigen Aspekt nicht detailliert eingegangen werden, es wird aber darauf verwiesen, dass in einigen Fällen der Titel einen Hinweis auf eine Metareflexion der jeweiligen Ereignisse gibt. Die Reihenfolge, in der ich die Texte behandle, entspricht der Reihenfolge, in der sie in der Plattform zum angegebenen Datum aufgeführt wurden. Die Angaben in den Feldern zu den Kategorisierungen (siehe Fußnote 10) ziehe ich für die Analyse der Texte nicht heran, da die Kategorisierung erst nach der Textproduktion erfolgte. Ich gehe davon aus, dass die Vorstellung, die die Studierenden zum Zeitpunkt der Erhebung von einer CI-Narration hatten, vor allem durch die „klassischen" Beispiele im Text von Heringer (2017) geprägt waren. Mit dem Kategorisierungssystem der Plattform setzten sie sich erst in der Testsituation auseinander.

4. CI-Narrationen als szenisch-episodische oder berichtend-beschreibende Fragmente autobiografischen Erzählens

Bei meiner Analyse gehe ich davon aus, dass es sich bei CI-Narrationen, ob mündlich, schriftlich oder konzeptionell mündlich, grundsätzlich um interaktive sozio-historische und kulturgebundene Handlungsformen handelt. Dannerer (2016, S. 15) verweist auf Gülich und Hausendorf sowie auf Labov und Waletzky und stellt in seiner Definition von „Erzählung" die rekonstruierende Verbalisierung von Ereignissen in den Vordergrund, wobei auf eine Unterscheidung zwischen mündlichen und schriftlichen Texten verzichtet wird:[11]

> Gülich / Hausendorf (2000: 373) definieren das Erzählen als eine (sprachliche) Handlung, die aus einer Diskurseinheit besteht, in der die „[...] verbale Rekonstruktion eines Ablaufs realer oder fiktiver Handlungen oder Ereignisse, die im Verhältnis zum Zeitpunkt des Erzählens zurückliegen oder zumindest [...] als zurückliegend dargestellt werden. In vielen Fällen werden Erzählungen aber nicht nur als verkettete Ereignisse aufgefasst, sondern als zusätzlich durch bestimmte Strukturelemente definierte Texte. Auch hier stammt eine klassische Unterscheidung von Labov & Waletzky (1967 / 1997): Orientierung – Komplikation – Evaluation – Lösung – Coda. (Dannerer, 2016, S. 15).

Die Kulturgebundenheit der Handlungsform Erzählung kann hier nicht ausführlich hergeleitet werden, betrachtet man jedoch die Erzählschemata, die im Deutschunterricht in der Schule im Rahmen der Erlebniserzählung unterrichtet werden, sind die oben genannten Strukturelemente deutlich wiedererkennbar.[12] Diese finden sich auch im synoptischen Überblick und Vergleich der Darstellungsverfahren des autobiografischen Erzählens bei Lucius-Hoene und Deppermann (2004, S. 156-157) (Siehe hierzu Anhang II). In ihrem Buch „Rekonstruktion narrativer Identität. Ein Arbeitsbuch zur Analyse narrativer Interviews." gehen die Autoren dabei selbstverständlich von mündlichen Erzählungen aus, die transkribiert vorliegen. Eine Abgrenzung zu schriftlichen Narrationen erfolgt eindeutig nur bezüglich der literarischen Erzählung. Sie bezeichnen ihr Forschungsfeld der life-stories oder self-narrations als: „Solche *Lebensgeschichten* oder lebensgeschichtlichen Fragmente, in denen der Erzähler selbst als handelnde und erleidende Person im Mittelpunkt steht." (Lucius-Hoene u. Deppermann, 2004, S. 21)." Weiter unten wird das autobiografische Erzählen dann definiert als: „das Erzählen von Selbsterlebtem, das über die Erzählsituation hinaus biografische Bedeutung hat und in dem die erzählende Person etwas für sie Wichtiges im Hinblick auf sich selbst, ihre Erfahrung

---

[11] CI-Narrationen können natürlich auch multimedial gestaltet sein (Filme, Comics, Kombinationen aus Bild und Text usw.). Modelle zum medienübergreifenden Erzählen gehen dabei ebenfalls von dem medienunabhängigen Grundgedanken aus, dass Elemente aus einer unbegrenzten Anzahl von Figuren und Geschehnissen ausgewählt und zu einer Geschichte zusammengefügt werden, wobei Produktions- und Rezeptionsprozess einer zeitlichen Dimension unterliegen. Hinzu treten dann die medienspezifischen Eigenschaften des jeweiligen narrativen Textes (vgl. Backe, 2008).

[12] Einleitung, Hauptteil, Spannungshöhepunkt, Schluss. https://lehrerfortbildung-bw.de/u_sprachlit/deutsch/bs/bej/text/erzaehlung/kriterien/e1_kriterien_uebersicht.pdf, https://www.elternwissen.com/lerntipps/lernmethoden-und-lerntechniken/art/tipp/so-schreibt-ihr-kind-eine-erlebniserzaehlung.html (04.07.2022).

und ihre Weltsicht ausdrückt (vgl. Kinde, 1993, S. 20-21)." (Lucius-Hoene u. Deppermann, 2004, S. 21).

Bezüglich des autobiographischen Erzählens werden schriftliche und mündliche Narrationen also nicht kategorisch voneinander abgegrenzt, obwohl natürlich die Interaktionsprozesse, die den jeweiligen Textproduktionen zugrunde liegen, völlig unterschiedlich sind.[13] Für eine erste Annäherung an das Material gehe ich davon aus, dass zentrale Strukturelemente, die von Lucius-Hoene und Deppermann herausgearbeitet wurden, auch auf schriftliche autobiographische Texte angewendet werden können. Eine deutliche Abgrenzung dagegen erfolgt gegenüber fiktiven literarischen Texten. Auch in der Literaturwissenschaft wird eine entsprechende Unterscheidung getroffen. Autobiografien, Tagebucheinträge, Schulaufsätze und Ähnliches werden im Gegensatz zu literarischen, fiktiven Kunstformen als Gebrauchstexte oder Gebrauchsformen bezeichnet. Hierzu würden dann auch die schriftlichen CI-Narrationen[14] zählen, die zu Trainingszwecken in einem entsprechenden Kontext entstanden sind. Erwähnen möchte ich in diesem Zusammenhang aber doch die Nähe von „typischen" CI-Anwendungen zur literarischen Form des Schwanks, die für die Herleitung der Kulturgebundenheit des Formats von Interesse sein kann. Vergessen wir nicht, dass CI-Narrationen und CI-Storytelling in Trainings immer einen großen Unterhaltungswert haben und die Erwartungen, die das Publikum an eine gute Geschichte stellt oder die der Erzählende dem Publikum bzw. den Lesern unterstellt, selbstverständlich die narrative Produktion beeinflussen. Vogt (1973, S. 286) gibt folgende Definition:

> Die kurze Erzählung (vor allem in Prosa) einer komischen Begebenheit aus dem Volksleben, die meist als spielerisch-kämpferische Konfrontation zweier verschieden situierter bzw. qualifizierter Figuren strukturiert ist. (Knecht und Herr, Laie und Kleriker, pfiffiger Student und einfältiger Bauer, Verführer und Naive usw.) Stofflich stehen realitätsgebundene, derbe Konfliktsituationen im Mittelpunkt [...], die entbundene Komik ist stofflich-situativ, kaum je intellektuell (vgl. dagegen den Witz und die Anekdote). Sprachlich-strukturell ist jedoch auch der Schwank wie diese beiden Formen durch die linear-straffe Zuspitzung des Geschehens mit witzigem, überraschendem – oft plötzlich umschlagendem Schluss (Pointe) geprägt. Der eingipflige Grundtypus folgt dem Schema: ein Einfältiger wird betrogen. Im komplizierteren Revanche-Typus überlistet der zuerst Betrogene seinerseits den Betrüger.

---

[13] Auch bei Transkripten mündlicher Erzählungen handelt es sich um schriftliche Texte mit allen Einschränkungen, die auch hier mit reflektiert werden müssen.

[14] Diese Abgrenzung schließt nicht aus, dass sich in literarischen Texten, aber auch Filmen fiktionale CI-Narrationen finden lassen, die ebenfalls für das Interkulturelle Lernen relevant sein können.

5. Analyse

Zur Analyse meines Korpus stütze ich mich zunächst auf die von Lucius-Hoene und Deppermann (2004) erarbeiteten Darstellungsaspekte szenisch-episodischer und berichtender Darstellungsverfahren (Anhang II). Das chronikartige Darstellungsverfahren, das in autobiographischen Interviews ebenfalls eine wichtige Rolle spielt, findet für CI-Narrationen keine Anwendung. In einem zweiten Schritt konzentriere ich mich auf die Darstellung der Selbst- und Fremdpositionierung ebenfalls nach Lucius-Hoene und Deppermann (2004) und Giaxoglu und Georgakopoulou (2022), sowie Bamberg (2012).

Lucius-Hoene und Deppermann (2004, S. 196) beschreiben Positionierung als „denjenigen Aspekt der Sprachhandlungen, mit denen Interaktanten sich soziale Positionen und Identitäten zuweisen." Im Kontext Interkultureller Kommunikation ist die Fremd- und Selbstpositionierung von besonderem Interesse. Werden zur Positionierung kulturelle Kategorien herangezogen und falls ja, welche und wie werden diese Kategorien jeweils zueinander in Relation gesetzt bzw. verhandelt? Finden sich in den autobiografischen Fragmenten Spuren von Aushandlungen innerer Konflikte, durch die sich kritische Situationen ja gerade auszeichnen? Giaxolou und Georgakopoulou (2022, S. 241) beziehen sich auf Bamberg (2012, S. 104-105), der davon ausgeht, dass Selbstdarstellung und Positionierung vor allem durch das Aushandeln folgender Dilemmata geprägt sind:

a) *constancy and change*: how one's sense of self balances moment by moment on a continuum *of no change at all to radical change.*
b) *uniqueness und conformity*: how tellers negotiate the degree of their sameness to or difference from others; and
c) *agency and construction*: how tellers navigate their sense of self as actor or undergoer on a continuum of *low* versus *high agency.*

Diese Kategorien werden ergänzt durch Fragen nach kritischen interkulturellen Kategorien wie „Ethnozentrismus", „Ethnisierung", „Kulturalisierung", und „Stereotypisierung". Am Beispiel der ersten CI-Narrationen „An der Bushaltestelle" und „Unordnung interkulturelle WG" möchte ich die Anwendung dieser Kategorien zunächst ausführlicher erproben, um mich dann in verkürzter Form dem restlichen Korpus zuzuwenden.

5.1 „An der Bushaltestelle"

An der Bushaltestelle

Nach einer Einkaufstour in der Stadt wollte ich den Bus wieder zurück zu meiner Unterkunft nehmen. Ich lief zu der Bushaltestelle, an der mein Bus normalerweise abfuhr und stellte mich neben das Haltestellenschild, ich war noch vollkommen allein. Da ich noch 10 Minuten zu warten hatte, schaute ich mir meine Nachrichten auf dem Handy an und blendete das Geschehen um mich herum vollkommen aus. Als ich wieder von meinem Handy aufschaute, hatte sich eine Schlange von 5 Personen neben mir gebildet, die alle in einer Reihe standen. Da ich den Bus schon kommen sah, machte ich mich bereit um einzusteigen. Der Bus hielt kurz vor mir und ich wollte gerade als Erste einsteigen, da zog mich ein älterer Mann aus der Schlange neben mir grob am Arm zurück und sagte mir, ich soll mich hintenanstellen. Überrumpelt stellte ich mich hinten in der Schlange an, die noch länger geworden war und stieg fast als Letzte ein. Ich war wütend über das respektlose Verhalten des Mannes, der mich zurückgezogen hatte, da ich doch die Erste war, die an der Haltestelle gewartet hatte.

5.1.1 Darstellungsaspekte szenisch-episodischer Erzählungen

Bei der CI-Narration „An der Bushaltestelle" handelt es sich um eine szenisch-episodische Darstellung. Die von Lucius-Hoene und Deppermann (2004, S. 156-157) aufgelisteten Darstellungsaspekte markiere ich in meiner Analyse zur besseren Veranschaulichung *kursiv*.

Die *erzählte Zeit* in der CI-Narration „An der Bushaltestelle" umfasst grob geschätzt vielleicht 20 Minuten. Die *Orientierung* als Teil der narrativen Binnenstrukturierung erfolgt im ersten Satz. Dann beginnt *die Ereignisdarstellung*, die zunächst einen eher berichtenden Charakter hat. Die *Ereignisverkettung* baut einen *Spannungsbogen* bis zur Ankunft des Busses auf und führt zu einem deutlich erkennbaren *Höhepunkt* oder „Skandalon" als Teil der *Komplikation*, die auf einem Planbruch basiert. In der Komplikation werden die Ereignisse detaillierter und *dramatisierender* geschildert, nahezu isochron: Der Bus kommt, die Erzählerin[15] bereitet sich vor, will als Erste einsteigen, wird dann zurückgezogen. Hier fallen Erzählzeit und erzählte Zeit fast zusammen. Im vorletzten Satz wird die Isochronie wieder aufgelöst. Wir wissen nicht, wie lange das Warten dann dauert. Dieser vorletzte Satz beinhaltet auch das *Resultat* der Komplikation, nämlich „ich stieg fast als Letzte ein". Dann folgt im letzten Satz eine sehr *emotional wertende Coda*, „ich war wütend über das respektlose Verhalten des Mannes" mit einem *moralisierenden* und *Empathie-heischenden* Nachsatz „da ich doch die Erste war (…)".

---

[15] Im Folgenden mit E. abgekürzt.

5.1.2 Positionierung als Identitätszuweisung

In der CI-Narration „An der Bushaltestelle" findet die Selbstpositionierung gleich im ersten Satz statt. Wir erfahren, dass E. in der Stadt, in der sie sich aufhält, in einer Unterkunft lebt, die aber nicht in der Stadt liegt. Sie hat eine Einkaufstour unternommen und ist nun auf dem Rückweg zur Unterkunft. Sie weiß, wo der Bus abfährt. E. stellt sich als selbständig, mit den Örtlichkeiten vertraut und sozial über das Handy vernetzt, dar. Sie ist in der Lage, sich so in das Handy zu vertiefen, dass sie ihre Umgebung völlig ausblenden kann. Dann tauchen weitere Akteure, fünf Personen, neben ihr auf, deren räumliche Positionierung „eine Schlange [...] die alle in einer Reihe standen" über einen Pleonasmus stark betont wird. Ihre *uniqueness* betont E. dadurch, dass sie erst gar nicht die Frage stellt, ob sie vielleicht auch ein Teil dieser Schlange neben ihr sein könnte oder sollte. Hier wird sehr deutlich, wie Positionierung als räumlich-soziale Handlung narrativ realisiert werden kann.

Die Handlung des älteren Mannes, der zunächst Teil der Schlange war, wird als „grob" bezeichnet. Seine Äußerung wird im Präsens und indirekter Rede wiedergegeben. Indem E. sich nun als „überrumpelt" darstellt, spricht sie dem Mann eine nicht legitime Autorität zu. Der Schlusssatz wiederholt diese Einschätzung. Der Mann ist respektlos, und E. wäre im Recht gewesen. Nachdem E. aber überrumpelt wurde und ihr Recht nicht durchsetzen konnte, bleibt ihr nur die Wut. Von einer Person mit *„high agency"* wird E. zu einer *„undergoerin"*.

Sowohl für ihre Selbstpositionierung als auch für die Fremdpositionierung werden keinerlei kulturelle Kategorien relevant gemacht, wie überhaupt in der gesamten CI-Narration.[16] Auch ihr Alter erwähnt E. nicht. Letzteres kann auch dem Erhebungskontext geschuldet sein, denn E. hat die Geschichte ja eben noch den anderen Studierenden mündlich erzählt, die natürlich das Alter von E. kennen. Auch gibt es keine retrospektive Evaluation des Ereignisses bzw. reflektierende Passagen.

Wir haben es mit einer klassischen eingipfligen Erlebniserzählung zu tun. Positionierung, Komplikation und Resultat sind miteinander verflochten. Es handelt sich um ein einmaliges Ereignis, das sehr kompakt eingeführt wird, dabei einem klaren dramaturgischen Plan folgt. Die CI-Narration entspricht den „klassischen" Anforderungen an eine CI-Anwendung

---

[16] Nur in den Kategorisierungen in der Plattform gibt die Erzählerin an, dass das Ereignis in England stattgefunden hat.

nicht nur in Bezug auf den Spannungsaufbau und die fehlende Explikation für den Vorfall, sondern auch insofern, als die Ursache für das kritische Moment auf unterschiedliche Verhaltensroutinen (Einsteigen in den Bus) in einem bestimmten Kontext zurückgeführt werden kann. Aus der Perspektive des älteren Mannes erscheint auf diesem Hintergrund das Verhalten von E. grob unhöflich. Inwieweit dies die Handlung des älteren Mannes rechtfertigt, müsste aber sicherlich diskutiert werden.

5.2 „Unordnung interkulturelle WG"

Die folgende CI-Narration entspricht einem berichtend-beschreibenden Darstellungsverfahren. Die ausführlichere Analyse beschränke ich hier aus Platzgründen auf diesen Aspekt und äußere mich zur Positionierung nur sehr verkürzt.

Unordnung interkulturelle WG

Ich wohne in einer WG zusammen mit zwei Chinesen die ein Auslandsaufenthalt hier in Deutschland haben. Somit teilen wir uns eine Küche. Weder auf Deutsch noch auf Englisch ist es einfach mit Ihnen zu kommunizieren. Oft sagen sie Ja obwohl sie eine Frage nicht verstanden haben. Die verlassen die Küche immer total chaotisch und dreckig, dass es für mich total eklig ist darin zu kochen. Das Geschirr und gekochte Essen steht meistens mehrere Tage offen rum und die Herdplatte und der Boden ist voller Essensreste. Anfangs versuchte ich mit Ihnen darüber zu reden. Ich ging Punkte wie Putzplan etc. an. Doch sie verstanden es nicht bzw. gingen dem aus dem Weg. Nun traue ich mich nicht mehr etwas zu sagen, weil ich der Neuzugang bin und zahlenhaft unterlegen bin. Außerdem ist die Kommunikation sehr unangenehm. Ich versuche nun Signale zu senden, in dem ich den Müll extra in den Flur stelle, so dass sie ihn mit runternehmen. Oder ich stelle ihr Geschirr extra offen bei Seite hin, dass sie es endlich abwaschen. Ich hoffe das ändert sich die nächsten Wochen...

Lucius-Hoene und Deppermann (2004, S. 160) schreiben über die Funktion solcher Verfahren in autobiographischen Erzählungen:

> [Sie haben] die wichtige Funktion, den Ereignisraum des Geschehens auszugestalten und sprachlich die interessierenden Aspekte der „Welt" des Erzählers zu konstruieren und zu charakterisieren. So können diese deskriptiven Objekte oder Weltfragmente z.B. Lebensräume, Milieus, Orte, Szenarien, Personen, Beziehungen, Erfahrungen, Gefühle oder Verhaltensweisen sein; [...] Beschreiben wird so zum Akt des „world-making". Wir erfahren welche Bestimmungsausschnitte eines Weltausschnitts für ihn wesentlich sind, welche Assoziationen er damit verbindet und bei der Hörerin aufzurufen sucht, und in welcher Beziehung diese Aspekte zueinanderstehen.

Die ersten drei orientierenden Sätze dieser CI-Narration könnten auch die Einleitung zu einer szenischen Darstellung sein. Aber dann wird mit „oft", „immer", „mehrere Tage" in eine berichtende Darstellung übergeleitet.

Die *Dauer der erzählten Zeit* umfasst mehrere Tage bis geschätzt einige Wochen. Der Konflikt im „Weltfragment" WG-Küche wird als Dauerzustand beschrieben. Eine gewisse narrative Binnenstruktur ist aber zu erkennen. Auf die Orientierung folgt die Schilderung des Dauerkonflikts, dann wird mit der Aufzählung der Maßnahmen zur Konfliktlösung mit dem Resultat „Nun traue ich mich nicht mehr etwas zu sagen" in eine neue Konfliktphase übergeleitet. Es gibt einen ausleitenden Satz, in dem eine Hoffnung formuliert wird. Der Ausgang des Konflikts bleibt jedoch offen.

Die weitgehend berichtend und beschreibende Erzählung verfügt doch über eine minimale Binnenstruktur.[17] Es fehlt aber der Spannungsaufbau, der Höhepunkt als Planbruch, das Überraschungsmoment, die eine klassische CI-Anwendung sonst auszeichnen. Wir haben es im Grunde genommen mit „Unordnung interkulturelle WG" mit einer Zusammenfassung zahlreicher Critical Incidents zu tun. Im Gegensatz zu den von Lucius-Hoene und Deppermann (2004) für die berichtenden Darstellungsverfahren benannten Kategorien der Zeit- und Erlebensperspektive und der Ereignisdarstellung können wir hier nicht feststellen, dass deutlich rückblickend und vom Resultat her erzählt wird, da der Konflikt noch offen ist und sich die Erzählende noch immer in der Konfliktsituation befindet. Aus Trainings sind mir derart strukturierte CI-Narrationen sehr geläufig, vor allem wenn es um Dauerkonflikte am Arbeitsplatz geht.

Bezüglich der Positionierung kann hier eine Veränderung der Selbstwahrnehmung (*change*) von „*high agency*" zu einer „zahlenmäßig unterlegenen" Position beobachtet werden, wobei durchaus eine strategische Handlungsfähigkeit erhalten bleibt. Die Abgrenzung (*sameness* versus *difference*) gegenüber „den Chinesen" erfolgt im gesamten Text über zahlreiche negative Zuschreibungen.

6. Zusammenfassende Analyse des Korpus (Tabelle Anhang III)

6.1 Darstellungsformate und narrative Dynamik

Die 14 schriftlichen CI-Narrationen des Korpus sind durchschnittlich ca.7,5 Zeilen lang[18], wobei die längsten Texte 11,5 Zeilen und der kürzeste

---

[17] Eine eindeutige Zuordnung einer CI-Narration zu szenisch-episodischen oder deskriptiv berichtenden Darstellungsformaten wird selten möglich sein. Wie auch im autobiographischen Interview wechseln sich in den meisten CI-Narrationen szenisch-episodisches Erzählen und der berichtende Modus ab bzw. gehen ineinander über.

[18] Eine ungefähre Angabe in Zeilen (z.B. 8+ = länger als 8 Zeilen) erschien mir anschaulicher als eine Angabe in Zeichen.

nur etwas mehr als zwei Zeilen umfasst. Die erzählte Zeit bewegt sich im Rahmen von einigen Sekunden („Begrüßung Kuss") bis zu mehreren Wochen, wobei bei den berichtend-beschreibenden Formaten in vier Fällen eine genauere Rekonstruktion nicht möglich ist. Die deutlicher szenisch-episodischen Formate umfassen eine durchschnittliche erzählte Zeit zwischen ca. 15 Minuten und einigen Stunden.

Vier CI-Narrationen („An der Bushaltestelle", „Wecker stellen", „But I like you" und „Georgische und Deutsche Arbeitsmoral") lassen sich am eindeutigsten dem szenisch-episodischen Darstellungsformat zuordnen. Sechs weiter CI-Narrationen können ebenfalls auf Grund der Darstellung eines einzelnen Ereignisses als szenisch-episodisch bezeichnet werden („E instead of I", „Handynutzung", „Spanische Kroketten", „Begrüßung Kuss", „Wer bezahlt?", „Geschäftserlebnis mit Chinesen"). Diese sechs Texte sind jedoch im Stil entweder eher berichtend-beschreibend verfasst („Wer bezahlt?" und „Geschäftserlebnis mit Chinesen") oder enthalten metareflexive Passagen *vom Resultat her*, so dass sich kein dramatischer Spannungsbogen aufbaut. („E instead of I", „Spanische Kroketten", „Begrüßung Kuss"). Der kürzeste Text „Handynutzung" stellt in seiner Komprimiertheit eine Ausnahme dar. Hier verbirgt sich das CI-Ereignis in einem *reinszenierenden* Zitat einer indirekten Rede.

Die restlichen vier CI-Narrationen können eher einem berichtend-beschreibenden Darstellungsformat zugeordnet werden. Dabei fallen in „Unordnung interkulturelle WG" und „Französische Austauschstudentin" die stark *emotionalen, wertenden und moralisierenden* Passagen auf. „Sprachbarriere Mexiko" und „Fremde" sind weniger emotional ausgestaltet. Diese letzten beiden CI-Narrationen beziehen sich nicht in erster Linie auf die bzw. den Erzählenden, sondern auf die Eltern (in „Sprachbarriere Mexiko") und „einen Kumpel" (in „Fremde"). Dabei positionieren sich die Erzählenden nicht als unbeteiligte, sondern als beteiligte Beobachter. In allen anderen CI-Narrationen sind die Erzählenden auch Akteure, wobei ergänzt werden muss, dass es sich bei „But I like you" und bei „Geschäftserlebnis mit Chinesen" um Nacherzählungen handelt. In letzterem Fall geht dies nicht aus dem Text, sondern nur aus den Kategorisierungen in der Wissensbasis hervor. In sieben Narrationen sind die Erzählenden alleine mit den Ereignissen konfrontiert. In den anderen sieben Narrationen stellen sie sich als Teil einer Gruppe dar, wobei lediglich in „E instead of I" die Handlungen des Vaters (er buchstabiert) als relevant für den Ereignisverlauf dargestellt werden. In „Sprachbarriere Mexiko" und „Französische Austauschstudentin" ist die Darstellung der sprachlich inkompetenten Eltern jeweils ein wichtiges Element der Selbstpositionierung.

In den Synopsen der Darstellungsverfahren bin ich nicht näher auf die Orientierungen eingegangen, die in allen 14 CI-Narrationen sehr komprimiert in einer bis zwei Zeilen erfolgen und in allen Texten ausreichend explizit auf die Ereignisverkettung vorbereiten. Dabei beinhalten Elemente der Orientierung häufig bereits Aspekte der Fremd- und Selbstpositionierung, wie zum Beispiel der Ausdruck „Roadtrip" in „E instead of I", der coolness und Sprachkompetenz suggeriert. Dabei fällt auch ein Phänomen auf, das ich mit „bedingter Kulturalisierung" bezeichnen möchte. Ich verstehe darunter die zum Zweck der Orientierung verwendeten nationalen Verortungen, die noch nicht automatisch in eine kulturalisierende Zuschreibung von Eigenschaften führen, wie die 14 Beispiele zeigen.

6.2 Selbst- und Fremdpositionierung

Im Überblick ergeben sich trotz dieses verkürzten Blicks folgende interessante Resultate: Lediglich in „An der Bushaltestelle" erfahren wir weder durch eine explizite noch implizite Zuschreibung etwas über die „Herkunft" der beteiligten Personen. Explizite Zuschreibungen nationaler Kategorien finden wir dagegen in „Unordnung interkulturelle WG", „Wecker stellen", „But I like you", „Fremde", „Französische Austauschstudentin", „Geschäftserlebnis mit Chinesen" und „Georgische und Deutsche Arbeitsmoral". Indirekte Zuordnungen zu nationalen Kategorien finden sich in allen anderen CI-Narrationen. In keiner der CI-Narrationen werden diese Zuordnungen infrage gestellt oder reflektiert[19].

In vier CI-Narrationen haben wir es mit explizit negativen Fremdpositionierungen zu tun („An der Bushaltestelle", „Unordnung in interkultureller WG", „Wecker stellen", „But I like you" und „Französische Austauschstudentin".) Interessanterweise handelt es sich dabei auch um die CI-Narrationen mit expliziten nationalen Zuschreibungen (außer „Fremde", wo es zwar eine wertende Äußerung über die „geschlossenere" deutsche Gesellschaft gibt, die ich jedoch nicht als eindeutig negativ verstehe). Auch sind es genau diese vier CI-Narrationen, in denen die Kommunikation als gescheitert dargestellt wird. „Handynutzung" stellt eine Ausnahme dar. Es ist die einzige CI-Narration des Korpus, in der ein

---

[19] Im Unterricht war in das Thema Critical Incidents, wie oben erwähnt, erst eingeführt worden. Eine kritische Reflexion und Diskussion hatten noch nicht stattgefunden.

institutionelles hierarchisches Verhältnis abgebildet wird. Die narrative Verarbeitung reflektiert die asymmetrische Kommunikationssituation. In „E instead of I" und „Spanische Kroketten" wird von einer interaktiven Klärung der sprachlichen Missverständnisse berichtet. In „Begrüßung Kuss" und „Fremde" finden sich metareflexive Passagen, in denen Empathie und Perspektivenwechsel zum Ausdruck gebracht werden. „Wer bezahlt?" und „Geschäftserlebnis mit Chinesen" bleiben bei der beschreibenden Darstellung und in „Sprachbarriere Mexiko" und „Georgische und Deutsche Arbeitsmoral" wird im ersten Fall eher implizit und im zweiten Fall explizit von einer Solidarisierung mit den jeweiligen „Gegenspielern" erzählt, die in beiden Fällen eher positiv dargestellt werden. Eine Ausnahme ist wiederum „Handynutzung". Hier wird deutlich gemacht, dass das Fehlverhalten der Schüler autoritär durch die Lehrenden aufgelöst wird, wobei die Darstellung der Lehrenden indirekt negativ realisiert wird.

Bezüglich der Selbstpositionierungen finden sich in folgenden CI-Narrationen mit negativen Fremdpositionierungen („An der Bushaltestelle", „Unordnung interkulturelle WG", „Handynutzung", „Wecker stellen") eindeutige Darstellungen des Verlusts der Handlungsfähigkeit (*undergoer*). In „Interkulturelle WG" und „Weckerstellen" erfolgt darauf eine Darstellung einer neuen Handlungsstrategie. Dies unterscheidet sich von Erzählungen über *Change-Prozesse*, die durch Einsicht oder Erkenntnis und in Interaktion mit den „Gegenspielern" zu einer neuen Handlungsfähigkeit führen („E instead of I"). In „But I like you" wird zunächst die Beeinträchtigung der Handlungsfähigkeit beschrieben, dann erfolgt ein *Change-Prozess* und die Schilderung, dass die Handlungsfähigkeit wieder zurückgewonnen wurde. Es besteht ein Zusammenhang zwischen dem Auftreten von metareflexiven Passagen und dem Maß, in welchem Handlungsunfähigkeit dargestellt wird. Die reinen „undergoer-Narrationen" enthalten keine metareflexiven Passagen. Die Darstellung von eingeschränkter Handlungsfähigkeit findet sich auch in „Französische Austauschstudentin" und „Geschäftserlebnis mit Chinesen". In „Sprachbarriere Mexiko" und „Französische Austauschstudentin" wird die positive Selbstdarstellung durch die Darstellung der sprachlichen Inkompetenz der Eltern verstärkt.

Allen CI-Narrationen ist gemeinsam, dass sie zunächst von einer positiven Selbstdarstellung ausgehen, mit der Einschränkung, dass in der Nacherzählung „Geschäftserlebnis mit Chinesen" kein erzählendes Subjekt identifiziert werden kann. Die Änderungen im Selbstbild zwischen "*constancy*" and "*change*" (hier im weiteren Sinn) werden vielfältig dargestellt und stehen deutlich im Zusammenhang mit Differenzkonstruktionen als Teil von Selbst- und Fremdpositionierung. Besonders deutlich zu sehen ist dieses Zusammenspiel in „Georgische und Deutsche Arbeitsmoral".

Erstaunlich ist, dass neben den „bedingten Kulturalisierungen", die oben als Teil der Orientierung erwähnt wurden, keine Kulturalisierungen oder Ethnisierungen in den Texten zu finden sind. Lediglich in „Begrüßung Kuss" und „Fremde" finden sich kulturalisierende und stereotypisierende Explikationen. Stereotypisierungen werden in „Georgische und Deutsche Arbeitsmoral" und „Sprachbarriere Mexiko" dem georgischen Freund und den Hotelangestellten in den Mund gelegt. Perspektivenwechsel werden lediglich in vier CI-Narrationen indirekt dargestellt („E instead of I", „Begrüßung Kuss", „Fremde" und „Georgische und Deutsche Arbeitsmoral"). Eine Reflexion des eigenen Verhaltens oder der eigenen Verhaltensroutinen findet sich nur in den Narrationen, in denen auch Perspektivenwechsel indirekt thematisiert werden. In „Spanische Kroketten" wird deutlich vom Erzählzeitpunkt aus reflektiert, ebenso in „Fremde", in „E instead of I" eher vom Resultat her. In den anderen Narrationen sind die Reflexionen Teil der Ereignisnarration. In „Unordnung in interkultureller WG" findet zwar ein Nachdenken über das Verhalten „der Chinesen" statt, dieses wird jedoch nicht in Beziehung zum eigenen Verhalten gesetzt. Aus diesem Grund spreche ich hier von „eingeschränkter Reflexion".

7. Fazit

Das Korpus spiegelt meines Erachtens ein sehr realistisches Bild von unterschiedlichen CI-Narrationstypen wider, die man erfahrungsgemäß im Rahmen eines interkulturellen Trainings oder der interkulturellen Hochschullehre erhalten wird, wenn man dazu auffordert, von einem interkulturellen Ereignis zu erzählen und in das Thema mit typischen Beispielen aus der Literatur (hier Heringer, 2007) einführt. Auf den ersten Blick entsprechen „An der Bushaltestelle" und „But I like you" am ehesten dem Narrationstypus, den wir aus CI-Anwendungen kennen. Beide sind szenisch-episodisch, verfügen über einen Spannungsbogen und ein Resultat, das aber die Auflösung der Gründe für den Konflikt nicht mitliefert. Beide könnten mit kulturell bedingten Unterschieden in Verhaltens- und Höflichkeitsroutinen weitgehend erklärt werden. „Handynutzung", „Begrüßung Kuss", „Fremde", „Geschäftserlebnis mit Chinesen" und „Georgische und Deutsche Arbeitsmoral" müssten wohl überarbeitet werden, um z.B. im klassischen Format eines Culture Assimilator eingesetzt werden zu können. Aber was machen wir mit „E instead of I", „Spanische Kroketten", „Wecker stellen", Sprachbarriere Mexiko" und „Französische Austauschstudentin"? Wie würden wir mit diesen Texten in der Lehre oder einem Training umgehen, da es hier doch vordergründig nur um Probleme der sprachlichen Verständigung geht und wir es in „Sprachbarriere Mexiko" und „Französische Austauschstudentin" gar nicht mit einer Ereignisschilderung, sondern eher mit einer Zustandsbeschreibung zu tun haben? Wären diese dann gar keine oder nur „schlechte" CI-Narrationen?

Würde man dem Grundgedanken des autobiographischen Erzählens folgen, wäre die Antwort auf diese Frage ganz einfach: Alle CI-Narrationen, die im Rahmen eines interkulturellen Trainings oder in der Interkulturellen Lehre und bei entsprechender Narrationsaufforderung entstehen, sind CI-Narrationen, weil die Erzählenden die jeweiligen Ereignisse auf diesem Hintergrund für erzählwürdig empfunden und entsprechend relevant gemacht haben. Wie aus der Analyse des Korpus ersichtlich wurde, weisen die Narrationen darüber hinaus mindestens insofern auch gemeinsame formale Merkmale auf, als sie in sehr verdichteter Form Orientierung sowie Selbst- und Fremdpositionierung in Relation zueinander setzen. Ob es sich bei CI-Narrationen um eine eigene Textsorte handelt, müsste anhand weiterer Korpora untersucht werden. Dabei sollten schriftliche, mündliche und multimediale Texte gleichermaßen berücksichtigt werden und auch Alltagserzählungen aus nicht didaktischen Settings miteinbezogen werden. Aus der Sicht eines autobiographischen Ansatzes rückt diese Frage allerdings in den Hintergrund.

Durch die Anwendung von Kategorien des autobiografischen Erzählens und der narrativen Identitätskonstruktion entwickelt sich ein auf die Produktion der Texte gerichteter Blick, der sowohl für die Forschung als auch für Training / Lehre von Interesse sein kann und in dessen Mittelpunkt folgende Frage steht: Warum wurde in diesem Kontext dieses biografische Fragment in der vorliegenden Weise erzählt? Mit einem solchen Fokus rückt die Arbeit mit CI-Narrationen und CI-Storytelling deutlich weg vom Typus der CI-Anwendung, die in erster Linie auf Inhalte, und hier vor allem auf typische Kulturunterschiede, fokussiert. Sie rückt damit stärker in die Nähe der narrativen Identitätsarbeit und Bewältigung (Lucius-Hoene u. Deppermann, 2004, S. 74-76), die im Interkulturellen Training, im Coaching und der Auslandsbegleitung bereits angelegt ist.

Betrachten wir interkulturelles Lernen als Entwicklungsprozess, dann könnten wir die CI-Narrationen, nach Bamberg (2012), auch lesen als eine Darstellung von Aushandlungsprozessen von Dilemmata in der Selbstpositionierung im Verhältnis zur Fremdpositionierung. Ein solcher Ansatz könnte auch anhand des „Taschenträgers" in unserer CI-Werkstatt gut erprobt werden.

CI-Narrationen als Fragmente autobiografischen Erzählens zu betrachten und zu analysieren, scheint mir für Training und Lehre ein gangbarer und interessanter Weg zu sein. Die in der Korpusanalyse angewandten Kategorien haben sich im vorliegenden Versuch insofern als funktional erwiesen, als sie eine differenziertere Sichtweise auf die Texte bezüglich ihrer Struktur in Relation zum Inhalt ermöglichen und die Texte vergleichbar machen. Sie könnten und müssten aber sicherlich am Gegenstand selbst induktiv weiterentwickelt werden. Letztlich kann der autobiographische Blick auch dabei hilfreich sein, Aspekte der Identitätsarbeit stärker in die interkulturelle Forschung und Lehre mit einzubeziehen und dadurch ein tieferes Verständnis für Kultur als interaktiven Aushandlungsprozess zu erzielen, der nicht nur zwischen „mir und den anderen" stattfindet, sondern auch in der Auseinandersetzung mit sich selbst kontinuierlich gelebt wird, oder wie es der französische Philosoph Michel de Montaigne (1533-1592) in seinen Essais ausdrückte:

> Wir sind alle aus lauter Flicken und Fetzen und so kunterbunt und unförmlich zusammengestückt, dass jeder Lappen jeden Augenblick sein eigenes Spiel treibt. Und es findet sich eben so viel Verschiedenheit zwischen uns und uns selber wie zwischen uns und den anderen. (S. 324).

8. Literatur

Backe, Hans-Joachim (2008). Textual Constitution of Narrative in Digital Media. In Yvonne Gächter; Heike Ortner; Claudia Schwarz; Andreas Wiesinger (Hrsg.), Storytelling – Media-theoretical Reflections in the Age of Digitalization. (S. 229-237). Innsbruck: Innsbruck University Press (iup).

Bamberg, Michael (2012). Narrative practice and identity navigation. In James A. Holstein; Jaber F. Gubrium (Hrsg.), Varieties of Narrative Analysis. (S. 99-125). London: Sage.

Berkenbusch, Gabriele; Fetscher, Doris (2013). Portico 1.0. – Ein E-Portfolio zum interkulturellen Lernen während eines Auslandsaufenthalts. Möglichkeiten und Grenzen der Selbstevaluierung. In Andrea Rössler (Hrsg.), Standards interkultureller Kompetenz für Fremdsprachenlehrer. Beiträge zur Fremdsprachenvermittlung. Sonderheft 18 (S.145-163). Landau: Verlag Empirische Pädagogik.

Brednich, Rolf Wilhelm (2007). Die Spinne in der Yucca-Palme: Sagenhafte Geschichten von heute. München: C.H. Beck.

Brislin, Richard; Cushner, Kenneth; Cherrie, Craig; Young, Mahealani (1986). Intercultural Interactions. A Practical Guide. London: Sage.

Dannerer, Monika (2016). Erzählungen (und) erzählen ... vom Spracherwerb im Längsschnitt. In Barbara Hinger (Hrsg.), Zweite "Tagung der Fachdidaktik" 2015. Sprachsensibler Sach-Fach-Unterricht – Sprachen im Sprachunterricht. Innsbrucker Beiträge zur Fachdidaktik 2. (S. 13-49). Innsbruck: innsbruck university press (iup). https://www.uibk.ac.at/iup/buch_pdfs/zweite-fachdidaktik/10.152033122-51-2-3.pdf (21.04.2022).

El Ouassil, Samira; Karig, Friedemann (2021). Erzählende Affen. Mythen, Lügen, Utopien. Wie Geschichten unser Leben bestimmen. Berlin: Ullstein.

Fetscher, Doris (2013). Les incidents critiques dans l'enseignement de la communication interculturelle. Un exercice de heuristique culturelle. In Anne-Catherine Gonnot; Nadine Rentel; Stephanie Schwerter (Hrsg.), Dialogue entre langues et cultures. Studien zur Translation und interkulturellen Kommunikation in der Romania 1. (S. 177-190). Frankfurt / M.: Peter Lang.

Fetscher, Doris (2015). Critical Incidents in der interkulturellen Lehre. In Mohammed Elbah; Redoine Hasbane; Martina Möller; Rachid Moursli; Naima Tahiri; Raja Tazi (Hrsg.), Interkulturalität in Theorie und Praxis. (S. 108-123). Rabat: Faculté des Lettres et des Sciences Humaines.

Fetscher, Doris; Klein, Susanne (2020). Wissensplattform für Critical Incidents und interkulturelle Erfahrungen. In Nadine Rentel; Patricia von Münchow (Hrsg.), Enjeux et défis du numérique pour l'enseignement universitaire / Chancen und Herausforderungen der Digitalisierung in der Hochschullehre. Studien zur Translation und Interkulturellen Kommunikation in der Romania 7. (S. 79–92). Berlin: Peter Lang.

Fiedler, Fred E.; Mitchell, Terence; Triandis, Harry C. (1971). The culture assimilator: An approach to cross-cultural training. Journal of Applied Psychology, 55 (2), 95–102.

Flanagan, John C. (1954). The critical incident technique. Psychological Bulletin, 51 (4), 327–358.

Giaxoglou, Korina; Georgakopoulou, Alexandra (2022). A Narrative Practice Approach to Identities: Small Stories and Positioning Analysis in Digital Contexts. In Michael Bamberg; Carolin Demuth; Meike Watzlawik (Hrsg.), The Cambridge Handbook of Identity. (S. 241-261). Cambridge u.a.: Cambridge University Press.

Groß, Andreas; Leenen; Wolf Rainer (2019). Fallbasiertes Lernen: Einsatz von Critical Incidents. In Wolf Rainer Leenen (Hrsg.), Handbuch Methoden interkultureller Weiterbildung. (S. 325-386). Göttingen: Vandenhoeck & Ruprecht.

Heringer, Hans Jürgen (2017). Interkulturelle Kommunikation (5. Aufl.). Tübingen: A. Francke.

Jureit, Ulrike (2014). Das Leben wird vorwärts gelebt und rückwärts verstanden – Mündlich erfragte Fallgeschichten als Quellen historischer Forschung. In Susanne Düwell; Nicolas Pethes (Hrsg.), Fall – Fallgeschichte – Fallstudie. Theorie und Geschichte einer Wissensform. (S. 227-241). Frankfurt / M.: Campus.

Lucius-Hoene, Gabriele; Deppermann, Arnulf (2004). Rekonstruktion narrativer Identität. Ein Arbeitsbuch zur Analyse narrativer Interviews (2. Aufl.). Wiesbaden: VS Verlag für Sozialwissenschaften.

Montaigne, Michel de (1579). Essais. Herausgegeben v. Herbert Lüthy (1953). Zürich: Manesse.

Nazarkiewicz, Kirsten (2010). Interkulturelles Lernen als Gesprächsarbeit. Wiesbaden: VS Verlag für Sozialwissenschaften.

Nazarkiewicz, Kirsten; Schröer, Norbert (2021). Verständigung in pluralen Welten. Zur Einführung. In Kirsten Nazarkiewicz; Norbert Schröer (Hrsg.), Verständigung in pluralen Welten. Interdisziplinäre Schriftenreihe des Centrums für Interkulturelle und Europäische Studien. Vol.21. (S. 7-8). Stuttgart: Ibidem.

Saupe, Achim; Wiedemann, Felix (2015). Narration und Narratologie. Erzähltheorien in der Geschichtswissenschaft, Version: 1.0, In Docupedia-Zeitgeschichte, http://docupedia.de/zg/saupe_wiedemann_narration_v1_de_2015 (24.04.2022).

Vogt, Jochen (1973). 7.4. Erzählende Texte. In Heinz Ludwig Arnold, Volker Sinemus (Hrsg.), Grundzüge der Literatur- und Sprachwissenschaft. Band 1: Literaturwissenschaft (S. 285-320). dtv Wissenschaftliche Reihe. München: Deutscher Taschenbuchverlag.

Thomas, Alexander (1991). Kulturstandards in der internationalen Begegnung. Saarbrücken: Breitenbach.

Internetquellen / Apps:

https://www.jyu.fi/viesti/verkkotuotanto/kp/ci/introduction.shtml (20.08.21).

https://lehrerfortbildung-bw.de/u_sprachlit/deutsch/bs/bej/text/erzaehlung/kriterien/e1_kriterien_uebersicht.pdf (04.01.2022).

https://www.elternwissen.com/lerntipps/lernmethoden-und-lerntechniken/art/tipp/so-schreibt-ihr-kind-eine-erlebniserzaehlung.html (04.01.2022).

https://nils.fh-zwickau.de (10.04.2022).

Wasinger, Rainer; Wenzel, Tim (2022). nils2go. [Mobile app] (24.05.2022).

Anhang I: Korpus

E instead of I

Als ich mit meinem Vater im Urlaub auf einem Roadtrip in den USA war, wollten wir zum Ende der Reise einen Transfer von unserem Hotel zum Flughafen buchen. Dazu war es natürlich nötig, alle Kontaktdaten anzugeben. Wir riefen also bei dem Transferunternehmen an doch schon bei der ersten Frage kam das Gespräch ins Stocken. Mein Vater sollte unseren Nachnamen buchstabieren. Alles war kein Problem, bis wir zum Buchstaben i kamen, welcher ja im Englischen als „Ei" ausgesprochen wird und nicht wie bei uns als „i". Die Rezeptionistin verstand aber logischerweise immer den Buchstaben „e". Unter diesem Namen fand sie natürlich nicht den richtigen Kontakt. Nach ca. 10 Minuten der Verwirrung haben wir den Fehler doch noch gemerkt und ihn korrigiert.

Handynutzung an französischen Schulen

Bei einem Schüleraustausch in Frankreich nutzten wir, wie aus Deutschland gewohnt, unsere Handys nur in den Pausen und auf dem Schulhof. Nach einigen Tagen wurde uns dann von unseren Lehrern deutlich gemacht, dass wir dies zu unterlassen haben.

Spanische Kroketten

Ich nahm 2013 an einer Sprachreise nach Málaga teil, die von unserer Schule angeboten wurde. Über diesen Zeitraum wohnten wir bei Gastfamilien. Zwei andere Jungen und ich waren in einer Gastfamilie, wo dieser Critical Incident passierte. Es ging ums Mittagessen und unsere Gastmutter fragte uns, ob wir "Croquetas" wollen. Da wir viel Wissen über die spanische Küche hatten, dachten wir an die in Deutschland bekannten "Kartoffelkroketten" und bejahten. Uns war aber, durch fehlendes Wissen nicht bewusst, dass "Croquetas" eine Käse-Schinken Füllung haben. Wir wunderten uns und dachten, dass dies doch keine Kroketten seien. Wir konfrontierten unsere Gastmutter damit und klärten somit die Situation auf.

Wecker stellen – problematischer als gedacht

Als ich 15 Jahre alt war, war ich für zwei Wochen bei einer Gastfamilie in England. Ich teilte mir das Zimmer mit einem gleichaltrigen italienischen Mädchen. Sonntagabend fragte ich, wer von uns beiden den Wecker für den morgigen Schultag stellen wollte. Das Mädchen beschloss den Wecker zu stellen. Dann einigten wir uns noch auf eine Zeit (eine Stunde, bevor wir das Haus verlassen mussten). Am nächsten Morgen wurde ich von meiner Gastmutter geweckt, die laut meinen Namen rief. So wurde ich sehr unsanft 10 Minuten bevor wir gehen mussten geweckt. Als ich langsam wach wurde, sah ich wie das Mädchen bereits fertig auf dem Bett saß und mit ihrem Handy beschäftigt war. Sie hatte es offensichtlich nicht für nötig gehalten, mich zu wecken, da ich offensichtlich ihren Wecker nicht gehört hatte. Ab da stellten wir uns immer beide einen Wecker.

Begrüßung Kuss

Ich war in Bulgarien und einen Tag habe einen meinen Freund getroffen. Als ich 15 Jahren in Italien gelebt habe, habe ich ihnen als Begrüßung zwei Küsschen gegeben. Er war ein bisschen schockiert, weil für ihn das eine ungewöhnliche Situation war. Ich habe von dem Gesicht sehen, dass er erstaunt war. Danach habe ich überlegt, dass diese Begrüßung nicht typisch für Bulgarien ist.

But I like you

Eine Freundin erzählte, sie sei auf dem Weg von der Hochschule nach Hause von einem jungen Mann angesprochen wurde. Er sprach sie auf gebrochenem Englisch an und erzählte ihr er komme aus Indien und wohne jetzt in Deutschland. Er sagte, er hätte sie schon oft gesehen und dass er sie "sehr schön" findet. Ihr war das etwas unangenehm, bedankte sich verlegen, weil sie nicht unhöflich sein wollte und versuchte sich zu distanzieren. Er fragte nach ihrer Telefonnummer, aber sie sagte sie möchte ihm die nicht geben und würde jetzt weitermüssen. Er fragte sie, wie sie sich denn treffen wöllten, wenn er ihre Telefonnummer nicht hat. Sie sagte, dass es ihr leidtue, aber sich nicht mit ihm treffen möchte. Er hingegnete nur immer wieder "but I like you". Auch als sie sagte, dass sie kein Interesse und einen festen Freund hat, lies er nicht locker. Langsam ging es ihr zu weit, sie sagte deutlich "Nein, tut mir leid. Ich muss jetzt los." drehte sich um und ging. Wenn sie ihm in Zukunft begegnete fühlte sie sich immer unbehaglich und wich seinem Blick aus.

Französische Austauschstudentin beharrt auf Kommunikation in ihrer Muttersprache

Ich hatte im Zusammenhang mit einem Schüleraustausch eine französische Austauschschülerin zu Besuch, von der ich wusste, dass sie zur Kommunikation ausreichende Deutschkenntnisse hatte. Trotzdem sprach sie sowohl gegenüber mir als auch gegenüber meinen Eltern, die kein französisch sprechen, weiterhin in ihrer Muttersprache. Ich empfand dieses Verhalten als respektlos, da man, vor allem innerhalb eines Schüleraustausches, die Chance nutzen sollte, seine Sprachkenntnisse zu verbessern. Weiterhin war es für meine Eltern fast unmöglich, mit ihr zu kommunizieren. Die Austauschschülerin verstand zwar, was meine Eltern sagten, antwortete aber auf Französisch.

Sprachbarriere Mexiko

Urlaub in Mexiko mit meinen Eltern, wobei meine Eltern keinerlei Englisch Kenntnisse besitzen. Und somit nur mit Gesten mit Hotelangestellten kommunizieren konnten, da diese entweder nur spanisch oder englisch sprechen konnten (wenn sie ohne mich unterwegs waren). Außerdem meinten die Hotelangestellten das sie es schon öfters mitbekommen haben das Deutsche im Alter 40+ keinerlei englisch sprechen können.

Fremde

Als mein Kumpel aus der Ukraine, der noch nie in europa war, zu mir kam. Er war überrascht von der anderen Welt, in der er sich befand. Da er die deutsche Sprache nicht beherrscht, war ich der einzige Gesprächspartner für ihn. Jedes Mal, wenn er jemanden Russisch oder Ukrainisch sprechen hörte, war er sehr glücklich, weil er seine Muttersprache gehört hatte. Er versuchte immer, sich irgendwie mit Leuten anzufreunden, die Russisch oder Ukrainisch sprachen, aber es gelang ihm nicht immer, Freunde zu finden. Die Leute hatten größtenteils einfach Angst vor solch einer offenen Kommunikation. Der Grund für all dies scheint mir, dass Menschen, die in einem anderen Land leben, Traditionen und Grundlagen in der Gesellschaft annehmen. Vielleicht wurden auch die Menschen, die Nikita kennenlernen wollte, nach dem Vorbild der deutschen Gesellschaft geschlossener. In der Ukraine ist es jedoch oft viel einfacher, jemanden kennenzulernen.

Wer bezahlt?

Mein Cousin, mein Onkel und ich (weiblich) sind in ein Süßwarengeschäft in Jordanien. Mein Vater hatte mir Geld gegeben, um das Essen zu bezahlen. Meine Tante gab auch meinem Cousin Geld mit. Als es darum ging, die Rechnung zu bezahlen, gab ich dem Kassierer zuerst das Geld. Mein Cousin kam jedoch dazu und reichte ihm sein Geld. Daraufhin gab der Kassierer mir mein Geld wieder und nahm das meines Cousins.

Geschäftserlebnis mit Chinesen

Während einem Business Gespräch, in der ein Plan bezüglich des Geschäfts ausgehandelt werden sollte, änderte sich das Ziel und die Vorstellungen der Chinesen. Allerdings kommunizierten sie dies nicht mit den anwesenden Deutschen, sondern untereinander. In dem Meeting verhielten sie sich ruhig oder saßen an ihren Telefonen oder Computern, man hatte den Eindruck, sie würden nicht zuhören. Als es schlussendlich darum ging, ob alle mit der vorliegenden Agenda einverstanden seien, stellte sich heraus, dass es keine einheitliche Meinung dazu gibt. Auf Nachfragen antworteten sie kaum oder unvollständig, trugen aber später ihre neuen Vorstellungen und Kritiken über einen "intermédiaire" vor, der im Namen der ganzen Verhandlungsgruppe stand.

Georgische und Deutsche Arbeitsmoral

Als ich letztens mit meinem georgischen Freund Mittag essen war, wollten wir danach noch eine rauchen. Ich zündete meine an, er seine und ich wollte loslaufen zur Bahn und während des Laufens rauchen. Das lag vor allem daran, weil wir dann noch Unterricht hatten und ich nicht die Bahn verpassen wollte um pünktlich zu kommen. Als ich gerade loslaufen sagte er nur "Was machst du?" Ich erklärte ihm meine Situation und er meinte darauf, dass ich mich entspannen soll. "Wir rauchen jetzt erstmal und dann laufen wir zur Bahn. Egal ob wir die nächste erst nehmen und paar Minuten zu spät kommen" Er erklärte, dass mit der deutschen Arbeitsmoral und dass ich doch mein Leben etwas mehr genießen solle. Ich lachte nur und habe mich darauf eingelassen. Also rauchten wir erst und liefen dann zur Bahn.

Anhang II: Darstellungsaspekte szenisch-episodischer und berichtender Erzählungen

Darstellungsaspekte szenisch-episodischer Erzählungen:

Dauer der erzählten Zeit (kurze, zeitlich abgeschlossene Episoden) / Beziehung zwischen erzählter und Erzählzeit (detaillierte Abarbeitung des Ereigniskontinuums bis zur isochronen Wiedergabe) / Zeit und Erlebensperspektive (aus der damaligen Handlungs- und Erlebensperspektive) / Ereignisdarstellung (dramatisch, re-inszenierend, unmittelbar) / Ereignisverkettung (auf einen dramatischen Höhepunkt („Skandalon` Pointe) oder eine Moral hin organisiert) / narrative Binnenstrukturierung („Vollform" -Abstract, Orientierung, Erzählsätze, Komplikation, Resultat, Coda) / szenisches Präsenz (im Höhepunkt häufig) / wörtliche Rede und Dialoge (im Höhepunkt häufig, reinszenierend, gelegentlich imitativ oder ohne verba dicendi) / Emotionalität oder Expressivität (unmittelbare emotionale Involviertheit in die Szene, expressive Sprechformen) / Begründung der Erzählwürdigkeit (Ausnahmecharakter, Besonderheit des Ereignisses, („Planbruch`) Schlüsselcharakter oder höher orientierter Wert (z.B. Unterhaltung, Empathieweckung)) / Evaluative Aktivitäten (Evaluationen aus der Erlebensperspektive und retrospektiv-kategorisierend in den Einleitungs- und Ausleitungsaktivitäten, bezogen auf den Ereignishöhepunkt) / Hörerbezogene Funktion (Etablierung eines gemeinsamen szenischen Vorstellungsraums, empathie- und solidarisierungsfördernd) / Umgang mit Spannung (Spannungsaufbau im Hinblick auf szenisches Geschehen, Komplikation und Resultat). Lucius-Hoene et al., 2004, S. 156-157.

Darstellungsaspekte berichtender Erzählform:

Dauer der erzählten Zeit (längere Zeiträume bis hin zu Epochen) / Beziehung zwischen erzählter und Erzählzeit (Raffung engerer Zeitabschnitte in zusammenfassende und kategorisierende Handlungs- oder Ablaufbeschreibungen) / Zeit- und Erlebensperspektive (undramatisch retrospektiv zusammenfassende und kategorisierende Handlungs- und Ablaufdarstellungen, „verarbeitet" auf dem Wissenshintergrund des Hier-und-Jetzt) / Ereignisverkettung (mit oder (meist) ohne Höhepunkt der Ereignisverkettung) / Narrative Binnenstrukturierung (nur teilweise oder unvollkommen vorhanden) / szenisches Präsens (fehlt) / wörtliche Rede und Dialoge (selten, kurz, eher indirekte Rede) / Emotionalität und Expressivität (distanziertere emotionale Beteiligung, kaum expressive Darstellungen) / Begründung der Erzählwürdigkeit (Bedeutsamkeit bestimmter biografischer Etappen oder Themen für die gesamte Biografie) / Evaluative Aktivitäten (retrospektiv-kategorisierend, vom Resultat her, können lokal oder auf größere Zusammenhänge hin bezogen sein) / Hörerbezogene Funktion (Mitteilung von verarbeitetem Geschehen und Erleben) / Umgang mit Spannung (Spannungsaufbau weniger im Hinblick auf einzelne Geschehenselemente, sondern auf die biografische Bedeutung). Lucius-Hoene et al. 2004, S. 156-157.

Anhang III: Zusammenfassende Analyse

Kurztitel Länge	Erzählte Zeit	Darstellungsverfahren	Narrative Dynamik	Selbst- und Fremdpositionierung	Kulturalisierungen / Stereotypisierungen
An der Bushaltestelle (11+)	ca. 15 min.	szenisch-episodisch, keine reflektierenden Passagen	deutlicher Spannungsaufbau, Planbruch, moralisierender Schluss	vom actor zum undergoer, Differenzkonstruktion zur Schlange und zum „groben älteren Mann", high constancy	keine Kulturalisierung oder Ethnisierung
Unordnung interkulturelle WG (11+)	mehrere Tage bis einige Wochen	berichtend-beschreibend mit emotionalen Passagen, keine reflektierenden Passagen	zwei Konflikthöhepunkte, Resultat, Ausblick	von actor zum undergoer dann reduzierte agency und change, mehrfache Differenzkonstruktionen zu den negativ dargestellten Chinesen	bedingte Kulturalisierung, keine Stereotypisierung
E instead of I (8+)	ca. 15 min.	szenisch-episodisch mit metareflexiven Passagen	Spannungskurve flacht in Explikation ab	von high agency, dabei Differenz zu Rezeptionistin, „die nicht versteht, zu undergoer dann change und neue agency	keine Kulturalisierung und Stereotypisierung
Handynutzung (2+)	einige Tage	berichtend-beschreibend, keine reflektierenden Passagen	indirekte Rede reinszenierend	von high agency zu undergoer, dabei implizit negative Darstellung der Lehrer, die zunächst nicht regieren und dann unerwartet autoritär sind	keine Kulturalisierung und Stereotypisierung
Spanische Kroketten (7+)	einige Stunden	szenisch-episodisch mit metareflexiven Passagen vom Zeitpunkt der Erzählung aus	reflektierende Passagen verhindern Spannungskurve	high agency, und „Aufklärung" der Gastmutter. Distanz zum eigenen Verhalten in der Vergangenheit	keine Kulturalisierung und Stereotypisierung
Begrüßungskuss (4+)	einige Sekunden	szenisch-episodisch deutlich metareflexive Passagen	Spannungsaufbau, Planbruch, reflektierender Schluss	high agency, Differenzkonstruktion zu Freund, der „ein bisschen schockiert war"	kulturalisierende Explikation, Perspektivenwechsel und Empathie
Wecker stellen (9+)	ca. 8 Stunden	szenisch-episodisch, keine reflektierenden Passagen	Spannungsaufbau, Planbruch, moralisierender Schluss	high agency, Differenz zu nicht nachvollziehbarem Verhalten des ital. Mädchens, undergoer, neue agency	bedingte Kulturalisierung, keine Stereotypisierung

But I like you (11+) *nacherz.*	ca. 15 min.	szenisch-episodisch, keine reflektierenden Passagen	Spannungsaufbau, z.T. Isochronie, emotionaler Schluss und Fazit	reduzierte agency durch Verhalten desjungen Mannes, parallel Differenzkonstr. change und strong agency	bedingte Kulturalisierung, keine Stereotypisierung
Wer bezahlt? (4+)	unklar, max. 2 Stunden	szenisch-episodisch, im Stil eher berichtend-beschreibend, keine reflektierenden Passagen	Spannungsaufbau, der durch sachlichen Stil abgeflacht wird	high agency, undergoer durch unerwartete Handlung des Cousins und Kassierers	bedingte Kulturalisierung, keine Stereotypisierung
Sprachbarriere Mexiko (4+)	unklar ca. 2-4 Wochen	berichtend-beschreibend, Reflexion über Sprachkenntnisse	keine Spannungskurve, reinszenierend durch indirekte Rede	high agency, Differenzkonstruktion gegenüber den Eltern. Gemeinsamkeit mit Angestellten	indirekte Kulturalisierung, Stereotypisierung der Deutschen aus Perspektive des Hotelpersonals
Fremde (10+)	unklar, vielleicht mehrere Wochen	berichtend-beschreibend mit metareflexiven Passagen vom Zeitpunkt der Erzählung aus.	Spannungsaufbau durch Emotionalisierung	high agency, Differenz gegenüber Kumpel, Differenz zu anderen Ukrainern in Deutschl. und Deutschen	Kulturalisierende, stereotypisierende Explikation, Empathie und Perspektivenwechsel
Franz. Austauschstudentin (7+)	Unklar, vielleicht 2 Wochen?	berichtend-beschreibend mit stark wertenden Passagen	keine Spannungskurve, wertende und moralisierende Passagen	eingeschränkte agency, Differenzkonstruktion gegenüber Eltern und franz. Schülerin	bedingte Kulturalisierung, keine Stereotypisierung
Geschäftserlebnis (7+) *(nacherz.)*	mehrere Stunden	szenisch-episodisch aber im Stil eher berichtend-beschreibend	Spannungsaufbau, Planbruch, aber nicht dramatisierend	eingeschränkte agency, Differenzkonstruktion gegenüber Chinesen, die nicht wie erwartet kommunizieren	bedingte Kulturalisierung, keine Stereotypisierung
Georgisch-Deutsche Arbeitsmoral (8+)	ca. 20 min.	szenisch-episodisch, Reflexion im Titel	Spannungsaufbau, Isochronie, Auflösung des Konflikts	agency, zunächst conformity mit deutschen Standards, Differenz dazu, change, dann Übernahmen der georgischen Standards	bedingte und indirekte Kultralisierung und Stereotypisierung, Perspektivenwechsel, Infragestellung von Standards

Andreas Groß

Wie lernt man an Critical Incidents?
Eine lerntheoretische Perspektive

1. Die vernachlässigte Lernproblematik in der CI-Debatte

In der CI-Kontroverse[1] ist die Frage, *wie* eigentlich anhand von CIs in Lehr-/Lernkontexten[2] gelernt wird, im Vergleich zu anderen Themen von nachgeordneter Bedeutung: Während in der interkulturellen Disziplin diesbezüglich im Mittelpunkt steht, *was* mit Hilfe von CIs gelernt werden kann und soll (oder eben nicht), interessiert sich die anwendungsorientierte interkulturelle Trainingsforschung vor allem dafür, *inwieweit* die Lernziele bestimmter Trainingskonzepte erreicht werden.[3]

Nun kann man der interkulturellen Forschungscommunity zugutehalten, dass mit Fragen nach dem Vollzug des Lernens Grundlagenprobleme aufgeworfen sind, die über den Forschungsradius interkultureller Forschung hinausreichen und auch im Rahmen allgemeiner Lernforschung (Schüßler, 2004, S. 43 ff.) strittig sind – das trifft auch für den eingegrenzten Bereich des angeleiteten Lernens in Lehr- / Lernkontexten zu.[4] Allerdings ist auch grundsätzlich festzustellen, dass lerntheoretische Fragen nach dem *Wie* und *Warum* des Lernens in interkulturellen Fachkreisen grundsätzlich auf wenig Interesse stoßen (Straub, 2010, S. 40).

Angesichts dieser Ausgangslage soll der im Folgenden unternommene Versuch einer theoretischen Klärung CI-basierter Lernprozesse

---

[1] Der einst hochgelobte CI-Ansatz (Wight, 1995) ist in den letzten Jahren vermehrt in die Kritik geraten. Die Einwände zielen auf das zugrunde liegende statische Kulturverständnis, die intransparente und verfälschende Didaktisierung, die Vernachlässigung empirischer Qualitätskriterien, die Fokussierung auf misslingende Kommunikation und die Anfälligkeit für unzulässige Generalisierungen und Stereotypisierungen (Fetscher, 2015; Schumann, 2012; Nazarkiewicz, 2010; Layes, 2007).

[2] Wenn im Folgenden von *Lehr-/Lernkontext* bzw. von *Lehr- / Lernzusammenhang* die Rede ist, sind zusammenfassend hochschulische Lehrangebote, berufsbezogene Aus- und Weiterbildungsformate und außerschulische Bildungsangebote gemeint.

[3] Gleichwohl ist die Forschungslage zu CIs insgesamt als vergleichsweise übersichtlich zu bezeichnen (Woltin u. Jonas, 2009, S. 480), und die vorliegenden Befunde zeichnen hinsichtlich der Effektivität insgesamt ein uneinheitliches Bild (zum Überblick: Brenk u. Schmitt, 2013, S. 501).

[4] Zum Diskussionsstand in der allgemeinen Lerntheorie: Grotlüschen u. Pätzold (2020), im Bereich Erwachsenenbildung: Ludwig (2018).

nicht nur einen Beitrag zur Weiterentwicklung der CI-Debatte, sondern auch zur interkulturellen Lernforschung darstellen. Da allerdings in der allgemeinen Lernforschung ausgesprochen unterschiedliche *Grundvorstellungen* darüber kursieren, wie Lernen theoretisch zu bestimmen ist, sind auch für die hier aufgeworfenen Fragen keine einfachen Antworten zu erwarten: Mit dem gewählten *Lernparadigma* verändert sich auch das Verständnis von CIs und das darauf bezogene Lernen, wie sich anhand der „CI-Entwicklungsgeschichte" nachvollziehen lässt (2.). Darauf aufbauend sollen *Weiterentwicklungen* der skizzierten Lernvorstellungen (3.), aber auch bisher *nicht berücksichtigte paradigmatische Zugänge* (4.) hinsichtlich ihrer Ergiebigkeit für interkulturelles Lernen und den CI-Ansatz erörtert werden. Abschließend werden die Ergebnisse zusammengefasst und weiterführende Überlegungen angestellt (5.).

2. Eine „kleine CI-Geschichte" aus lerntheoretischer Perspektive[5]

2.1 Soziobehavioristische Lernvorstellungen

In der frühen Phase interkultureller Trainingsentwicklung dominierten *soziobehavioristische Lernvorstellungen* (Guthrie, 1975), die Lernvorgänge als konditionierte Verhaltensänderungen verstanden.[6] Für dieses Paradigma erwies sich die *Critical Incident Technique* (CIT) als geeignet: Der ursprünglich für die *militärische Organisationsforschung* entwickelte Ansatz (Flanagan, 1954) fand über *drill & practice-Schulungen* für Kampfpiloten schließlich auch Eingang in den interkulturellen Trainingsbereich. Die Adaption der Methode für nichtmilitärische Lernkontexte stellte schon deshalb kein Problem dar, weil Lerninhalte in konditionierten Lernprozessen austauschbar sind. Im Hinblick auf interkulturelle Lernprozesse erwies sich das Paradigma darüber hinaus aber auch als ganz passend, weil Kultur in dieser Sichtweise als Lernmechanismus par excellence, als „riesiger Verstärkerplan" (Kammhuber, 2010, S. 60) fungiert: In einem „gigantischen sozialpsychologischen Experiment [...] lernen Menschen, welche Verhaltensweisen angebracht sind und welche nicht gezeigt werden sollten" (Kammhuber, 2010, S. 60). Interkulturelles Lernen bedeutet dem-

---

[5] Die Aufarbeitung der CI-Geschichte im Lehr- / Lernkontext wäre im Hinblick auf die Entwicklung in anderen Anwendungsbereichen (bspw. in der Forschung oder der Eignungsdiagnostik) und das sich verändernde Begriffsverständnis von CIs im interkulturellen Zusammenhang (zum Überblick: Spencer-Oatey, 2013, S. 2013) zu ergänzen.

[6] Das traf auch auf Trainingskonzepte zu, die neben behavioralen auch affektive und kognitive Dimensionen des Lernens einschließen (Gertsen, 1990, S. 346).

gemäß, den bekannten Verstärkerplan offenzulegen, ihn mit dem unbekannten zu kontrastieren und die neuen Regeln einzuüben. CIs dienen damit der *operanten Konditionierung* kultureller Verhaltensweisen (Dos & Don'ts) für erfolgskritische Situationen.

2.2 Kognitivistische Lernvorstellungen

Die (vergleichsweise späte) Hinwendung der interkulturellen Psychologie zum *kognitionstheoretischen Paradigma* hatte zur Folge, dass interkulturelles Lernen nun als spezifischer *Informationsverarbeitungsprozess* verstanden wurde, der auf dem Erwerb und der Anwendung handlungsrelevanten *interkulturellen Theoriewissens* basiert. Auch wenn die instruktionspsychologische Umsetzung zunächst recht vage blieb: Konzepte wie die *Interkulturelle Expertise* (Bhawuk, 1998) trugen viel zur bislang fehlenden theoretischen Fundierung interkultureller Trainings bei. Im Lauf der Zeit wurden dann weitere Trainingskonzepte entwickelt, die sich hinsichtlich ihrer disziplinären bzw. theoretischen Annahmen unterscheiden, im Grunde aber durchgängig auf kognitivistische Lernvorstellungen rekurrieren.[7]

Entsprechend wurde der *Culture Assimilator* (CA, Fiedler, Mitchell u. Triandis, 1971) nun als kognitionspsychologisches Instrumentarium zur Vermittlung interkultureller Kompetenz eingesetzt. Lernenden wird dabei eine Kompilation *didaktisch präparierter Musterfälle* vorgelegt, die typische *kulturelle Überschneidungssituationen* beschreiben, in denen es infolge kulturell bedingter Fehlattribuierungen zu Missverständnissen und Konflikten kommt. Die Lernenden sollen im Multiple-Choice-Verfahren anhand von vier Interpretationsmöglichkeiten die beschriebenen CIs erklären. Eine populäre Variante des CA-Ansatzes in Deutschland stellt der *Kultur-Assimilator (KA)* dar; hier dienen CIs zur Vermittlung *kulturspezifischer Standards* „des Wahrnehmens, Denkens, Wertens und Handelns" (Thomas, 2005, S. 25). Die Kenntnis solcher Standards soll für vergleichbare Situationen sensibilisieren und die Entwicklung von *Deutungskompetenz* fördern, um irritierende Verhaltensweisen kuluradäquat interpretieren zu können.

Für diesen Verwendungszusammenhang muss CI-Material realitätstauglich, typisch und im Hinblick auf die vermittelten Inhalte ergiebig

---

[7] Die Spanne relevanter Ansätze reicht von kulturanthropologischen über psychologische bis zu gesprächs- und diskursanalytischen Varianten (zur Übersicht und Kritik: Nazarkiewicz, 2010).

sein. Dies soll durch eine empirisch gestützte Erhebung von Fallschilderungen unter Einbezug interkultureller Expert*innen sichergestellt werden (Kammhuber, 2000, S. 98; Thomas, 2005, S. 29). Die sich anschließende didaktische Überarbeitung des Rohmaterials zielt darauf ab, in Inhalt und Form auf der Grundlage der Kulturstandards eine klare Priorisierung der vier Deutungsvarianten zu ermöglichen.

2.3 Situierte / Soziokonstruktivistische Lernvorstellungen

Eine neue Wendung nahm die CI-Debatte durch den zunehmenden Einfluss situierter und soziokonstruktivistischer Strömungen in der Lernforschung: Lernen wird nun als *aktiver, konstruktiver, emotionaler, selbstgesteuerter, sozialer* und *situativer Prozess* verstanden (Reinmann u. Mandl, 1996). Die Unterschiede zu bisherigen kognitivistischen Lernvorstellungen werden vor allem in strenger Auslegung des Paradigmas deutlich: Insbesondere wird der an Wissen zu stellende *Objektivitätsanspruch* relativiert bzw. die Möglichkeit der *Vermittlung* von Wissen durch Lehre bestritten (Arnold u. Siebert, 1997, S. 146). Stattdessen wird lediglich von *strukturellen Kopplungen zwischen Lehrenden und Lernenden* als autopoietische, selbstreferenzielle und operational geschlossene Systeme ausgegangen.[8] Lernen wird damit als *Deutungslernen* (Arnold u. Siebert, 1997) bzw. als *aktiver Akt der Wissensgenerierung* interpretiert: Wissen wird im Abgleich mit Vorwissen *konstruiert*, in vorgefundener Form *rekonstruiert* und kritisch durch mehrperspektivische Betrachtung *dekonstruiert*. *Perturbationen*, die sich der gewohnten Deutung widersetzen, können solche Prozesse anstoßen. Aufgabe der Lehrenden ist es demgemäß, solche Irritationen zu arrangieren und den Abgleich von Deutungsmustern durch *stellvertretende Deutungsangebote* zu erweitern.

Auch im interkulturellen Zusammenhang gewannen situierte bzw. soziokonstruktivistische Lerntheorien nach und nach an Einfluss. Dazu trug nicht nur ein gewandeltes Kulturverständnis, sondern auch die erkenn-

---

[8] Dass die unter dem Paradigma Situierter bzw. Soziokonstruktivistischer Lernvorstellungen firmierenden Ansätze durchaus unterschiedlich argumentieren, zeigt sich beispielsweise in der Bewertung von Instruktion: Entgegen der hier beschriebenen radikalen Position spielt die Vermittlung gesicherten Wissens in gemäßigt konstruktivistischen Ansätzen wie beim *Problembasierten Lernen* (Wilhelm u. Brovelli, 2009, S. 196) nach wie vor eine wichtige Rolle.

baren Begrenztheiten kognitivistischer interkultureller Lehr- / Lernformate bei.[9]

Die veränderten Lernvorstellungen hatten wiederum Auswirkungen für das Verständnis von CIs: Unter der Bezeichnung *Kritische Interaktionssituationen* (*KIS,* Layes, 2007; Kammhuber, 2010) bzw. *Kritische Ereignisse* (*KE,* Grosch u. Groß, 2005) werden CIs nun als *authentische Ankernarrationen* konzipiert, die in anschaulicher und dichter Weise für Lernende relevante Problemlagen schildern (Groß u. Leenen, 2019). Das kritische Potential der geschilderten Situationen besteht darin, durch die geschilderten Irritationen auch bei Lernenden notwendige „lernförderliche Störungen" auszulösen (Nazarkiewicz, 2010, S. 81).

In Abgrenzung zu neutral gehaltenen bzw. um Objektivität bemühten Fallberichten handelt es sich meist um *Erzählungen*[10] über (subjektive) Irritationserfahrungen, in denen die Deutungsroutinen der Erzählenden in alltäglichen Situationskontexten versagen. An solchen komplexen Problemnarrationen soll ganzheitlich und mehrperspektivisch gelernt werden, indem eigene Auslegungen mit denen anderer Lernender und den stellvertretenden Deutungen Lehrender abgeglichen und auf Plausibilität und Tragfähigkeit geprüft werden. Die konstitutive Unvollständigkeit der CI-Erzählung ist in diesem Zusammenhang nicht problematisch, sondern sogar lernförderlich: Die Auseinandersetzung mit *Nichtwissen,* „das nicht restlos zu beseitigen ist, das durch mehr Wissen reproduziert und sogar vergrößert werden kann, das unter Umständen aber auch produktiv eingesetzt werden kann" (Wehling, 2001, S. 466), kann sich über die Arbeit am speziellen CI hinaus als wichtige Lernerfahrung erweisen.

Für ein solches Lernverständnis sind spezielle Anforderungen an die *Authentizität* des Lernstoffes zu stellen: Sie werden weder durch eine vermeintlich objektive Erfassung der geschilderten „Sachverhalte" noch durch die Berücksichtigung linguistischer Ansprüche an die Echtheit des Datenmaterials eingelöst, wie sie etwa im Hinblick auf CI-Narrationen formuliert werden (siehe Fetscher in diesem Band); der Authentizitätsanspruch wird vielmehr von den Erzähler*innen der *story* erhoben, die man

---

[9] Eine umfangreiche Auswertung von Evaluationsstudien über einen Zeitraum von 12 Jahren belegt, dass in solchen Trainings zwar kognitive Lernerfolge, Transfereffekte in Form von Verhaltens- und Einstellungsänderungen aber kaum zu belegen sind (Mendenhall, Stahl, Ehnert, Oddou, Osland, u. Külmann, 2004).

[10] Gleichwohl kommen auch auf der Grundlage solcher Lernvorstellungen unterschiedliche (nicht nur textbasierte) Formate zur Anwendung (ausführlicher: Grosch u. Groß, 2005, S. 242 ff.; Groß u. Leenen, 2019, S. 353 ff.).

in dieser Hinsicht als *Wirklichkeitserzählungen*[11] verstehen kann. Über die Anerkennung des Geltungsanspruchs entscheiden hier letzten Endes die Lernenden in der Lehr- / Lernsituation.[12] Das Argument für dieses Authentizitätsverständnis ist zunächst einmal grundlagentheoretischer Natur: Auch Authentizität ist konsequenter Weise als *soziale Konstruktion zu* verstehen, die auf einer „wahrgenommene[n] Übereinstimmung des Betrachtungsgegenstands mit dem subjektiven Vorstellungsbild über das Original" (Schallehn, 2012, S. 27) beruht.[13] Darüber hinaus sind aber auch lerntheoretische bzw. pragmatische Gründe anzuführen: gemäß konstruktivistischer Lernvorstellung lassen sich (erwachsene) Lernende nun mal nur dann auf Lernprozesse ein, wenn ihnen das *Dargestellte* (die geschilderten Ereignisse) auf Grundlage ihres Erfahrungswissens als relevant, realistisch und typisch *erscheint*; dazu ist es erforderlich, dass auch die *Darstellung* der Personen und Umstände in der Erzählung „glaub-würdig" sein muss. Weiterhin muss die geschilderte Problemlage hinreichend komplex sein, um Auslegungen aus unterschiedlichen Blickwinkeln zu ermöglichen und unterkomplexe Lösungsversuche zumindest zu erschweren.

Die *empirische Erhebung* von CIs steht unter dem Anspruch, für ein Handlungsfeld oder eine Wissensdomäne typische Problemstellungen zu identifizieren und durch *Teilnehmende Beobachtung* bzw. *Befragung* aussagefähige „dichte" Beschreibungen zu generieren. Das anschließende *didaktische Präparieren* des Rohmaterials führt die Zurichtung des Materials für situierte Lernzwecke weiter und kann zu diesem Zweck inhaltlich angereichert oder kondensiert werden: CI-Schilderungen können also fiktive Elemente enthalten oder auch vollkommen fiktiv sein, wenn die

---

[11] Wirklichkeitserzählungen als nichtliterarische Erzählungen zeichnen sich nach Klein und Martínez unter anderem dadurch aus, dass sie mit dem Anspruch der Referenz auf außersprachliche Realität versehen sind: „'So ist es (gewesen)'" (Klein u. Martínez, 2009, S. 1). In dieser Hinsicht könnte man neben wissenschaftlichen oder journalistischen Erzählungen auch CIs als Wirklichkeitserzählungen bezeichnen.

[12] Es wäre vor diesem Hintergrund zu untersuchen, wie in interkulturellen Lehr- / Lernsituationen die Authentizität von CIs zwischen Lehrenden und Lernenden verhandelt wird. Gerade bei so genannten „Papierfällen" besteht die Möglichkeit, dass Teilnehmende die Authentizität in Zweifel ziehen. In dieser Hinsicht ist es von Vorteil, wenn Teilnehmende eigene Fälle einbringen (*CI-Storytelling*, vgl. Fetscher in diesem Band), weil durch die *Aufführung* der Erzählung die Identität von Autor*in und Erzähler*in als wichtiges Geltungskriterium von Wirklichkeitserzählungen gegeben ist (Klein u. Martínez, 2009, S. 3).

[13] Strittig ist dabei, wie weit der konstruktivistische Anspruch reicht. So fordern Klein und Martínez, auch „den referentiellen Aspekt von Wirklichkeitserzählungen angemessen zu berücksichtigen, ohne deren konstruktive Elemente zu vernachlässigen" (Klein u. Martínez, 2009, S. 1).

geschilderten Situationen aus Sicht der Lernenden relevante Problemlagen schildern und plausibel und damit authentisch erscheinen.

Im Sinne konstruktivistischer Lernvorstellungen ist das Potential des Lernmaterials wesentlich auch vom geeigneten *didaktischen Arrangement* mitbestimmt: Modelle wie die *Intercultural Anchored Inquiry* (*IAI*, Kammhuber, 2000) oder die *Culture Bump Analyse* (Grosch u. Groß, 2005, S. 246 f.) sollen zur differenzierten bzw. reflektierten Auseinandersetzung mit CIs anregen und damit der Gefahr ungewollter kurzschlüssiger stereotypisierender „Lerneffekte" entgegenwirken (Brenk u. Schmitt, 2013, S. 502).

Hinsichtlich der *formalen Gestaltung* wird in situierten Ansätzen auf *narratives Lernen* (Hopkins, 1994) gesetzt: CIs in lebensnaher und „packend" erzählerischer Form sollen nicht nur das Anschließen an die eigene Erfahrungsbasis methodisch erleichtern, sondern auch „detektivische Neugier" provozieren. Um CIs auf diese Weise in Lerngeschichten narrativ zu verankern, wird in interkulturellen Trainings, die auf *Anchored-Instruction*-Ansätzen basieren, traditionell mit *verfilmten CIs* gearbeitet (Groß u. Grosch, 2002; Kammhuber, 2000, S. 113). Im Gegensatz zu klassischen Lehrfilmen gelten hier *Multiperspektivität, Komplexität* und *Offenheit* im Hinblick auf den Ausgang der Geschichte als leitende Gestaltungsprinzipien, um vorschnelle und stereotypisierende Einschätzungen zu vermeiden.

3. Lernparadigmatische „Updates" und ihr Potential für die Weiterentwicklung des CI-Ansatzes

3.1 Soziobehavioristische Lernvorstellungen

In der allgemeinen Lernforschung gelten behavioristische Ansätze als ausgereift; sie wurden daher in letzter Zeit nicht wesentlich weiterentwickelt. In der aktuellen Forschungsdebatte spielen sie nur noch eine untergeordnete Rolle. Anregungen für den CI-Einsatz in interkulturellen Lehr- / Lernkontexten sind im Überschneidungsbereich von Sprachunterricht und Interkultureller Kommunikation auszumachen: Mit Hilfe von CIs können soziopragmatische Routinen (z.B. im Kontext von Begrüßung oder Höflichkeit) und entsprechende Verhaltensweisen auf der Basis behavioristischer Schulungsprogramme trainiert werden. Im Umfeld interkultureller Problemstellungen können CIs auch in Verhaltenstrainings zur Prävention und Intervention bei Diskriminierungsproblematiken eingesetzt werden;

weiterhin kann die Bearbeitung von CIs im behavioristischen Sinne dem gezielten Aufbau von *Selbstwirksamkeitserwartungen durch Modelllernen* (Gröschke, 2013, S. 484) oder dem Einüben von *Techniken zur Emotionsregulation* im Zusammenhang mit *Stereotype Threat Problematiken* (Martiny, Götz u. Keller, 2013, S. 409) dienen.

Eine wesentliche Stärke der behavioristisch fundierten Ansätze liegt in der Fokussierung auf Verhalten; allerdings setzen die Limitationen des behavioristischen Paradigmas im Hinblick auf komplexe Lernanforderungen, wie sie aktuellen Entwürfen interkultureller Kompetenz zugrunde liegen, für das Arbeiten mit CIs enge Grenzen (Stengel, 2008, S. 40).

3.2 Kognitivistische Lernvorstellungen

Im Hinblick auf die Weiterentwicklung des CI-Ansatzes sind Befunde der *Expertise- und Kompetenzforschung* interessant. Im Fokus stehen dabei komplexe Problemstellungen (sog. *ill-structured problems)*, die sich durch Situationsgebundenheit, Komplexität und Unsicherheit auszeichnen und bei denen entsprechend vertraute Problemlösungsmechanismen versagen (Zumbach, Haider u. Mandl, 2008). Um solche Situationen richtig einschätzen und bewältigen zu können – so belegen Studien zur Aus- und Weiterbildung von Lehrkräften – sind differenzierte kognitive Fähigkeiten analytischer und kreativer Art erforderlich, die sich unter dem Begriff *Diagnostische Kompetenzen* zusammenfassen lassen (Goeze, 2016, S. 40; ähnlich Barth, 2017, S. 33 ff.). Als Königsweg für die Kompetenzförderung gelten nach kognitivistischen Kriterien gestaltete *fallbasierte Instruktionsdesigns*, die mit authentischen (dokumentierten) Fallsituationen arbeiten (zum Überblick: Goeze, 2016). Die hierbei entwickelte *Expertise* basiert auf einer spezifischen Wissensorganisation, die es erlaubt, unterschiedliche Informationen mit Hilfe übergeordneter Sinneinheiten (*chunking*) effektiv und effizient zu verarbeiten (Funke u. Zumbach, 2006, S. 209).

In der interkulturellen Forschung spielen neuere Befunde der kognitionsorientierten Lernforschung zunehmend bei der Modellierung, Erfassung und Entwicklung *interkultureller Kompetenzen* (Leenen u. Groß, im Druck) bzw. von *Metakompetenzen* (Henze, 2020, S. 64) eine Rolle. Sie eignen sich insbesondere auch für kognitives Lernen mit CIs, die typischerweise *ill structured problems* thematisieren: Entsprechend können Konzepte zur *Expertiseentwicklung* (Anderson u. Krathwohl, 2001) bzw. zur Förderung von *Metakognitionen* (Kaiser, Kaiser, Lambert u. Hohenstein, 2018) dazu genutzt werden, Aufgabenstellungen im Rahmen der CI-Bearbeitung auf unterschiedliche Lernstufen, Lerntypen und kognitive Kompetenzniveaus zuzuschneiden bzw. die für die methodische Bearbeitung von CIs erforderlichen Kompetenzen gezielt zu fördern. Neben komponierten CI-Trainingsmaterialien in schriftlicher oder verfilmter Form bietet sich angesichts vorliegender Befunde der Expertiseforschung auch die Verwendung von authentischem (insbesondere videografiertem)[14] Fallmaterial an: Der Einsatz solchen Materials, der zunehmend auch in der CI-Debatte beschrieben wird (siehe auch von Helmolts Beitrag in diesem Band), ist gerade auch vor dem Hintergrund neuerer kognitionswissenschaftlicher Erkenntnisse angezeigt.

Die Entwicklungen im Bereich kognitivistischer Lerntheorien sind sowohl für dezidiert interkulturelle Lehr- / Lernkontexte als auch für feldspezifische Weiterbildungsangebote, in denen die kulturelle Deutungsperspektive als Facette eines interdisziplinären (handlungsbezogenen) Expertisewissens fungiert, ausgesprochen anregend. Insbesondere *kasuistische Formate* zur Entwicklung von Kompetenzen sind für den CI-Ansatz geeignet, um beispielsweise anhand von CIs Lernniveaus (vor und nach Lernphasen) präziser zu erfassen. Grundsätzlich problematisch erscheint allerdings die Engführung von Lernen auf kognitive Prozesse und in der Folge der eingeschränkte Transfer des Gelernten in die Praxis.

3.3 Situierte / soziokonstruktivistische Ansätze

Für die Weiterentwicklung des CI-Ansatzes sind unterschiedliche Trends beachtenswert: Zu nennen wäre hier etwa die (neurophysiologisch belegte) Bedeutung *narrativer Zugänge* für konstruktivistische Lernprozesse (Larison, 2022). Weiterhin wird neueren *konnektivistischen Ansätzen* (Anderson u. Dron, 2011) ein großes lerntheoretisches Entwicklungspotential für die kollektive *Wissensgenerierung* bzw. *-verarbeitung* zugeschrieben. Möglich wird dies durch das Verbinden von Knoten und Informationsquellen *im Netzwerk*. Gemeinsam ist den genannten Ansätzen, dass der Einsatz von *Bildungstechnologien* eine zentrale Rolle spielt.

---

[14] In den letzten Jahren wurde die Effektivität videobasierter Kasuistik insbesondere im schulischen Kontext ausgiebig beforscht. Während eine Reihe von Studien von einem positiven Einfluss videografierten Materials auf kognitive Lernprozesse etwa in der Lehrerbildung ausgehen (Goeze, 2016, S. 57 f.), stellt sich die Forschungslage insgesamt als uneinheitlich dar (Syring, 2021).

Konnte man schon seit einiger Zeit feststellen, dass situierte bzw. soziokonstruktivistische Vorstellungen des Lernens den interkulturellen Diskurs bestimmen, so hat sich diese Entwicklung im Rahmen *neuerer Interkulturalitätsdiskurse* (zum Überblick: Henze, 2016, S. 71) verstärkt. Dies spiegelt sich auch in der Diskussion um die Gestaltung von Lernprozessen wider: Angesichts von Kriterien wie *Mehrwertigkeit, Relationalität* oder *Perspektivenreflexivität* (Bolten, 2014) wird zunehmend über entsprechend veränderte Lehr- / Lernkonzepte und darauf abgestimmte Lernformate nachgedacht.

Solche Entwicklungen haben auch für den CI-Einsatz Konsequenzen: In diesem Sinne sollten Deutungsversuche interkultureller Situationen unter dem konsequent verfolgten Anspruch auf Perspektivenpluralität erfolgen, wobei sowohl erfahrungs- als auch wissenschaftsbasierte Wissensressourcen (und damit auch: kulturtheoretische Interpretationen) nur begrenzt Geltung und Reichweite beanspruchen können. Als besonders geeignet erweisen sich hinsichtlich dieser Ansprüche *konnektivistische Lernformate* (Bolten, 2016, S. 76), die weitgehend selbstorganisierte bzw. kollaborative Arbeitsformen ermöglichen bzw. fördern: So können CIs in *Communities of Practices* (CoP, Lave u. Wenger, 1991; Ardichvili, 2008) unter Einbezug (freier) internetbasierter Ressourcen[15] in Präsenz- und Onlinekontexten bearbeitet werden. Neue Möglichkeiten ergeben sich im Hinblick auf *narrative Zugänge* in der CI-Arbeit: Hierzu bietet es sich an, die populären *Storytelling-Ansätze* auch für die CI-Arbeit zu nutzen, indem geeignetes CI-Material in Internetplattformen recherchiert wird (s. den Beitrag von Kreß in diesem Band). Im Sinne des situierten Lernansatzes sind vor allem auch Formate interessant, die es Lernenden erlauben, eigene Erfahrungen zur Sprache zu bringen und sich darüber auszutauschen. Solche Möglichkeiten bieten z.B. sog. *Story Circles* (Deardorff, 2020) oder die kollaborative Entwicklung von CI-Erzählungen in (virtuellen) Gruppen.

Der Beitrag neuerer situierter und soziokonstruktivistischer Lernkonzepte erweist sich insbesondere in der Berücksichtigung der veränderten Formen hochdynamischer Wissensproduktion im 21. Jahrhundert; entsprechend wird unter Einbezug digitaler Technik der eigengesteuerten bzw. kollaborativen Steuerung von Lernprozessen in möglichst realitätsnahen Arrangements besonderer Wert beigemessen. Mit den damit

---

[15] Zu Möglichkeiten des Einsatzes von freien Internet-Ressourcen im interkulturellen Zusammenhang vgl. Henze, 2016; Groß (im Druck).

verbundenen *Entgrenzungen des Lernens* ergeben sich aber auch eine Reihe komplexer Probleme: So ist zu fragen, ob und wie die beschriebenen hohen Qualitätsanforderungen an situierte und soziokonstruktivistisch ausgerichtete (interkulturelle) Lernprozesse eingelöst werden können bzw. wie die Reproduktion unterkomplexer stereotypisierender Deutungen verhindert werden kann. Dies betrifft insbesondere auch kollaborative Arbeitsformen, wenn zur Bearbeitung komplexer CIs Deutungswissen (ggf. auch unter Zuhilfenahme Künstlicher Intelligenz) im Netzwerk gemeinsam gesucht, produziert und genutzt wird.

4. Beiträge der kritischen Psychologie bzw. pädagogischer Lerndebatten für eine neue Fundierung von CI-Ansätzen

Über die skizzierten lernpsychologischen Paradigmen hinaus sind Grundvorstellungen des Lernens für die Klärung CI-basierter Lernvorgänge interessant, die in der *kritischen Lernpsychologie* bzw. in *pädagogischen Bildungs- und Lerndiskursen* vertreten werden. Auch wenn interkulturelle Fragen in diesem Zusammenhang zumindest partiell thematisiert werden (zum Überblick: Rosenberg, 2016), haben sie umgekehrt innerhalb der interkulturellen Disziplin bisher wenig Beachtung gefunden. Die Frage nach dem paradigmatischen Kern angesichts einer ausgeprägten Heterogenität der Ansätze stellt sich auch hier. Einigkeit besteht wohl vor allem darüber, dass Lernen konsequent *vom Subjektstandpunkt* aus gedacht werden muss; ein Topos, der zugleich ein entscheidendes Unterscheidungskriterium zu den bisher genannten Grundvorstellungen markiert (Grotlüschen, 2005, S. 18). Ausgehend von einem solchen Subjektverständnis sind sowohl lernpsychologische Erklärungsmodelle obsolet, die Lernen „von außen" (vor allem kausalanalytisch) erklären wollen, als auch solche, die die gesellschaftliche Dimension des Lernens empirisch und theoretisch ausklammern (Nohl u. Rosenberg, 2012, S. 859).

4.1 Subjektwissenschaftliche Ansätze: Lernen als Handlungsproblematik

In subjektwissenschaftlicher Lesart wird Lernen als *Form des gesellschaftlichen Handelns*[16] aufgefasst, das seinen Ausgang an *Diskrepanz-*

---

[16] Das subjektwissenschaftliche Verständnis unterscheidet sich in diesem Punkt von Kammhubers psychologischer Interpretation von Subjektorientierung (Kammhuber, 2000, 2010).

erfahrungen des Subjekts nimmt: Die individuell verfügbaren Bedeutungshorizonte reichen für das Verstehen und Bewältigen der Situation einfach nicht aus (Ludwig u. Müller, 2004, S. 9). Solche Erfahrungen sind gerade in ihrer *Negativität* wichtig für das Lernen: Insbesondere dann, wenn „Subjekte an ihre Grenzen gelangen, an Widerstände geraten und mit ihrem Handeln scheitern" (Straub, 2010, S. 59), eröffnen sich Möglichkeiten *expansiven Lernens*: Das Subjekt stellt sich in diesem Fall dem Problem, in dem es die *Handlungsproblematik* als *Lernproblematik* „ausgliedert". Dies ist allerdings zunächst einmal mit Lernzumutungen verbunden: Man muss sich mit bisweilen schmerzhaften Erfahrungen eigener Handlungsbegrenzung auseinandersetzen; unter Umständen sind auch „einschneidende, aufwendige Modifikationen des eigenen Handlungspotentials" (Straub, 2010, S. 59) erforderlich. Damit man sich darauf einlässt und es nicht dabei belässt, eine Bedrohung bzw. Einschränkung der bestehenden Lebensqualität lediglich mit Hilfe *defensiver Routinen* abzuwehren (Straub, 2010, S. 52), braucht es schon überzeugende *Lernaussichten*. Diese sind gemäß der subjektwissenschaftlichen Lerntheorie dann gegeben, wenn Lernen eine *Erweiterung eigener gesellschaftlicher Handlungsfähigkeit* bzw. *Lebensverfügung* verheißt. Damit wird die Sinnhaftigkeit von Lernen nicht wie üblich einfach vorausgesetzt; vielmehr ist entscheidend, ob es *für das Subjekt* gute Gründe zum Lernen gibt. Auch *Lernwiderstände* sind dementsprechend *begründet*, insofern das Subjekt die Sinnhaftigkeit der Lernbemühung unter Abwägung eigener Lebensinteressen bzw. (nicht nur individueller) *Lernhemmnisse* und *Lernschranken* negativ bewertet.

Übertragen auf interkulturelle Lehr- / Lernzusammenhänge bietet es sich an, gesellschaftlich bedingte Einschränkungen subjektiver Handlungsfähigkeit aus herrschaftskritischer (rassismuskritischer bzw. postkolonialistischer) Sicht zu analysieren. Entsprechend ist es Ziel *herrschaftskritischer Bildung*, „sich mit dem Selbst in gesellschaftlichen Machtverhältnissen forschend, verändernd und empowernd zu befassen" (Marmer, 2015, S. 16).

In formaler Hinsicht wäre ein CI nach subjektwissenschaftlichem Verständnis „eine schwierige Handlungssituation, die als Fallgeschichte erzählt wird" (Ludwig, 2006, S. 342): Das Subjekt stößt in diesen Fällen an die Grenzen seiner verfügbaren Bedeutungshorizonte. Die Beschreibung solcher Erfahrungen stellt den ersten Lernschritt (Ausgliederung der Handlungssituation als Lernproblematik) dar; ob und wie der Lernprozess anhand von CIs weiter verläuft, hängt von der Beurteilung der Sinnhaftigkeit aus Sicht der Lernenden ab. Entsprechend den beschriebenen Grundvorstellungen wären bei der Analyse von CIs auch eine (kritische) gesellschaftliche Perspektive zu berücksichtigen.

Didaktisch-methodische Einsatzszenarien für ein subjektwissenschaftlich begründetes Arbeiten mit CIs bieten sich z.B. in Form von *Interpretationswerkstätten* (Nittel, 1998): Transkribierte Fallerzählungen („Papierfälle") dienen hier als Material für rekonstruktive Deutungen subjektiver Sinnhorizonte in der Gruppe. Ein stärker problem- bzw. handlungsorientiertes Verständnis liegt der *Fallarbeit* (Ludwig u. Müller, 2004) zugrunde: So wird etwa in der *Lernberatung* (Ludwig, 2006) nicht mit vorbereiteten (didaktisierten) CIs gearbeitet, sondern mit den Schilderungen Teilnehmender, die als Lernsubjekte *Handlungsproblematiken in actu* ausgliedern und mitteilen. Die Lerngruppe dient dabei als wesentliche Ressource: Differenzen zwischen Bedeutungshorizonten der Teilnehmenden können und sollen zur Selbst- und Fremdverständigung genutzt werden (Ludwig u. Müller, 2004, S. 9 ff.).

Der subjektwissenschaftliche Lernansatz erweist sich gerade im Hinblick auf interkulturelles Lernen, seine Anlässe, Problematiken, Hürden und Verlaufsformen ergiebig (ausführlich: Straub, 2010; Nazarkiewicz, 2013). Zugleich wird mit Verweis auf expansive Lernhandlungen ein Qualitätsanspruch an interkulturelles Lernen formuliert, insofern das Bearbeiten von interkulturellen Lernproblematiken zur Erweiterung eigener Handlungsfähigkeit führen soll. Anhand dieses Maßstabes können (interkulturelle) Kompetenzziele situativ an individuellen Lernproblematiken ausgerichtet werden (Straub, 2010, S. 61 f.), ohne sie individualistisch zu verengen.

Problematische Aspekte des Ansatzes werden vor allem in der rationalistisch eingeschränkten Lernvorstellung und in der Idealisierung des Subjekts (Grotlüschen, 2005) gesehen: Die Interpretation von *Empowerment als Ermächtigung des Subjekts*, das durch Lernen zu bewerkstelligen ist, lanciere eine „harmonistische Sozialutopie" (Bröckling, 2003, S. 329), insofern die Existenz subjektiv nicht veränderbarer machtvoller Strukturen ausgeblendet werde. Die Plausibilität dieser Einwände gegen das Lernkonzept könnte man - konsequent subjektwissenschaftlich argumentierend - mit Verweis auf typische *Lernwiderstände* bei der Bearbeitung von CIs belegen: Diese wären dann nicht lediglich als defensiver Versuch zu lesen, der Konfrontation mit eigenen Diskrepanzerfahrungen zu entgehen, sondern als durchaus „gut begründete" Entscheidung, sich nicht auf die im Hintergrund dräuende Machtfrage einzulassen – Sei es, dass hier „privilegierte Lernende" als Ergebnis des Lernprozesses Einschränkungen (!) ihrer Handlungsfähigkeit bzw. Weltverfügung befürchten könnten; sei es, dass die Auseinandersetzung damit aus Sicht weniger Privilegierter frustrierend erscheint, weil man im Lehr- / Lernkontext erfahrungsgemäß nicht über die Verheißung ihrer Überwindung hinauskommt.

4.2 Phänomenologische Ansätze: Lernen als Erfahrung

Auch in phänomenologischer Perspektive steht der Zusammenhang von subjektiver Erfahrung und Lernen im Mittelpunkt. Im Unterschied zu subjektwissenschaftlichen Ansätzen wird Lernen allerdings weniger als *intentionale Aktivität*, sondern als elementare Erfahrung verstanden, *die uns am eigenen Leibe zustößt:*

> „Wir können uns nicht einfach zum Lernen entschließen. Es ist vielmehr auch ein Widerfahrnis, das zunächst unsere Hilflosigkeit zur Folge hat. Sämtliche vertraute Ordnungen geraten ins Wanken. Das alte, zuverlässige Wissen und Können versagt, und eine neue Möglichkeit ist noch nicht vorhanden." (Meyer-Drawe, 2010, S. 7 f.).

Im Zentrum phänomenologischen Interesses steht dabei nicht die Frage, *was* Erfahrung ist, sondern, *als was sie sich zeigt* (Agostini, Eckart, Peterlini u. Schratz, 2017, S. 331). In dieser Hinsicht beginnt der Lernprozess wieder mit der „enttäuschenden" (negativen) Erfahrung, dass Erwartungen und Absichten durchkreuzt werden (Buck, 1989), was Staunen, Irritation oder Verblüffung auslösen kann. Im *diskontinuierlichen Prozess des Dazu-* und *Umlernens* verschiebt sich zumindest der Erwartungshorizont. Über die begrenzte Reichweite solcher Erfahrungen hinaus kann aber auch im Lernen die eigene Person zur Disposition gestellt werden (Meyer-Drawe, 2012, S. 206), wenn die dem Erfahrung-Machen zugrunde liegende Ordnung außer Kraft gesetzt wird. Das trifft auf die *paradoxe Erfahrung des Fremden* zu (Waldenfels, 1997, S. 30): Dadurch, *indem es sich zeigt*, entzieht sich das Fremde dem ordnenden Zugriff. In dieser „abwesenden Anwesenheit" (Waldenfels, 1997, S. 30) kann es auch nicht am fremden Anderen bzw. an der Differenz zu ihm „dingfest" gemacht werden; stattdessen wird man über diese Erfahrung *sich selbst fremd*. Die Erfahrung des Fremden bewegt sich also im diffusen Zwischenraum des Intra- wie Interpersonellen und -kulturellen (Koller, 2018, S. 83). Das Widerfahrnis *(Pathos) des Fremden* (Waldenfels, 2015) ist aber kein rein passives Erleiden; vielmehr muss man „Erfahrung *machen*", d.h., in irgendeiner Weise auf das Widerfahrene *antworten*. Lernen zeigt sich nun im Gegensatz zu *technisch normierten* oder *normalen Reagieren* darin, dass man *responsiv* bzw. *kreativ* antwortet, ohne schon über Antworten zu verfügen: Neuartiges wird ins Spiel gebracht, weil die bisherigen „Antwortgewohnheiten und Antwortprogramme versagen" (Waldenfels, 2015, S. 19).

Der phänomenologische Blick ist für das Verständnis interkultureller Lernprozesse erhellend: Aus diesem Blickwinkel wird die besondere Qualität *interkultureller Erfahrung als Widerfahrnis des Fremden* deutlich, ohne dass dies an „kulturellen Differenzen" im Hinblick auf „kulturell Andere" festgemacht werden könnte. Entsprechend verfehlt wäre es, in interkultureller Kompetenz den Schlüssel zum Beherrschen solcher Situationen (und der „Fremden") zu sehen; vielmehr besteht hier das Ziel interkulturellen Lernens darin, auf die „unfassbare" und fundamental irritierende Erfahrung responsiv zu antworten.

CIs könnte man vor dem Hintergrund dieser Lernvorstellung als verschriftete Erfahrungsberichte verstehen, in denen negative Erfahrungen, also *krisenhafte Momente* w*iderfahrener Fremdheit* zur Sprache kommen. Für so verstandenes Lernen sind natürlich eigene Erfahrungen der Lernenden von besonderer Bedeutung.

Sollen CIs gleichwohl zur Anregung und als Arbeitsmaterial verwendet werden, bietet sich für die systematische Erhebung von CIs die *phänomenologische Vignettenforschung* an (Agostini et al., 2017):

> „Vignetten sind phänomenologische Texte, die auf Protokollen teilnehmender Miterfahrung basieren, die im Laufe des Forschungsprozesses – ähnlich einer kommunikativen Validierung unter Einbeziehung der Forschungsgruppe – angereichert und verdichtet werden." (Baur u. Schratz, 2015, S. 168).

Auch hier sollen die konkreten (leiblichen) Erfahrungsvollzüge weniger unter dem Anspruch der Präzision als vielmehr der Prägnanz und der Erhaltung der Lebendigkeit der Erfahrung eingefangen werden, „um dem *Überschüssigen* des Lernens zum Ausdruck zu verhelfen" (Baur u. Schratz, 2015, S. 166; H.i.O.). Das im CI enthaltene „Mehr" wird nicht offengelegt, sondern erst mit Hilfe unterschiedlicher Lesarten reflexiv zugänglich, verstehbar und aussagbar (S. 173). Alltagsweltliche Anschauungen werden dabei nicht entwertet, aber kritisch reflektiert. Die Verwendung *filmischer dokumentarischer Materialien* bietet sich in phänomenologischer Sichtweise deshalb besonders an, weil „sich kulturelle Praxen in Körperhaltungen, in einem leiblichen Ausdrucksverhalten präsentieren und einen anderen Zugang als die diskursiven und kognitiv orientierten ermöglichen" (Westphal, 2019, S. 436). Im Beobachten und Reflektieren solcher videographierten *Beobachtungen von Widerfahrnissen* rücken sich überlagernde Sinnstrukturen bzw. die „Verflechtung von Subjekten mit ihren ‚Gegenständen' in Zwischenwelten des Sinns und Bedeutens" (S. 451) in den Vordergrund.

Vor dem Hintergrund phänomenologischer Lernvorstellungen wird beim didaktischen Einsatz von CIs *raumzeitlichen Aspekten* der Lehr- / Lernsituation besondere Bedeutung beigemessen. Lernen an CIs beginnt in phänomenologischer Lernbewegung mit „enthaltsamen" Beobachtungen, um erst im weiteren Verlauf unterschiedliche (durchaus kontroverse und „befremdliche") Betrachtungsweisen zur Geltung kommen zu lassen und diese in Beziehung zu setzen. Ein solches Lernen erfordert eine entschleunigte *temporale Lernkultur* bzw. *resonanzermöglichende Räume*[17] (Rosa, 2018). Hier zeigen sich die limitierenden Faktoren virtueller Lernformate:

> „Erst über konkrete Sprecherfahrungen, die mit der Kopräsenz eines Anderen einhergehen, erfahren wir über die Worte hinausgehend andere Ausdrucksgestalten wie den Blick, die Hände, die Haltung des Körpers, den Klang der Stimme, die Lautgebung etc." (Westphal, 2019, S. 451; H.i.O.).

Phänomenologische Lernvorstellungen erweitern nicht nur die Sicht auf interkulturelles Lernen, sondern eröffnen einen eigenen Zugang für das Arbeiten mit CIs: *Kritische Erfahrungen* mit Fremdheit stellen Lernanlässe par excellence dar; zugleich bietet die phänomenologische Herangehensweise Hinweise für die inhaltliche und atmosphärische Gestaltung der Bearbeitung. Die Begrenzungen des Ansatzes liegen in theoretischer Hinsicht in einer „bisweilen allzu stark generalisierenden *Dramatisierung* und überzogenen *Pathetisierung* des Lernens" (Straub, 2010, S. 90; H.i.O.). In der Praxis erweist sich die methodische Herangehensweise für Teilnehmende wie für Lehrende als ambitioniert; sie eignet sich überdies vor allem zur Reflexion zurückliegender Fremdheitserfahrungen.

---

[17] Dabei ist zu beachten, dass sich Resonanz weder herstellen lässt noch sich in statischem Ein- oder Gleichklang erschöpft. Vielmehr geht es um eine Qualität des Beziehungsverhältnisses, das nicht stumm oder verletzend ist, sondern auf berühren und berührt werden basiert (Rosa, 2018, S. 284 ff.).

4.3 Praxistheoretische Ansätze: Lernakte als soziale Praktiken

Schließlich seien noch sozialwissenschaftliche Lernvorstellungen angesprochen, die Lernen nicht nur als gesellschaftlich beeinflusst, sondern weitergehend als eine Form *(sozialer) Praktiken* verstehen. In Abgrenzung zu anderen Sozialtheorien unterscheiden *Praxistheorien* nicht die Ebene des Individuellen und des Gesellschaftlichen (Strukturen, Systemen bzw. Institutionen); vielmehr wird davon ausgegangen, „dass sowohl Individuen und ihre Aktivitäten als auch Strukturen und Institutionen Produkte, Elemente oder Aspekte von Praktiken […] sind" (Schatzki, 2016, S. 34). Damit einher geht ein spezifisches Verständnis von Praktiken:

> Praktiken sind das Tun, Sprechen, Fühlen und Denken, das wir notwendig mit anderen teilen. Dass wir es mit anderen gemeinsam haben, ist Voraussetzung dafür, dass wir die Welt verstehen, uns sinnvoll darin bewegen und handeln können. Praktiken bestehen bereits, bevor der / die Einzelne handelt, und ermöglichen dieses Handeln ebenso wie sie es strukturieren und einschränken. Sie werden nicht nur von uns ausgeführt, sie existieren auch um uns herum und historisch vor uns. Sie zirkulieren unabhängig von einzelnen Subjekten und sind dennoch davon abhängig, von ihnen aus- und aufgeführt zu werden (Schäfer, 2016, S. 12).

Für den hier zu diskutierenden lerntheoretischen Zusammenhang ist von besonderem Interesse, dass sich mit der Fokussierung auf Praktiken das Verständnis vom (Lern-)Subjekt als „selbstbewusste Instanz" verändert. Das wird insbesondere bei *poststrukturalistisch* bzw. *diskurstheoretisch* argumentierenden Ansätzen deutlich: Demgemäß ist das Subjekt „unterworfen" *(subjektiviert)* bzw. *dezentriert,* weil erst durch Machtverhältnisse hervorgebracht – das betrifft alle Selbst- und Weltverhältnisse und damit auch Lernen,[18] das nun nicht mehr als individueller (innerer) Vorgang, sondern als sich in performativen *Lernakten* manifestierende *soziale Praxis* aufgefasst wird. Ihre Formung erfahren solche habitualisierten Lernakte durch Differenz- bzw. Normalitätsordnungen als „System von Unterscheidungen, die das Sag-, Denk- und Erfahrbare konturieren" (Klingovsky, 2013, S. 05-7). Durch ein pädagogisch arrangiertes *Eintreten in Wissensfelder* können Lernende nun mit verschiedenen *Lesarten* konfrontiert werden, die sie nötigen, „sich selbst zu positionieren, eigene Lesarten zu entwickeln und innerhalb der Ordnungen des Wissensfeldes Entscheidungen zu treffen" (Wrana, 2012, S. 55). Solche strukturierenden Tätigkeiten des Hervorbringens von Ordnungen sind *semiotische Akte.*

---

[18] Die Vorstellung vom hervorgebrachten, dezentrierten Subjekt unterscheidet diese Ansätze von subjektwissenschaftlichen Zugängen, die beim Subjekt als Intentionalitätszentrum ansetzen.

Lernen erschöpft sich allerdings nicht im Generieren neuer Bedeutungen über neue Differenzen, sondern erweist sich auch in einer performativen Veränderung von *Lernpraktiken*.[19]

Das Anlegen neuer Lesarten und die Veränderung habitualisierter Lernpraktiken weist zwar Strukturähnlichkeiten zum *interkulturellen Lernen* auf; es finden sich auch vereinzelt Ansätze, die dem interkulturellen Paradigma zuzurechnen sind und praxistheoretisch argumentieren.[20] Allerdings zählen Konzepte wie Kultur und Interkulturalität in kritischer diskurstheoretischer bzw. poststrukturalistischer Lesart ja gerade zu jenen Differenzordnungen, die es in Lernprozessen kritisch zu rekonstruieren und zu dekonstruieren gilt.

Gleichwohl eröffnen praxistheoretisch fundierte Lernvorstellungen einen neuen Blick auf das Arbeiten mit CIs auch in entsprechenden thematischen Feldern: Das „kritische Moment" von CIs wäre hier insofern lernförderlich, als sich auf diese Weise die zur Verfügung stehenden Lesarten als unzureichend für die Ordnung des Geschehens erweisen. Dieser Irritation ist im Lernprozess in diskurstheoretischer bzw. poststrukturalistischer Interpretation durch Offenhalten der Differenz bzw. in der Dekonstruktion hegemonialer Differenz- und Normalitätsordnungen zu begegnen – und dies trotz der „Ent-Täuschung" (Klingovsky, 2013), dass auch neuartige Lesarten nicht zu mehr Eindeutigkeit und damit zu Sicherheit führen. Die Bearbeitung von CIs dürfte damit deshalb nicht auf die Auflösung des Rätselhaften abzielen, sondern soll das Anlegen unterschiedlicher Lesarten ermöglichen.

CIs könnten in diesem Sinne in der akademischen Lehre als Analysematerial für *postmigrantische Lesarten* (Hill u. Yildiz, 2019) oder unspezifischer in der (hochschulischen) *differenztheoretischen Lernberatung* (Wrana, 2012) eingesetzt werden. Ein solcher Ansatz, der gleichermaßen vom Unterrichten und subjektivistischem Beraten abgrenzt, soll das Eintreten in Wissensfelder mit Hilfe unterschiedlicher Lernarten fördern und

---

[19] Ein grundsätzliches, kontrovers diskutiertes Problem in praxistheoretischen Diskursen ist die Frage der Persistenz versus der Veränderlichkeit / Unbere-chenbarkeit von Praktiken (ausführlich dazu: Reckwitz, 2004). In Bezug auf Lernpraktiken nehmen Nohl, Rosenberg u. Thomsen (2015) hier eine gewisse Mittelposition ein, in dem sie zwischen Lernhabitus, Lernhabits und Lernorien-tierungen differenzieren: Durch die jeweils unterschiedliche Platzierung im Ver-hältnis Mensch und Welt ergeben sich entsprechend größere oder kleinere Ver-änderungspotentiale..

[20] So hat Leenen (2005) den Begriff Interkulturelle Kompetenz mit Verweis auf Bourdieus habitus- und feldtheoretische Überlegungen praxistheoretisch begründet.

subjektives und disziplinäres Wissen relationieren. Ebenso könnten CIs im Rahmen einer *rassismuskritischen Kasuistik* (Doğmuş u. Geier, 2020) etwa in der Lehrer*innenbildung als exemplarische Schilderungen Verwendung finden, in denen das Prekäre gängiger kultureller Strukturierungen sozialer resp. kultureller Praxis seinen Ausdruck findet. „Kritische Ereignisse", die üblicherweise als kulturelle Überschneidungssituation identifiziert werden, würden dabei zu Übungsmaterial für Prozesse des De- und Rekonstruierens:

> „Es geht um die Analyse, wie sich das migrationsgesellschaftlich Unbewusste in den eigenen Gebrauch von Kategorien einschreibt, die strukturell mit Differenz- und Zugehörigkeitslogiken von ‚Wir' und ‚Die', Ethni- und Kulturalisierungen, Rassismen und Diskriminierungen verwoben sind" (Doğmuş u. Geier, 2020, S. 131).

Der Gewinn praxistheoretischer Interpretationen besteht darin, die in gängigen psychologischen Modellierungen häufig ausgeblendete gesellschaftliche Seite des Lernens nicht nur als rahmenden Faktor zu begreifen, sondern *Lernen selbst als gesellschaftliche Praxis* auszuweisen und neben der (macht-)kritischen theoretischen auch der empirischen Analyse zugänglich zu machen.[21] Die Interpretation von Lernen als habituell verankerte gesellschaftliche Praxis impliziert ein Hinterfragen von Vorstellungen individuellen bzw. intentionalen Lernens; entsprechend geraten Konstrukte wie *interkulturelle Kompetenz* und die dahinterstehenden Annahmen und Anforderungen auch unter lerntheoretischen Gesichtspunkten in den Fokus kritischer, dekonstruierender Analysen. Das bewahrt zwar vor einer Überschätzung subjektiver Lernspielräume und schafft Raum für alternative Modelle des „Lernen lernens". Es stellen sich aber Fragen hinsichtlich der Gestaltung von *angeleiteten* (interkulturellen) Lernprozessen – Bezogen auf das Arbeiten mit CIs: (Wie) kann die angestrebte iterative Veränderung von habitualisierten Lernpraktiken anhand angeleiteter Bearbeitungen von CIs initiiert werden? Lassen sich Teilnehmende dabei auf die Einnahme anderer Lesarten ein, und wie können diese angesichts der Anforderungen in (beruflichen) Kontexten in performativen Lernakten praktisch wirksam werden?

---

[21] So könnte man mit rekonstruktiven Methoden erforschen, welche Lernpraktiken (insbesondere *Lernhabits* und *Lernorientierungen*, ausführlicher: Nohl, et al., 2015, S. 255 f.) Lernende bei der Bearbeitung von CIs verwenden.

5. Abschließende Überlegungen

Der lerntheoretische Blickwinkel zeigt zunächst einmal die konzeptionelle Vitalität des Ansatzes auf, die sich der grundlegenden Vielfältigkeit *fallbasierten Arbeitens mit CIs* (Groß u. Leenen, 2019) verdankt. Die Variabilität hat sich in den zurückliegenden Jahren nicht nur angesichts einer dynamischen interkulturellen Diskursentwicklung, sondern auch sich verändernder Lernparadigmen erwiesen: Die dabei entstandenen CI-Varianten sind in Abhängigkeit von Lernkontext und Zielsetzung nach wie vor einsetzbar[22] – insbesondere dann, wenn neuere lerntheoretische Entwicklungen aus diesen Bereichen mit einbezogen werden. Darüber hinaus eröffnen sich aber neue Wege für das Arbeiten mit CIs, wenn man das Verständnis über den Rahmen eines interkulturellen Lerninstrumentariums hinaus weitet und bisher nur wenig rezipierte Lern- und Bildungsdiskurse mit einbezieht. Zumindest aus lerntheoretischer Sicht macht es Sinn, sich die hier zu verzeichnende paradigmatische Pluralität zunutze zu machen, zumal eine umfassende Lerntheorie auf absehbare Zeit nicht zu erwarten ist (Grotlüschen, 2020, S. 11).

Der erweiterte Möglichkeitsraum des Arbeitens mit CIs resultiert aus einer Fokusverschiebung in theoretischer Hinsicht: Anstelle der Auseinandersetzung darüber, wie „das Interkulturelle" theoretisch adäquat zu beschreiben ist und in der Folge vermittelt werden soll, rücken die Lernenden und die Formen des Lernens in den Mittelpunkt theoretischer Betrachtung. Damit einher geht ein Verzicht auf eine präzise Definition des CI-Instrumentariums – ein Anspruch, der allerdings angesichts einer dynamischen Anwendungsgeschichte ohnehin obsolet erscheint. Vor diesem Hintergrund sollte in diesem Beitrag anhand der unterschiedlichen Lernparadigmen aufgezeigt werden, wie sich das Verständnis von CIs unter Bezugnahme auf unterschiedliche Lernvorstellungen ändert.

Gleichwohl verlieren fachtheoretische Perspektiven als konzeptionelle Grundlage für das Arbeiten mit CIs natürlich nicht an Bedeutung, zumal sich unterschiedliche kulturtheoretische und lerntheoretische Ansätze je nach grundlagentheoretischer Fundierung wechselseitig als mehr oder weniger anschlussfähig erweisen. Über die CI-Debatte könnte ein fruchtbarer konzeptioneller Dialog über Diskursgrenzen hinweg angestoßen werden, indem lerntheoretische Impulse die fachtheoretische Debatte

---

[22] In diesem Sinne sind auch die nachgezeichneten Paradigmenwechsel nicht als Ausweis einer wissenschaftlichen Fortschrittsgeschichte zu lesen (Kuhn, 1976).

zu interkulturellem Lernen bereichern; umgekehrt können kulturtheoretische Ansätze für die Analyse von Lernparadigmen erhellend sein.[23]

Der lerntheoretische Blick auf CIs kann schließlich über die akademische Debatte hinaus auch einen Beitrag zur *Professions- bzw. Kompetenzentwicklung interkultureller Bildungspraxis* liefern. Dies zeigt sich insbesondere bei der Verwendung „kritischer CIs", die unter Rassismus- bzw. Diskriminierungsaspekten problematisch sind und angesichts der erfreulicherweise gewachsenen Sensibilität gegenüber solchen Themen ein erhebliches Konfliktpotential für die Bildungspraxis beinhalten. Man könnte hier von *CIs höherer Ordnung* sprechen, insofern im CI-Beispiel über die Brisanz der spezifischen inhaltlichen Thematik hinaus auch damit zusammenhängende Grundprobleme der Anleitung interkulturellen Lernens kulminieren: Wieviel „Brisanz" darf / soll in CIs zur Sprache kommen, welche Kriterien gelten dafür, und welche Risiken und Chancen sind damit (für wen) verbunden? Wie kann das Offenhalten des Lerndiskurses mit Lernenden praktiziert werden, die im Zusammenhang mit ihren lebenspraktischen Problemen nach Orientierung suchen, wenn dies häufig nicht einmal in den wissenschaftlichen Communities gelingt, die solche Ansprüche formulieren? Wie man solche Fragen beantwortet, hängt nicht nur von der fachlichen Positionierung im interkulturellen Diskursfeld ab, sondern auch von *Lehrüberzeugungen* und darauf fußenden didaktischen Konzepten, die wiederum auf spezifischen Lernvorstellungen basieren.[24]

Die lerntheoretisch informierte Auseinandersetzung mit CIs durch Lehrende und Trainer*innen kann damit auch zur Professions- und Kompetenzentwicklung im Rahmen von Weiterbildung und Coaching beitragen, insofern die (häufig impliziten) konzeptionellen Grundlagen eigenen didaktischen Handelns in den Fokus rücken. Anhand von Reflexionsfragen können dabei unterschiedliche Positionen herausgearbeitet werden: a) Verweisen solche schwierigen Situationen auf unzureichende *Lehrtechniken* der Trainer*innen bzw. auf Mängel am *didaktischen Instruktionsdesign*, das durch die Auswahl von „geeignetem" CI-Material und die straffe Steuerung des Bearbeitungsprozesses solche „Gefahren" von vornherein

---

[23] In einer solchen Sichtweise wären grundlegende Lernvorstellungen selbst als gesellschaftlich bzw. kulturell verfasste *Lernkulturen* (Nohl et al., 2015) zu verstehen.

[24] Über spärliche Hinweise hinaus konnte der Frage nach passenden didaktischen Rahmungen bzw. Szenarien für das Arbeiten mit CIs im Rahmen des Beitrages nicht nachgegangen werden. Auch wenn sich Modellierungen nicht aus lerntheoretischen Zugängen ableiten lassen, dürften aber zumindest in Umrissen deutlich geworden sein, wie unterschiedliche didaktische Formate des Arbeitens mit CIs aussehen könnten.

neutralisieren kann? b) Sind Lehrende und Trainierende zwar für das Arrangieren von Perturbationen zuständig, aber letztlich nur (stellvertretend) Deutende und damit nur begrenzt für die Steuerung selbstorganisierter bzw. kollaborativer Lernprozesse verantwortlich? c) Stellen gerade solche Widerfahrnisse und Grenzerfahrungen im interkulturellen Lehr- und Trainingszusammenhang potentiell ergiebige Anstöße bzw. Anlässe für das *expansive Lernen seitens der Lehrenden und Trainierenden* dar, insofern von ihnen eine responsives Antwortgeben gefordert ist? d) Sind es solche Situationen, die die *Machtförmigkeit der Lehr- / Lernpraxis* aufzeigen und das Entwickeln neuer Lesarten auch den Lehrenden abfordern, weil sich die ihnen zu Verfügung stehenden als unzureichend erweisen?

6. Literatur

Agostini, Evi; Eckart, Evelyn; Peterlini, Hans Karl; Schratz, Michael (2017). Responsives Forschungsgeschehen zwischen Phänomenologie und Pädagogik: „Lernseits" von Unterricht am Beispiel phänomenologischer Vignettenforschung. In Malte Brinkmann; Marc F. Buck; Severin S. Rödel (Hrsg.), Pädagogik - Phänomenologie, Verhältnisbestimmungen und Herausforderungen. Phänomenologische Erziehungswissenschaft, Bd. 3 (S. 323-356). Wiesbaden: Springer.

Anderson, Lorin W.; Krathwohl, David R. (2001). A Taxonomy for Learning, Teaching, and Assessing: A Revision of Bloom's Taxonomy of Educational Objectives. New York: Longman Publishing Group.

Anderson, Terry; Dron, Jon (2011). Three generations of distance education pedagogy. International Review of Research in Open and Distributed Learning (IRRODL), 12 (3), 80–97.

Ardichvili, A. (2008). Learning and Knowledge Sharing in Virtual Communities of Practice: Motivators, Barriers, and Enablers. Advances in Developing Human Resources, 10, 541-554.

Arnold, Rolf; Siebert, Horst (1997). Konstruktivistische Erwachsenenbildung. Von der Deutung zur Konstruktion von Wirklichkeit. Hohegehren: Schneider.

Barth, Victoria L. (2017). Kompetenzmodell zum professionellen Wahrnehmen und Handeln im Unterricht. In Victoria L. Barth: Professionelle Wahrnehmung von Störungen im Unterricht (S. 33-62). Wiesbaden: Springer.

Baur, Siegfried; Schratz, Michael (2015). Phänomenologisch orientierte Vignettenforschung. Eine lernseitige Annäherung an Unterrichtsgeschehen. In Malte Brinkmann; Richard Kubac; Severin S. Rödel (Hrsg.), Pädagogische Erfahrung.Theoretische und empirische Perspektiven (S. 159-180). Springer: Wiesbaden.

Bhawuk, Dharm P. S. (1998). The role of culture theory in cross-cultural training. A multimethod study of culture-specific, culture-general, and culture theory-based assimilators. Journal of cross-cultural psychology, 29 (5), 630–655.

Bolten, Jürgen (2014). Reziprozität, Relationalität und Mehrwertigkeit. Ein Plädoyer für einen holistischen Kulturbegriff. In Rūta Eidukevičienė; Antje Johanning-Radžienė (Hrsg.), Interkulturelle Aspekte der deutsch-litauischen Wirtschaftskommunikation. (S. 18-39). München: iudicium.

Bolten, Jürgen (2016). Interkulturelle Trainings neu denken. Interculture Journal 15 (26), 75-92.

Brenk, Charlotte; Schmitt, Manfred (2013). Modifikation von Attributionsmustern: Trainingsmethoden in interkulturellen Settings. In Petia Genkova, Tobias Ringeisen; Frederick T. L. Leong (Hrsg.), Handbuch Stress und Kultur. Interkulturelle und kulturvergleichende Perspektiven (S. 489-508). Wiesbaden: Springer.

Bröckling, Ulrich (2003). You are not responsible for being down, but you are responsible for getting up. Über Empowerment. Leviathan, 31 (3), 323-344.

Buck, Gunther (1989). Lernen und Erfahrung – Epogogik. Zum Begriff der didaktischen Induktion (3. Aufl.). Darmstadt: Wiss. Buchgesellschaft.

Deardorff, Darla K. (2020). Manual for Developing Intercultural Competencies: Story Circles. London: Routledge.

Doğmuş, Aysun; Geier, Thomas (2020). Rassismus als Fall? – Zum Verhältnis rassismuskritischer Kasuistik und reflexiver Inklusion in der Lehrer*innenbildung. In Melanie Fabel-Lamla; Katharina Kunze; Anna Moldenhauer; Kerstin Rabenstein (Hrsg.), Kasuistik – Lehrer*innenbildung – Inklusion. Empirische und theoretische Verhältnisbestimmungen (S. 120-133). Bad Heilbrunn: Klinkhardt.

Fetscher, Doris (2015). Critical Incidents in der interkulturellen Lehre. In Mohammed Elbah; Redoine Hasbane; Martina Möller; Rachid Moursli; Naima Tahiri; Raja Tazi (Hrsg.), Interkulturalität in Theorie und Praxis. (S. 108-123). Rabat: Faculté des Lettres et des Sciences Humaines.

Fiedler, Fred E.; Mitchell, Terence; Triandis, Harry C. (1971). The culture assimilator: An approach to cross-cultural training. Journal of Applied Psychology, 55 (2), 95–102.

Flanagan, John C. (1954). The critical incident technique. Psychological Bulletin, 51(4), 327–358.

Funke, Joachim; Zumbach, Jörg (2006). Problemlösen. In Heinz Mandl; Helmut Felix Friedrich (Hrsg.), Handbuch Lernstrategien (S. 206-220). Göttingen: Hogrefe.

Gertsen, Martine C. (1990). Intercultural compet ence and expatriates. In The International Journal of Human Resource Management, 1 (3), 341-362.

Goeze, Annika (2016). Professionalitätsentwicklung von Lehrkräften durch videofallbasiertes Lernen. Voraussetzungen, Prozesse, Wirkungen. Bielefeld: wbv.

Grosch, Harald; Groß, Andreas (2005). Entwicklung spezifischer Vermittlungsformen und Medien. In Wolf Rainer Leenen; Harald Grosch; Andreas Groß (Hrsg.), Bausteine zur interkulturellen Qualifizierung der Polizei (S. 227-272). Münster u.a.: Waxmann.

Gröschke, Daniela (2013). Kompetenzen im Umgang mit Stress in interkulturellen Settings. In Petia Genkova; Tobias Ringeisen; Frederick T. L. Leong (Hrsg.), Handbuch Stress und Kultur. Interkulturelle und kulturvergleichende Perspektiven (S. 473-488). Wiesbaden: Springer.

Groß, Andreas (im Druck). Interkulturelle Erfahrung 4.0? Didaktisch-methodische Standortbestimmungen zu EdTech in der interkulturellen Bildung. In Gundula Gwenn Hiller; Ulrike Zillmer; Reema Fattohi (Hrsg.), Interkulturelle Kompetenz online vermitteln – Ein Praxishandbuch für Lehrende und TrainerInnen. Wiesbaden: Springer.

Groß, Andreas; Leenen, Wolf Rainer (2019). Fallbasiertes Lernen: Einsatz von Critical Incidents. In Wolf Rainer Leenen (Hrsg.), Handbuch Methoden interkultureller Weiterbildung (S. 325-384). Göttingen: Vandenhoeck & Ruprecht.

Groß, Andreas; Grosch, Harald (2002). Critical Incidents filmed as a training tool for intercultural learning. In Wolf Rainer Leenen (Hrsg.): Enhancing intercultural competence in police organisations (S. 131-164). Münster u.a.: Waxmann.

Grotlüschen, Anke (2005). Expansives Lernen: Chancen und Grenzen subjektwissenschaftlicher Lerntheorie. Berufsbildung (CEDEFOP), 36, 17-22.

Grotlüschen, Anke; Pätzold, Hennig (2020). Lerntheorien in der Erwachsenen- und Weiterbildung. Bielefeld: wbv.

Guthrie, George M. (1975). A behavioural analysis of culture learning. In Richard W. Brislin; Stephen Bochner; Walter J. Lonner (eds.), Cross-Cultural Perspectives on Learning (S. 95–115). New York: Sage.

Henze, Jürgen (2016). Vom Verschwinden des (Inter)Kulturellen und Überleben der (Inter)Kulturalität. Interculture Journal 15 (26), 59-74.

Henze, Jürgen (2020). Horizonte der interkulturellen Kompetenzdiskussion. In Alois Moosmüller (Hrsg.), Interkulturelle Kompetenz. Kritische Perspektiven (S. 57-98). Münster u.a.: Waxmann.

Hill, Marc; Yıldız, Erol (Hrsg.) (2019). Postmigrantische Visionen. Postmigrantische Studien, Bd. 1. Bielefeld: transcript.

Hopkins, Richard L. (1994). Narrative schooling: Experiential learning and the transformation of American education. New York: Teachers College Press.

Kaiser, Arnim; Kaiser, Ruth; Lambert, Astrid; Kerstin Hohenstein (2018). Metakognition: Die Neue Didaktik. Metakognitiv fundiertes Lehren und Lernen ist Grundbildung. Göttingen: V+ R.

Kammhuber, Stefan (2000). Interkulturelles Lehren und Lernen. Wiesbaden: Springer.

Kammhuber, Stefan (2010). Interkulturelles Lernen und Lehren an der Hochschule. In Gundula Gwen Hiller (Hrsg.), Schlüsselqualifikation Interkulturelle Kompetenz an Hochschulen. Grundlagen, Konzepte, Methoden (S. 57-72). Wiesbaden: Springer.

Klein, Christian; Martínez, Matías (Hrsg.) (2009). Wirklichkeitserzählungen. Felder, Formen und Funktionen nicht-literarischen Erzählens. Stuttgart: Metzler.

Klingovsky, Ulla (2013). Differenz(en) statt Kompetenz. Anmerkungen zu einer dekonstruktiven pädagogischen Professionalität, 20, 05-1-12.

Koller, Hans-Christoph (2018). Bildung anders denken. Einführung in die Theorie transformatorischer Bildungsprozesse. (2. Aufl.). Stuttgart: Kohlhammer.

Kuhn, Thomas S. (1976). Die Struktur wissenschaftlicher Revolutionen. Frankfurt / M.: Suhrkamp.

Larison, Karen D. (2022). On Beyond Constructivism. Using Intersubjective Approaches to Promote Learning in the Science Classroom. Science & Education, 31, 213–239.

Lave, Jean; Wenger, Étienne (1991). Situated learning: Legitimate peripheral participation, Cambridge: Cambridge University Press.

Layes, Gabriel (2007). Kritische Interaktionssituationen. In Jürgen Straub; Arne Weidemann; Doris Weidemann (Hrsg.), Handbuch interkulturelle Kommunikation und Kompetenz (S. 384-391). Stuttgart: J. B. Metzler.

Leenen, Wolf Rainer (2005). Interkulturelle Kompetenz. Theoretische Grundlagen. In: Wolf Rainer Leenen; Harald Grosch; Andreas Groß (Hrsg.): Bausteine zur interkulturellen Qualifizierung der Polizei (S. 63-110). Münster: Waxmann.

Leenen, Wolf Rainer; Groß, Andreas (im Druck). Interkulturelle Kompetenz(en): Modellbildung – Erfassung – Entwicklung. In Jürgen Henze; Steven J. Kulich; Zhiqiang Wang (Hrsg.), Interkulturelle Kommunikation: Deutsch-chinesische Perspektiven. Wiesbaden: Springer.

Ludwig, Joachim (2006). Lernen und Lernberatung – im Internet? Hessische Blätter für Volksbildung, 338-347.

Ludwig, Joachim (2018). Lehr-Lerntheoretische Ansätze in der Erwachsenenbildung. In Rudolf Tippelt; Aiga von Hippel (Hrsg.), Handbuch Erwachsenenbildung / Weiterbildung (6. Aufl., S. 257-274). Wiesbaden: Springer.

Ludwig, Joachim; Müller, Kurt R. (2004). Kompetenzentwicklung im Spannungsfeld betrieblicher Modernisierung: ‚Fallarbeit' als Konzept zur Kompetenzentwicklung? In Rainer Brödel; Julia Kreimeyer (Hrsg.), Lebensbegleitendes Lernen als Kompetenzentwicklung: Analysen - Konzeptionen – Handlungsfelder (S. 281-306). Bielefeld: Bertelsmann.

Marmer, Elina (2015). Rassismuskritischer Leitfaden. http://www.elina-marmer.com/wp-content/uploads/2015/03/IMAFREDU-Rassismuskritischer-Leiftaden_Web_barrierefrei-NEU.pdf (04.07.2022).

Martiny, Sarah E.; Götz, Thomas; Keller, Melanie (2013). Emotionsregulation im Kontext von Stereotype Threat: Die Reduzierung der Effekte negativer Stereotype bei ethnischen Minderheiten. In Petia Genkova; Tobias Ringeisen; Frederick T. L. Leong (Hrsg.), Handbuch Stress und Kultur. Interkulturelle und kulturvergleichende Perspektiven (S. 397-415). Wiesbaden: Springer.

Mendenhall, Mark E.; Stahl, Günter K.; Ehnert, Ina; Oddou, Gary; Osland, Joyce S.; Külmann Torsten M. (2004). Evaluation Studies of Cross-Cultural Training Programs: A Review of the Literature from 1988 to 2000. In David Landis; Jerry M. Bennett; Michael J. Bennett (eds.), Handbook of intercultural training, (3rd ed., pp. 129–143). Thousand Oaks: Sage.

Meyer-Drawe, Käte (2010). Zur Erfahrung des Lernens. Eine Phänomenologische Skizze. Santalka 18 (3), 6-17.

Meyer-Drawe, Käte (2012). Diskurse des Lernens. (2. Aufl.). München: Wilhelm Fink.

Nazarkiewicz, Kirsten (2010). Interkulturelles Lernen als Gesprächsarbeit. Wiesbaden: VS Verlag für Sozialwissenschaften.

Nazarkiewicz, Kirsten (2013). Hürden und Lösungen in interkulturellen Settings. In Katharina von Helmolt; Gabriele Berkenbusch; Wenjian Jia (Hrsg.), Interkulturelle Lernsettings. Konzepte – Formate – Verfahren, (S. 43-84). Stuttgart: ibidem.

Nittel, Dieter (1998). Das Projekt "Interpretationswerkstätten". Zur Qualitätssicherung didaktischen Handelns. Grundlagen der Weiterbildung – Praxishilfen (S. 1–16). Neuwied u.a.: Luchterhand.

Nohl, Arnd-Michael; Rosenberg, Florian von (2012). Interkulturelle Bildungsprozesse in außerschulischen Kontexten. In Ullrich Bauer; Uwe H. Bittlingmayer; Albert Scherr (Hrsg.), Handbuch Bildungs- und Erziehungssoziologie. (S. 847-861). Wiesbaden: Springer.

Nohl, Arnd-Michael; Rosenberg, Florian von; Thomsen, Sarah (2015). Bildung und Lernen im biographischen Kontext. Empirische Typisierungen und praxeologische Reflexionen. Wiesbaden: Springer.

Reckwitz, Andreas (2004). Die Reproduktion und die Subversion sozialer Praktiken. Zugleich ein Kommentar zu Pierre Bourdieu und Judith Butler. In Karl H. Hörning, Julia Reuter (Hrsg.), Doing Culture. Neue Positionen zum Verhältnis von Kultur und sozialer Praxis (S. 40-54). Bielefeld: transcript.

Reinmann, Gabi; Mandl, Heinz (1996). Lernen auf der Basis des Konstruktivismus. Wie Lernen aktiver und anwendungsorientierter wird. Computer + Unterricht, 6 (23), 41-44.

Rosa, Hartmut (2018). Resonanz. Eine Soziologie der Weltbeziehung (2. Aufl.). Berlin: Suhrkamp.

Rosenberg, Florian von (2016). Lernen, Bildung und kulturelle Pluralität. Auf dem Weg zu einer empirisch fundierten Theorie. Wiesbaden: Springer.

Schallehn, Mike (2012). Marken-Authentizität. Konstrukt, Determinanten und Wirkungen aus Sicht der identitätsbasierten Markenführung. Wiesbaden: Springer.

Schäfer, Hilmar (2016). Einleitung. Grundlagen, Rezeption und Forschungsperspektiven der Praxistheorie. In Hilmar Schäfer (Hrsg.), Praxistheorie. Ein soziologisches Forschungsprogramm (S. 9-25). Bielefeld: transcript.

Schatzki, Theodore R. (2016). Praxistheorie als flache Ontologie. In Hilmar Schäfer (Hrsg.), Praxistheorie. Ein soziologisches Forschungsprogramm (S. 29-44). Bielefeld: transcript.

Schumann, Adelheid (2012). Critical Incidents als Forschungsinstrument und als Trainingsgrundlage. In Adelheid Schumann (Hrsg.), Interkulturelle Kommunikation in der Hochschule. Zur Integration internationaler Studierender und Förderung Interkultureller Kompetenz (S. 55-79). Bielefeld: transcript.

Schüßler, Ingeborg (2004). Lernwirkungen neuer Lernformen. QUEM-Materialien 55. https://abwf.de/content/main/publik/materialien/materialien55.pdf (04.07.2022).

Spencer-Oatey, H. (2013). Critical incidents. A compilation of quotations for the intercultural field. Global People Core Concept Compilations. https://warwick.ac.uk/fac/cross_fac/globalpeople2/knowledgeexchange/gp_cc_critical_incidents_final_181204.pdf (02.03.2022).

Stengel, Verena (2008). Interkulturelles Lernen mit kooperativen Methoden. (Europäische Hochschulschriften, Reihe IV). Frankfurt/M.: Peter Lang.

Straub, Jürgen (2010). Lerntheoretische Grundlagen. In Arne Weidemann; Jürgen Straub; Steffi Nothnagel (Hrsg.), Wie lehrt man interkulturelle Kompetenz? Theorien, Methoden und Praxis in der Hochschulausbildung (S. 31-98). Bielefeld: transcript.

Syring, Marcus (2021). Videobasierte Kasuistik in der Lehre. In Doris Wittek; Thorid Rabe; Michael Ritter (Hrsg.), Kasuistik in Forschung und Lehre. Erziehungswissenschaftliche und fachdidaktische Ordnungsversuche. (S. 230-244). Bad Heilbrunn: Julius Klinkhardt.

Thomas, Alexander (2005). Kultur und Kulturstandards. In Alexander Thomas; Eva-Ulrike Kinast; Sylvia Schroll-Machl (Hrsg.), Handbuch Interkulturelle Kommunikation und Kooperation. Bd.1: Grundlagen und Praxisfelder (S. 19-31). Göttingen: Vandenhoeck & Ruprecht.

Waldenfels, Bernhard (1997). Topographie des Fremden: Studien zur Phänomenologie des Fremden 1. Frankfurt / M.: Suhrkamp.

Waldenfels, Bernhard (2015). Sozialität und Alterität. Frankfurt / M.: Suhrkamp.

Wehling, Peter (2001). Jenseits des Wissens? Wissenschaftliches Nichtwissen aus soziologischer Perspektive. Zeitschrift für Soziologie, 30 (6), 465–484.

Westphal, Kristin (2019). Stimme. Geste. Blick (2004). Der Körper als Bezugspunkt für Lern- und Bildungsprozesse. In Malte Brinkmann (Hrsg.), Phänomenologische Erziehungswissenschaft von ihren Anfängen bis heute. Phänomenologische Erziehungswissenschaft 4 (S. 435-456). Wiesbaden: Springer.

Wight, Albert R. (1995). The critical incident as a training tool. In Sandra M. Fowler; Monica G. Mumford (eds.), Intercultural sourcebook: Cross-cultural training methods (pp. 127-140). Yarmouth: Intercultural Press.

Wilhelm, Markus, Brovelli, Dorothee (2009). Problembasiertes Lernen (PBL) in der Lehrpersonenbildung: Der Drei-Phasen-Ansatz der Naturwissenschaften. Beiträge zur Lehrerbildung 27 (2), 195-203.

Woltin, Karl-Andrew; Jonas Kai J. (2009). Interkulturelle Kompetenz – Begriffe, Methoden und Trainingseffekte. In Andreas Beelmann; Kai J. Jonas (Hrsg.), Diskriminierung und Toleranz. Wiesbaden: Springer.

Wrana, Daniel (2012). Lernberatung als pädagogische Handlungsform und empirischer Gegenstand. In Daniel Wrana; Christiane Maier Reinhard (Hrsg.), Professionalisierung in Lernberatungsgesprächen. Theoretische Grundlegungen und empirische Untersuchungen (S. 17-67). Opladen u.a.: Budrich.

Zumbach, Jörg; Haider, Karin; Mandl, Heinz (2008). Fallbasiertes Lernen: Theoretischer Hintergrund und praktische Anwendung. In Jörg Zumbach; Heinz Mandl (Hrsg.), Pädagogische Psychologie in Theorie und Praxis. Ein fallbasiertes Lehrbuch (S. 1-11). Göttingen: Hogrefe.

Katharina von Helmolt

Mehrperspektivische Analyse natürlicher Interaktionssituationen

Critical Incident-Formate

Interaktionssituationen, in denen es aufgrund kulturbedingter Differenzen zu Irritationen kommt, spielen eine zentrale Rolle im interdisziplinären Forschungs- und Lehrgebiet der Interkulturellen Kommunikation. Solche „Critical Incidents" (Fiedler, Mitchell u. Triandis, 1971) werden als empirisch erhobene Daten zu Forschungszwecken und in didaktisierter Form als Lehrmaterial verwendet. Didaktisierte Critical Incidents, die in der deutschen Forschungsliteratur mit Rückgriff auf Thomas (1993) auch „Kritische Interaktionssituationen" genannt werden, beschreibt Schumann als kurze Erzählungen, die den Interaktionsablauf, eine Präsentation der Beteiligten und das interkulturelle Missverständnis umfassen (Schumann, 2012, S. 56). Inhaltlich beziehen sie sich auf Situationen, die für die Beteiligten typisch sind, von mindestens einer beteiligten Person als irritierend oder konflikthaft empfunden werden und sich mit entsprechendem kulturbezogenem Hintergrundwissen deuten lassen (vgl. Fiedler, Mitchell u. Triandis, 1971; Schumann, 2012; Hiller, 2016).

Die ursprüngliche Verwendungsweise von Critical Incidents als Basis für Selbstlernprogramme (vgl. z. B. Fiedler, Mitchell u. Triandis, 1971; Müller u. Thomas, 1991) wird in der Lehr- und Lernforschung der Interkulturellen Kommunikation mittlerweile überwiegend kritisch betrachtet. Als problematisch wird die mit der Kürze des Formats und einer subjektiven Erzählperspektive einhergehende Komplexitätsreduktion angesehen, die sowohl die Sichtweisen weiterer beteiligter Personen, als auch nicht erzählte Kontextbedingungen ausblendet. Kritisiert wird an den auf Kulturkontrastierung angelegten Erzählungen außerdem die Implikation essentialistischer Vorstellungen von (National-)Kulturen und die damit verbundene Gefahr von Generalisierungen und Stereotypisierungen.

Dennoch haben Critical Incidents ihre Bedeutung für die Lehre im Bereich der Interkulturellen Kommunikation nicht eingebüßt. In der jüngeren Lehr- und Lernforschungsliteratur werden unterschiedliche methodische Verfahren der mehrperspektivischen Analyse von Critical Incidents beschrieben. Dazu gehört beispielsweise das „KPS-Modell", nach dem neben dem kulturellen Gesichtspunkt auch personenbezogene und situative Aspekte in die Analyse einbezogen werden, um dadurch mehrere Interpretationsmöglichkeiten zu generieren (Leenen u. Grosch, 1998, S. 333 f.; Groß u. Leenen, 2019, S. 359; Bosse, 2011). Auch die Präsentation unterschiedlicher empirisch erhobener Erklärungsansätze für einen Critical Incident eröffnet eine mehrperspektivische Betrachtungsweise, bei der die Vielfalt von Interpretationsoptionen und die Kulturspezifik von Perspektiven reflektiert werden können (vgl. z. B. Fetscher, 2015; Hiller, 2016). Mehrperspektivische Analyseverfahren zielen nicht auf Musterlösungen; vielmehr geht es darum, die Interpretationsflexibilität der Lernenden zu erhöhen (vgl. z. B. Hiller, 2009; Bosse, 2011; Schumann, 2012).

Neben den typischen kurzen Critical Incident-Erzählungen werden in der Lehre der Interkulturellen Kommunikation auch Film- und Audioformate von Critical Incidents eingesetzt (Grosch u. Groß, 2005, S. 258 ff.; Bosse, 2011, S. 81 ff.). Im Unterschied zu Erzählungen bilden diese Formate die Sequenzialität von Interaktionsereignissen deutlicher ab. Sie können zeigen, wie die Beteiligten auf verbaler, paraverbaler und nonverbaler Ebene wechselseitig aufeinander Bezug nehmen und damit das Interaktionsereignis gemeinsam konstituieren. Bei Film- und Audioformaten kann wiederum zwischen didaktisierten und aufgezeichneten natürlichen Formaten unterschieden werden. Didaktisierte Formate werden zu Lehrzwecken erstellt. Sie zeigen gezielt eine Interaktionsproblematik, die in der Analyse aufgegriffen werden kann (Müller-Jacquier, 2000; Grosch u. Groß, 2005; Bosse, 2011, S. 85). Als natürliche Formate werden hier in Anlehnung an Sacks (1984) solche Interaktionen verstanden, die nicht zu Forschungs- oder Lehrzwecken initiiert werden. Zum Einsatz in Lehrsituationen muss solches „Rohmaterial" (Fetscher, 2015) als Video- oder Audiodatei aufgezeichnet und in eine schriftliche Form gebracht werden. Im Unterschied zu Interaktionsbeispielen, die durch andere qualitative Methoden wie Interviews oder Feldbeobachtungen erhoben werden, kann die „rohe, desinteressierte, weder numerisch noch ästhetisch transformierte Bild- und Tonaufzeichnung" (Bergmann, 1985, S. 301) die Komplexität einer Interaktion im Zeitverlauf bewahren. Das Zusammenspiel von wechselseitig aufeinander bezogenen Kontextualisierungsverfahren auf der verbalen, nonverbalen und paraverbalen Ebene wird so für die Analyse zugänglich.

Neben Erzählungen über interkulturelle Interaktionsereignisse auch Aufzeichnungen natürlicher Interaktionen zu berücksichtigen, kann zur Perspektivenerweiterung in Forschungs- und Lehrkontexten beitragen. Dies zeigen Ergebnisse einer Forschungsarbeit von Schnurr und Zayts (2017), die im Rahmen einer Triangulation von leitfadengestützten Interviews und Gesprächsanalysen „multicultural workplaces" (Schnurr u. Zayts, 2017, S. 1) in Hongkong untersuchen. Sie stellen fest, dass ihre Interviewpartner*innen bei Erzählungen über irritierende Interaktionserfahrungen am Arbeitsplatz regelmäßig auf das Konzept der Nationalkultur zurückgreifen, um als typisch empfundene Verhaltensweisen von chinesischen oder englischen Kolleg*innen und damit einhergehende Probleme in ihren Arbeitskontexten darzustellen. In den gleichen Arbeitskontexten aufgezeichnete natürliche Interaktionen spiegeln jedoch die in den Interviews als typisch nationalkulturell beschriebenen Kommunikationsweisen nur bedingt wider. Sie zeigen vielmehr eine große Bandbreite an kontextspezifisch variierenden Kommunikationsformen, die zu einer starken Relativierung der Interviewaussagen führt. Welche Konsequenz für die Lehre lässt sich aus diesen Forschungsergebnissen ableiten? Die Arbeit mit in Interviews erhobenen Critical Incidents kann durch die Analyse aufgezeichneter natürlicher Interaktionssituationen sinnvoll ergänzt werden, da diese den Blick auf die Kontextabhängigkeit von kommunikativem Handeln schärft.

Die Analyse natürlicher Interaktionen in Lehr- und Lernsettings erfordert andere Herangehensweisen als die Interpretation didaktisierter Formate. Während konventionell didaktisierte Critical Incidents eine interkulturelle Problematik gezielt in den Vordergrund stellen können, lässt sich vor der Aufzeichnung einer natürlichen Interaktion nicht vorhersagen, ob Kultur und Interkulturalität eine Relevanz im Interaktionsverlauf haben werden. Auch wenn die Fokussierung eines interkulturellen Missverständnisses nicht zwingend gegeben ist, steht die Analyse von natürlichen Interaktionssituationen im Rahmen der Lehre der Interkulturellen Kommunikation aus meiner Sicht in der Tradition der Arbeit mit Critical Incidents, denn sowohl die jüngeren Konzepte der Verwendung von Critical Incidents als auch die Analyse von aufgezeichneten natürlichen Interaktionen zielen auf das Generieren multipler Interpretationsperspektiven, um dadurch Analysefertigkeiten zu schulen und die Relativität von Perspektiven auf ein Interaktionsgeschehen bewusst zu machen. Die Arbeit mit natürlichen Interaktionen umfasst die Ziele der mehrperspektivischen

Analyse didaktisierter Critical Incident-Erzählungen und erweitert sie unter anderem um folgende Aspekte: Die interaktive Konstituierung des Interaktionsereignisses im Zeitablauf und in seiner Kontextabhängigkeit rückt stark in den Fokus und es wird reflektiert, dass die Angemessenheit der Interpretationsperspektive *Interkulturalität* eine offene Frage ist, die nur durch die sorgfältige Analyse des Interaktionsverlaufs beantwortet werden kann. Eine mögliche Vorgehensweise bei der Arbeit mit natürlichen Interaktionssituationen in der Lehre der Interkulturellen Kommunikation beschreibe ich im Folgenden.

Aufgezeichnete natürliche Interaktionen als Lehr- und Lernformat der Interkulturellen Kommunikation

Das hier beschriebene didaktische Konzept ist an der Idee des „Forschenden Lernens" (Huber, 2009) orientiert. Durch Prozesse des Forschenden Lernens sollen nicht nur kognitive Fähigkeiten ausgebildet, sondern auch Erfahrungen auf der affektiven und sozialen Ebene gemacht werden.[1] Über die Vermittlung deklarativen Wissens hinaus sollen Studierende in einem fachlich und methodisch begleiteten, aber dennoch zu großen Teilen selbstständigen Forschungsprozess, dessen Verlauf und Ergebnis kritisch reflektiert werden, Forschungsfragen bearbeiten. Die angestrebte Wirkung Forschenden Lernens besteht darin, dass die Studierenden eine fragende und selbstreflexive Haltung entwickeln, die sich nicht allein durch theoretische Instruktion vermitteln, sondern besonders durch eigene Forschungstätigkeit und begleitende Reflexion erwerben lässt.

Das nachfolgend vorgestellte Vorgehen bei der Arbeit mit aufgezeichneten natürlichen Interaktionen wurde für Studierende eines weiterbildenden Masterstudiengangs[2] entwickelt. Diese Voraussetzung ist relevant, denn die fokussierte Zielgruppe besteht aus berufstätigen Studierenden, die mehrheitlich in Unternehmen oder Organisationen mit einer globalen Ausrichtung, einer kulturell heterogenen Belegschaft oder einer internationalen Klientel beschäftigt sind. Ein zentraler Gedanke des Konzepts ist es, die Berufstätigkeit der Studierenden für den Zugang zu Daten aus einem von den Studierenden selbst als relevant empfundenen

---

[1] Zu den Prinzipien und lerntheoretischen Begründungen des Forschenden Lernens siehe auch von Helmolt (2015).
[2] Es handelt sich dabei um den an der Hochschule München angebotenen interdisziplinären und weiterbildenden Masterstudiengang „Interkulturelle Kommunikation und Kooperation".

Praxisfeld zu nutzen. Die Datenerhebung am eigenen Arbeitsplatz ist allerdings nicht immer und für alle Studierenden möglich.[3] Daher bilden die Studierenden Projektgruppen, die idealerweise so zusammengesetzt sind, dass mindestens ein Mitglied der Gruppe die Möglichkeit hat, Daten am eigenen oder an einem anderen Arbeitsplatz zu erheben.

Das Verfahren der Datenerhebung und -auswertung entspricht der Angewandten Gesprächsforschung (Brünner, Fiehler u. Kindt, 1999), die das methodische Verfahren und die Forschungsergebnisse der Gesprächsanalyse für Qualifizierungsmaßnahmen nutzt. Die Gesprächsanalyse befasst sich mit der Rekonstruktion von Verständigungsprozessen. Auf der Grundlage aufgezeichneter und transkribierter Gesprächsdaten wird in einem sequenzanalytischen Verfahren nachvollzogen, wie Gesprächsbeteiligte handeln und welche Wirkung ihr Handeln auf den weiteren Gesprächsverlauf hat. Im Audio- oder Videomitschnitt nicht erfasst werden außerhalb des Gesprächs liegende Kontextfaktoren, wie beispielsweise die Interaktionsgeschichte oder institutionelle Rahmenbedingungen. Jüngere Ansätze der Gesprächsanalyse beziehen daher zusätzlich erhobene ethnografische Daten oder Feldkenntnisse in die Analyse ein (Deppermann, 2000).

Das Prinzip der Angewandten Gesprächsforschung ist es, natürliche Interaktionssituationen in professionellen Kontexten zu dokumentieren und auf strukturelle Besonderheiten, typische Interaktionsprobleme und Bewältigungsstrategien hin zu analysieren. Die aufgezeichneten und transkribierten Interaktionssituationen werden als Lehr- und Lernmaterial in Lehre, Training und Beratung eingesetzt. Die Zielsetzung besteht darin, die Teilnehmenden für Formen und Wirkungen ihrer kommunikativen Handlungen zu sensibilisieren und gegebenenfalls Handlungsalternativen zu entwickeln.

Der Einsatz dieses Verfahrens hat sich bereits in anderen Lehr- und Lernkontexten als sinnvoll erwiesen (vgl. von Helmolt, 2007, 2015; Berkenbusch, 2009; Bosse, Jandok, Kreß u. Porila, 2011). Erfolge bei der selbstständigen Erhebung von Datenmaterial können sich positiv auf die Motivation von Studierenden auswirken (Berkenbusch, 2009). Die Verschriftung von Interaktionen bietet intensive Lerneffekte, da sie die Wahrnehmung für die Vielfalt der verbalen, paraverbalen und – im Fall von

---

[3] Die größte Hürde der Datenerhebung besteht in den meisten Fällen in der Einwilligung aller Beteiligten zur Aufzeichnung. Diese ist jedoch aus ethischen und datenschutzrechtlichen Gründen notwendig.

Videodateien – auch nonverbalen Elemente einer Interaktion schult, ein Bewusstsein für die Besonderheiten mündlicher Kommunikation schafft (Bosse et al., 2011) und einen ersten Eindruck von der Komplexität sprachlichen Handelns vermittelt.

Im Rahmen des hier beschriebenen didaktischen Konzepts der Arbeit mit natürlichen Interaktionssituationen in der Lehre der Interkulturellen Kommunikation erhalten die Studierenden nach einer Einführung in die Prämissen und methodischen Prinzipien der Gesprächsanalyse[4] die Aufgabenstellung, natürliche Interaktionen im Audio- oder Videoformat aufzuzeichnen. Die Auswahl der Interaktionssituationen ist prinzipiell frei; möglichst sollen solche Situationen gewählt werden, die von den Studierenden aufgrund ihrer Feldkenntnis als typisch für die Erfüllung eines Arbeitszieles angesehen werden. Die Auswahl des Feldes für die Datenerhebung erfolgt also auf der Basis von persönlichen Arbeitserfahrungen und vorwissenschaftlichen Einschätzungen der Studierenden.

Von den aufgezeichneten Interaktionssituationen erstellen die Projektgruppen zunächst ein Minimaltranskript nach dem „Gesprächsanalytischen Transkriptionssystem 2" (Selting et al., 2009). Transkriptionen sind an die Wahrnehmung der Transkribierenden gebunden; die Wahl der Form und Detailliertheit der Transkription stellt insofern den ersten Schritt der Interpretation dar. Ein weiterer Interpretationsschritt besteht in der Auswahl von Datenausschnitten für eine vertiefende Datenanalyse. Vorgegebenes Kriterium für die Auswahl ist, dass die Studierenden selbst intuitiv Überraschendes oder Irritierendes in der Interaktion erkennen, welches sie zu einem Einstieg in genauere Betrachtungen anregt. Die Auswahl von Transkriptausschnitten für die vertiefte Analyse ist somit abhängig von den Vorerfahrungen und dem Beobachtungsfokus der Studierenden. Diese Einschränkung der Natürlichkeit ist bei der Analyse zu reflektieren.

Die ausgewählten Datenausschnitte werden in Datensitzungen mit der gesamten Seminargruppen analysiert. Dazu werden der Seminargruppe die Ausschnitte als Audio- oder Videomitschnitte sowie als Transkript präsentiert. Datensitzungen dienen in der Gesprächsanalyse der Einbeziehung möglichst vieler Perspektiven und Interpretationsideen. Während der Datensitzung mit der Seminargruppe werden zunächst allgemeine Organisationsprinzipien und Regularitäten der Kommunikation betrachtet

---

[4] Zu den Prämissen und Prinzipen der Gesprächsanalyse siehe beispielsweise Kallmeyer und Schütze, 1976; Deppermann, 2000.

sowie Interaktionsprobleme identifiziert (vgl. dazu auch Brünner et al., 1999, S. 8). Erörtert werden in diesem Zusammenhang unter anderem Themen, die das Handeln der Studierenden in ihrem konkreten beruflichen Umfeld betreffen. Auf der Grundlage der aufgezeichneten Interaktionen werden etwa Fragen nach der Angemessenheit beobachtbarer Handlungsweisen im Hinblick auf angestrebte Arbeitsergebnisse sowie mögliche Handlungsalternativen erörtert. In der Datensitzung werden Ansätze für eine tiefergehende Analyse erarbeitet. Die Seminarleitung gibt Hinweise auf weiterführende Forschungsliteratur.

Auch Aspekte von Interkulturalität fließen in die Analyse ein. So wird beispielsweise die Fragestellung verfolgt, ob und auf welche Weise sich Kultur und kulturelle Differenz in der Interaktion niederschlagen und welche Auswirkungen dies auf den Interaktionsverlauf hat. Dieser Datenzugang entspricht der gesprächsanalytischen Sichtweise, dass eine Interaktionssituation dann als interkulturell aufzufassen ist, wenn die Beteiligten selbst Kultur und kulturelle Differenz explizit oder implizit relevant setzen (Hausendorf, 2007; Günthner, 2011). Ob diese Analyseperspektive fruchtbar für die weitere Datenbearbeitung ist, hängt von der Beschaffenheit der Daten ab. In einer Interaktion Spuren dafür zu finden, dass sich die Beteiligten selbst in ihren Handlungs- und Deutungsweisen auf Kultur oder Interkulturalität beziehen, ist allerdings eine anspruchsvolle Aufgabe, der sich Studierende mit wenig Vorerfahrung in der Gesprächsanalyse nur schrittweise und häufig auch mit Widerständen nähern. An einem Beispiel aus der Lehrpraxis möchte ich nun zeigen, welche Potenziale und Herausforderungen die Arbeit mit aufgezeichneten natürlichen Interaktionssituationen birgt.

Praxisbeispiel: Teil 1

Der nachfolgende exemplarische Einblick in die Lehrpraxis bezieht sich auf die Arbeit mit einer Interaktionssituation, die von der Studentin K[5] an ihrem Arbeitsplatz aufgezeichnet wurde. Es handelt sich um eine Videokonferenz in einem Softwareunternehmen. Die aufgezeichnete Konferenz fand zwischen drei Mitgliedern des Teams von K über ein Onlinetool statt, das es ermöglicht, an unterschiedlichen Bildschirmen das gleiche Dokument zu verfolgen. In der Datensitzung mit der Seminargruppe wurde ein

---

[5] Die Namen aller Beteiligten wurden aus Datenschutzgründen anonymisiert. Zu weiteren Aspekten der Analyse dieses Fallbeispiels siehe auch von Helmolt, 2015.

ausgewählter Ausschnitt aus der Videokonferenz als Audiodatei vorgespielt und in transkribierter Form vorgelegt. K speiste einige ethnografische Zusatzdaten in die Analyse ein; unter anderem erläuterte sie, dass es die Aufgabe ihres Teams war, ein Dokument für Arbeitsanweisungen zu erstellen, das von allen Mitarbeiter*innen des Unternehmens benutzt werden und daher leicht verständlich sein sollte. Im aufgezeichneten Gespräch sahen die drei Beteiligten eine erste von den zwei Teammitgliedern in Indien erstellte Version des Dokuments an, und tauschten ihre Erwartungen an die Gestaltung der Arbeitsanweisungen aus. Die deutsche Gesprächsteilnehmerin K befand sich dabei an ihrem Arbeitsplatz in Deutschland, die zwei indischen Arbeitskollegen N und S saßen an ihrem Arbeitsplatz in Indien. Die gemeinsame Arbeitssprache war Englisch. Während des Gesprächs verfolgten alle Beteiligten die gleichen Darstellungen des Dokuments an ihren Bildschirmen.

Datenbeispiel „NOT GREY OUT"[6]

Gesprächsbeteiligte:

K deutsches Teammitglied, weiblich
N indisches Teammitglied, männlich
S indisches Teammitglied, weiblich

```
              [...]
01   K    <<len> SEE my intention is not
02   K    that we draw a new process picture
03   K    it's just that you describe screenshots
04   K    the RELEVANT steps from here
05   K    and just just put under the table
06   K    what is not required for us>
07   K    [nobody will]
08   N    [<<all>KKK>]
09   K    go to the CSDM document and do a comparison
10   N    <<all> correct i know K
11   N    your point is this is
12   N    also ah
13   N    the same view i had in my mind
14   N    when we talked about work instructions
15   N    even i wanted to go in line with the process
```

---

[6] Die Transkription orientiert sich am Gesprächsanalytischen Transkriptionssystem GAT 2 (Selting et al., 2009).

16	N	and map each of these
17	N	but there is a bit of challenge
18	N	in mapping one to one each of these steps
19	N	it cannot happen one to one
20	N	but in line=i would say in line
21	N	we have to structure the whole thing around these
22	N	right we'll say
23	N	let us take one option
24	N	is we say ok
25	N	this is just standard boxes
26	N	some of these we'll grey out
27	N	like ah say wait
28	N	eight inform production ten
29	N	and we can grey these out
30	N	and say these are not applicable>
31	K	NOT GREY OUT
32	K	just don't mention
33	N	(...) yeah
34	K	<<len> [if you GREY something OUT]>
35	S	[i would prefer to ok fine]
36	K	<<len> you will create confusion
37	K	to the people who use this document>
38	S	then we differentiate you know
39	S	this chart then for each essentially
40	S	if you want a proper one
41	S	you have to take this for example (.)
42	S	ahm (..)
43	S	we can say we assign the named person as manager
44	S	we leave out the first row
45	S	and leave out the second row
46	S	because there is nothing to do
47	S	but keep these settings (..)
48	K	specifically this point
49	K	we DON'T assign named persons as manager
50	K	this is not in line with our business model
51		(2.0)
		[...]

Zum Einstieg in die Analyse der Interaktionssituation „NOT GREY OUT" erhielten die Studierenden die Anweisung, ihre ersten spontanen Eindrücke von der Interaktion zu äußern. Zunächst wurde von Studierenden bemerkt, dass „die Inder" viel redeten, aber schwer zu verstehen seien. Reaktionen dieser Art zeigen die Herausforderungen der Arbeit mit Gesprächsdaten unter der Perspektive der Interkulturalität: Zum einen gilt es, eine Sensibilität für Manifestationen von Kultur und Interkulturalität im Kommunikationsverhalten aufzubauen, zum anderen ist auf die Gefahr einer vorschnellen Kulturalisierung und Psychologisierung beobachteter Phänomene hinzuweisen. Besonders zu Beginn der Arbeit mit natürlichen Interaktionen ist die Tendenz zu beobachten, von Phänomenen einer spezifischen Interaktion verallgemeinernde Rückschlüsse auf die Kultur der Gesprächsbeteiligten zu ziehen. Dabei wird häufig auf nationalkulturelle Kategorien Bezug genommen. Dies zeigt auch der Kommentar einer Studierenden, ihr sei durch das Anschauen der aufgezeichneten Interaktionssituation „[...] auch nochmal der Unterschied zwischen der indischen und deutschen Kultur [...] deutlich" geworden.

Exkurs: Interkulturalität als Beobachtungsperspektive erster und zweiter Ordnung

Bei der Interpretation von Interaktionssituationen Bezüge zu nationalkulturellen Besonderheiten herzustellen oder über mögliche psychologische Hintergründe zu spekulieren, ist natürlich nicht per se unzulässig. Allerdings ist es bei einer Datenanalyse im Hochschulkontext relevant, zwischen alltagsweltlichen Vermutungen und empirisch nachvollziehbaren Erkenntnissen zu unterscheiden. Um diesen Unterschied zu verdeutlichen und bei der Dateninterpretation mehr analytische Tiefe zu erreichen, führe ich in Datensitzungen nach ersten spontanen Kommentaren zum Thema Interkulturalität als ein metareflexives Konzept ein, das ich in Anlehnung an Luhmanns Theorie des Beobachtens (Luhmann, 1990, 2005) *Interkulturalität als Beobachtungsperspektive erster und zweiter Ordnung* nenne. Zuordnungen von beobachteten Kommunikationshandlungen zu geläufigen Kategorien entsprechen der alltagsweltlichen Sicht und können nach Luhmann der „Beobachtung erster Ordnung" zugerechnet werden. Die Beobachtung erster Ordnung erfasst die Welt mit Hilfe der Unterscheidungen, die beim Beobachten getroffen werden. Luhmann weist jedoch darauf hin, dass „die Unterscheidung, die einer Beobachtung zugrundeliegt, erst rekursiv durch den Gebrauch konstituiert wird" (Luhmann, 1990, S. 8).

Auf dieses Phänomen bezieht sich die „Beobachtung zweiter Ordnung". Sie beobachtet das Beobachten selbst, geht also der Frage nach, *wie* der Prozess des Beobachtens durch die jeweils getroffenen Unterscheidungen determiniert wird.

Analog werden nach dem Konzept der Interkulturalität als Beobachtungsperspektive erster und zweiter Ordnung die spontanen Beobachtungen und Zuordnungen zu nationalkulturellen Kategorien wie „Inder", „Deutsche" etc. der Beobachtungsperspektive der Interkulturalität erster Ordnung zugerechnet. Unter der Beobachtungsperspektive der Interkulturalität zweiter Ordnung wird der Blick auf das Seminargespräch selbst gelenkt. Es wird reflektiert, dass die aktuelle Aufgabenstellung die Beobachtungen und Interpretationen lenkt und die Beschreibung der Beobachtungen mit Hilfe von „Kollektivsingularen" (Straub, 2007, S. 20) sprachlich Differenzlinien konstruiert, die zum Zweck der Analyse des Datenmaterials gezogen werden, aber nicht absolut zu setzen sind. Mit Rückgriff auf diese Perspektivendifferenzierung werden die Studierenden aufgefordert, die Beobachtungsperspektive zweiter Ordnung einzunehmen und dabei unter die Lupe zu nehmen, wie sie selbst im Rahmen ihrer spontanen Kommentierungen kulturelle Zuordnungen und Zuschreibungen (Hausendorf, 2000) vornehmen und dabei kulturelle Differenz konstruieren.[7]

Die Irritation der ersten spontanen Datenauswertung durch die Einführung des Konzepts der *Interkulturalität als Beobachtungsperspektive erster und zweiter Ordnung* lenkt die Aufmerksamkeit auf den eigenen Sprachgebrauch bei der Datenanalyse. Es wird das Bewusstsein dafür geschärft, dass Beobachtungen und Deutungen an die jeweiligen subjektiven Beobachtungsperspektiven und die Normalitätserwartungen der Beobachtenden gebunden sind. Ziel dieses Vorgehens ist es nicht, Kategorisierungen zu vermeiden, was selbstverständlich nicht möglich ist, da sprachliche Zuordnungen eine natürliche Folge der Erfassung von Unterschieden sind. Vielmehr geht es darum, „perspektivenreflexive"[8] Formulierungen einzuüben, die darauf verweisen, dass die eigenen Beobachtungen und Interpretationen perspektivengebunden sind und dass beobachtete Phänomene am

---

[7] Schnurr und Zayts verwenden in ihrer Forschungsarbeit die Begriffe „first-order culture" und „second-order culture" (Schnurr u. Zayts, 2017, S. 5), um zwischen alltagsweltlichen Interpretationen und der Perspektive der wissenschaftlichen Analyse von Interaktionen zu unterscheiden.

[8] Zu Formen und Funktionsweisen von perspektivenreflexiven und perspektivenexplizierenden Formulierungen siehe auch Nazarkiewicz, 2010; von Helmolt, 2016; von Helmolt, 2021.

aktuell analysierten Datenmaterial zu belegen aber nicht zu verallgemeinern sind.

Praxisbeispiel: Teil 2
Nach der Einführung des Konzepts der *Interkulturalität als Beobachtungsperspektive erster und zweiter Ordnung* wurde im weiteren Verlauf der Arbeit am Datenausschnitt „NOT GREY OUT" mit stärkerer Bezugnahme auf den sequenziellen Verlauf der transkribierten Besprechung diskutiert und Interpretationsvorschläge aus dem Interaktionsablauf abgeleitet. Es wurde unter anderem beobachtet, dass ein relativ langer Redebeitrag von N (in den Zeilen 10 bis 30) auf eine kritische Äußerung und einen direktiven Verbesserungsvorschlag von K (in den Zeilen 01 bis 07) folgt und der mit erhöhter Lautstärke vorgebrachte Widerspruch von K (NOT GREY OUT) (in der Zeile 31) zunächst eine Pause und dann eine lange Erläuterungspassage von S (in den Zeilen 38 bis 47) nach sich zieht. Studierende äußerten die Interpretationshypothese, dass die direkt und laut gesprochene Kritik von K eine gesichtsbedrohende Wirkung auf die Gesprächsbeteiligten N und S haben könnte und damit die Ursache für die Pause und die darauffolgenden langen Erläuterungs- und Rechtfertigungspassagen von N (ab der Zeile 10 bis 30) und von S (ab der Zeile 38) sein könnten. Diese Interpretation löste eine Diskussion über das „richtige" Verhalten in vergleichbaren Situationen aus. K gab der Seminargruppe die Hintergrundinformation, dass in der spezifischen Situation von ihrer Abteilung eine sehr schnelle Lösung der Aufgabe gefordert worden sei. In der Seminargruppe wurde die Auffassung vertreten, dass der von K geschilderte Zeitdruck zwar die knappe und direkte Kritik am vorgestellten Dokument nachvollziehbar mache, dass die Direktheit von K jedoch nicht unbedingt zu einer Beschleunigung des Arbeitsprozesses führe, da N und S mit sehr langen Erklärungs- und Rechtfertigungspassagen reagierten. Als mögliche Handlungsalternative diskutierte die Gruppe eine weniger direkte Formulierung der Kritik durch K, die zwar möglicherweise weniger eindeutig wäre, andererseits aber auch weniger Anlass zur Rechtfertigung bieten und eine größere Kooperationsbereitschaft auf Seiten der Kollegen auslösen könnte. Die Gruppe kam zu dem Schluss, dass die Frage nach dem „richtigen" und „interkulturell kompetenten" Handeln im Sinne eines angestrebten Zieles nicht generell, sondern jeweils nur situations- und institutionsspezifisch zu beantworten sei.

In der Datensitzung zum Fall „NOT GREY OUT" gehörten die Komplexität von Interaktionsereignissen und die Notwendigkeit zur Zurückhaltung von vorschnellen alltagsweltlichen oder kulturalisierenden Deutungen zu den zentralen Diskussionsthemen. Diese Themen ziehen sich als roter Faden durch die Arbeit mit natürlichen Interaktionssituationen. Dabei wird deutlich, dass Interkulturalität nur eine von vielen möglichen Perspektiven der Beobachtung von Interaktionsereignissen ist, die zwar durchaus zur Erschließung der Daten beitragen kann, allerdings nur dann, wenn sich eine Evidenz für die Relevanz dieses Deutungsansatzes aus den Daten ableiten lässt.

Ein weiteres Potenzial der Arbeit mit natürlichen Interaktionen besteht darin, über den sonst in der Arbeit mit Critical Incidents üblichen Fokus auf Missverständnisse, Irritationen und Kontaktabbrüche hinaus, auch das Gelingen von interkultureller Kommunikation näher zu beleuchten. Das sequenzielle Vorgehen der Gesprächsanalyse ermöglicht es, die Wirkung kommunikativen Handelns auf den weiteren Interaktionsverlauf zu betrachten. Dabei kann neben Diskrepanzen zwischen Intentionen und Wirkungen kommunikativer Handlungen auch ihre Angemessenheit im Hinblick auf ein Interaktionsziel herausgearbeitet werden (von Helmolt, 2007).

Fazit

Die Analyse von Critical Incidents gehört zu den zentralen Elementen der Lehre der Interkulturellen Kommunikation. Weit verbreitet ist der Einsatz von didaktisch aufbereiteten Erzählungen über interkulturelle Missverständnisse. Mehrperspektivische Analysen von Critical Incidents sollen die Interpretationsfertigkeit der Lernenden vertiefen. In dieser Tradition steht auch das hier vorgestellte Konzept. Statt didaktisierter Critical Incident-Erzählungen werden Aufzeichnungen natürlicher Interaktionen eingesetzt, die von den Teilnehmenden selbst als kritisch (im Sinne von „relevant") in Bezug auf ihre Kommunikation am Arbeitsplatz ausgewählt werden. Zum Zweck der Analyse werden diese Interaktionen als Audio- oder Videodateien aufgezeichnet und transkribiert. Im Unterschied zum konventionellen didaktisierten Erzählformat bildet der Mitschnitt natürlicher Interaktionen ihre Sequenzialität und Interaktivität ab; die Transkription ermöglicht es, die Komplexität des Interaktionsverlaufs im Lehr- und Lernkontext analytisch zu bewältigen. Bei der Analyse wird nachvollziehbar, wie die Beteiligten wechselseitig aufeinander Bezug nehmen und dadurch die Interaktion gemeinsam konstituieren. Ausschnitte der Interaktion können in ihren verbalen, paraverbalen und nonverbalen Aspekten detailliert betrachtet und in der Gruppe diskutiert werden. Die Arbeit mit natürlichen Interaktionen soll die Lernenden dazu befähigen, Interaktionsmuster zu identifizieren, Wechselwirkungen zwischen kommunikativen Handlungen zu erkennen und die Bedeutung von Kontextfaktoren für den Verlauf von Interaktionen zu erfassen.

Wie ich an einem Beispiel aus der Lehrpraxis gezeigt habe, besteht eine Herausforderung der Arbeit mit aufgezeichneten Interaktionssituationen darin, vorschnelle Psychologisierungen und Kulturalisierungen des Interaktionsgeschehens zu vermeiden beziehungsweise zu reflektieren. Anhand des Metakonzepts der *Interkulturalität als Beobachtungsperspektive erster und zweiter Ebene* können Studierende für Phänomene der sprachlichen Zuordnung und Zuschreibung im Rahmen des Analyseprozesses sensibilisiert werden. Dadurch entschleunigt sich der spontane Interpretationsvorgang, der sonst leicht die Richtung laienpsychologischer Spekulationen über Befindlichkeiten und Persönlichkeitsmerkmale oder nationalkulturell basierter Kategorisierungen einschlägt. Es wird das Bewusstsein dafür vertieft, dass Beobachtungen perspektivengebunden sind und Interkulturalität nur eine mögliche Beobachtungs- und Interpretationsperspektive auf Interaktionssituationen ist, deren Relevanz aus den untersuchten Daten hervorgehen sollte.

Das beschriebene Vorgehen ist entsprechend der Idee des Forschenden Lernens als Baustein eines langfristigen Lernprozesses zu verstehen, der den Aufbau einer selbstreflexiven Haltung des Fragens und Beobachtens zum Ziel hat. Datenerhebungen und -transkriptionen sind zeitaufwändig, die wiederholte metaperspektivische Brechung alltagsweltlicher Interpretationen steht dem Wunsch vieler Lernender nach einfachen Lösungen und Handlungsanweisungen entgegen. Das kann auch zu Widerstand und Zweifel am praktischen Nutzen mehrperspektivischer Datenanalysen führen. Im positiven Fall betrachten Lernende jedoch gerade die Relativierung bestehender Deutungsmuster als Bereicherung und erkennen in der Vertiefung ihrer Perspektivenreflexivität einen Beitrag zum Aufbau einer Analysekompetenz, die sie besonders auch in immer komplexer werdenden Arbeitskontexten einsetzen können.

Literatur

Bergmann, Jörg R. (1985). Flüchtigkeit und methodische Fixierung sozialer Wirklichkeit: Aufzeichnungen als Daten der interpretativen Soziologie. In Wolfgang Bonß, Heinz Hartmann (Hrsg.), Entzauberte Wissenschaft. Zur Relativierung und Geltung soziologischer Forschung (S. 299-320). Göttingen: Schwartz.

Berkenbusch, Gabriele (2009). Die interaktive Konstruktion von Bedeutung in interkulturellen Kontaktsituationen und ihre Analyse im Rahmen der Hochschullehre. In Sabine Klaeger, Sabine; Britta Thörle (Hrsg.), Sprache(n), Identität, Gesellschaft. Eine Festschrift für Christine Bierbach (S. 189-200). Stuttgart: ibidem.

Bosse, Elke (2011). Qualifizierung für interkulturelle Kommunikation: Trainingskonzeption und -evaluation. München: iudicium.

Bosse, Elke; Jandok, Peter; Kreß, Beatrix; Porila, Astrid (2011). Methoden der Diskursforschung: Herausforderungen in der Lehre. In Elke Bosse; Beatrix Kreß; Stephan Schlickau (Hrsg.), Methodische Vielfalt in der Erforschung interkultureller Kommunikation an deutschen Hochschulen (S. 173-198). Frankfurt / M.: Peter Lang.

Brünner, Gisela; Fiehler, Reinhard; Kindt, Walther (1999). Einführung in die Bände. In Gisela Brünner; Reinhard Fiehler; Walther Kindt (Hrsg.), Angewandte Diskursforschung. Band 1: Methoden und Anwendungsbereiche (S. 7-15). Opladen, Wiesbaden: Westdeutscher Verlag.

Deppermann, Arnulf (2000). Ethnographische Gesprächsanalyse: Zu Nutzen und Notwendigkeit von Ethnographie für die Konversationsanalyse. Gesprächsforschung – Online Zeitschrift zur verbalen Interaktion 1 / 2000, 96-124.

Fetscher, Doris (2015). Critical Incidents in der interkulturellen Lehre. In Mohammed Elbah; Redoine Hasbane; Martina Möller; Rachid Moursli; Naima Tahiri; Raja Tazi (Hrsg.), Interkulturalität in Theorie und Praxis. Faculté des Lettres et des Sciences Humaines (S. 108-123). Rabat.

Fiedler, Fred E.; Mitchell, Terence; Triandis, Harry C. (1971). The culture assimilator: An approach to cross-cultural training. Journal of Applied Psychology 55 (2), 95-102.

Günthner, Susanne (2011). Interkulturelle Kommunikation aus linguistischer Perspektive. In Hans-Jürgen Krumm; Christian Fandrych; Britta Hufeisen; Claudia Riemer (Hrsg.), Deutsch als Fremdsprache. Ein internationales Handbuch. HSK Handbücher zur Sprach- und Kommunikationswissenschaft (S. 331-342). Berlin, New York: de Gruyter.

Groß, Andreas; Leenen, Wolf Rainer (2019). Fallbasiertes Lernen: Einsatz von Critical Incidents. In Wolf Rainer Leenen (Hrsg.), Handbuch Methoden interkultureller Weiterbildung (S. 327-284). Göttingen: Vandenhoeck & Ruprecht.

Grosch, Harald; Groß, Andreas (2005). Die Entwicklung spezifischer Vermittlungsformen und Medien. In Wolf Rainer Leenen; Harald Grosch; Andreas Groß (Hrsg): Bausteine zur interkulturellen Qualifizierung der Polizei (S. 227-272). Münster: Waxmann.

Hausendorf, Heiko (2007). Gesprächs- / Konversationsanalyse. In Jürgen Straub; Arne Weidemann; Doris Weidemann (Hrsg.), Handbuch interkulturelle Kommunikation und Kompetenz. Grundbegriffe – Theorien – Handlungsfelder (S. 403-415). Stuttgart: Metzler.

Hausendorf, Heiko (2000). Zugehörigkeit durch Sprache. Eine linguistische Studie am Beispiel der deutschen Wiedervereinigung. Tübingen: Niemeyer.

Helmolt, Katharina von (2021). Kommunikative Praktiken der Verständigung in pluralen Welten. In Kirsten Nazarkiewicz; Norbert Schröer (Hrsg.), Verständigung in pluralen Welten (S. 55 – 71). Stuttgart: ibidem.

Helmolt, Katharina von (2016). Perspektivenreflexives Sprechen über Interkulturalität. In Jürgen Bolten (Hrsg.), interculture journal Bd. 15 (26), Sonderausgabe (Inter-)Kulturalität neu denken!, 33-42.

Helmolt, Katharina von (2015). Forschendes Lernen in interkulturellen Arbeitskontexten. In Vasco da Silva; Andrea Rössler (Hrsg.), Sprachen im Dialog (S. 21-41). Berlin: tranvía.

Helmolt, Katharina von (2007). Interkulturelles Training: Linguistische Ansätze. In Jürgen Straub; Arne Weidemann; Doris Weidemann (Hrsg.), Handbuch interkulturelle Kommunikation und Kompetenz. Grundbegriffe – Theorien – Handlungsfelder (S. 763-773). Stuttgart: Metzler.

Hiller, Gundula Gwenn (2016). Eine Frage der Perspektive. Critical Incidents aus Studentenwerken und Hochschulverwaltung. Deutsches Studentenwerk (HG.) Berlin. http://www.studentenwerke.de/de/content/eine-frage-der-perspektive-critical (02.06.2022).

Hiller, Gundula Gwenn (2009). Der Einsatz der ‚Erweiterten Critical-Incident-Analyse' in der kulturkontrastiven Forschung. Forum Qualitative Sozialforschung 1 / 10, Art. 45.

Huber, Ludwig (2009). Warum Forschendes Lernen nötig und möglich ist. In Ludwig Huber; Julia Hellmer; Friederike Schneider (Hrsg.), Forschendes Lernen im Studium. Aktuelle Konzepte und Erfahrungen (S. 9-35). Bielefeld: Webler.

Kallmeyer, Werner, Schütze, F. (1976). Konversationsanalyse. Studium Linguistik 1, 1–28.

Leenen, Wolf Rainer; Grosch, Harald (1998). Interkulturelles Training in der Lehrerfortbildung. In Bundeszentrale für politische Bildung (Hrsg.), Interkulturelles Lernen. Arbeitshilfen für die politische Bildung (S. 317-340) Bonn: BZpB.

Luhmann, Niklas (2005). Soziologische Aufklärung 6. Die Soziologie und der Mensch (2. Aufl). Wiesbaden: Verlag für Sozialwissenschaften.

Luhmann, Niklas (1990). Die Wissenschaft der Gesellschaft. Frankfurt / M.: Suhrkamp.

Müller, Andrea, Thomas, Alexander (1991). Interkulturelles Orientierungstraining für die USA. Saarbrücken: Breitenbach.

Müller-Jacquier, Bernd (2000). Internationales Teambuilding. Grundlagen eines Forschungsprojekts zur Erstellung von videogestützten Trainingsmaterialien. Hof: BFZ.

Nazarkiewicz, Kirsten (2010). Interkulturelles Lernen als Gesprächsarbeit. Wiesbaden: Verlag für Sozialwissenschaften.

Sacks, Harvey (1984). Notes on methodology. In Atkinson, J. Maxwell; John Heritage (Hrsg.), Structures of social action (S. 21-27). Cambridge: Cambridge University Press.

Schnurr, Stephanie; Zayts, Olga (2017). Language and Culture at Work. London / New York: Routledge.

Schumann, Adelheid (2012). Critical Incidents als Forschungsinstrument und als Trainingsgrundlage. In Adelheid Schumann (Hrsg.), Interkulturelle Kommunikation in der Hochschule. Zur Integration internationaler Studierender und Förderung Interkultureller Kompetenz (S. 55-79). Bielefeld: transcript.

Selting, Margaret; Auer, Peter; Barth-Weingarten, Dagmar; Bergmann, Jörg; Bergmann, Pia; Birkner, Karin; Couper-Kuhlen, Elizabeth; Deppermann, Arnulf; Gilles, Peter; Günthner, Susanne; Hartung, Martin; Kern, Friederike; Mertzlufft, Christine; Meyer, Christian; Morek, Miriam; Oberzaucher, Frank; Peters, Jörg; Quasthoff, Uta; Schütte, Wilfried; Stukenbrock, Anja; Uhmann, Susanne (2009). Gesprächsanalytisches Transkriptionssystem 2 (GAT 2). In Gesprächsforschung - Online-Zeitschrift zur verbalen Interaktion, 10, 353-402.

Straub, Jürgen (2007). Kultur. In Jürgen Straub; Arne Weidemann; Doris Weidemann (Hrsg.), Handbuch interkulturelle Kommunikation und Kompetenz. Grundbegriffe – Theorien – Anwendungsfelder (S. 7-4). Stuttgart, Weimar: Metzler.

Thomas, Alexander (1993). Psychologie interkulturellen Lernens und Handelns. In Alexander Thomas (Hrsg.), Kulturvergleichende Psychologie. Eine Einführung (S. 377-424). Göttingen: Hogrefe.

Verwendete Transkriptionskonventionen

NOT GREY OUT	hervorhebende und laute Sprechweise
(.)	Mikropause
(..)	längere Pause
(2.0)	Pause von 2 Sekunden
[nobody will [<<all>KKK>]	Überlappung
<<len> see my intention is not>	langsam
<<all> correct i know K	schnell
but in line=i would say	schneller Anschluss
[...]	Auslassungen in der Transkription

Volker Hinnenkamp

Critical Incidents in der unterrichtlichen Praxis – von der Dekonstruktion zur Induktion

Critical Incidents (CIs) bilden für die interkulturelle Sensibilisierung ein „dankbares" Unterrichtsmedium: kleine Geschichten oder kodifizierte authentische Events, in denen „etwas" – ganz allgemein gesprochen: interkulturell Interessantes – passiert, was (a) für reichlich Gesprächsstoff sorgt und (b) zu mannigfach kulturreflexiven Erkenntnissen führen kann / soll.

In meiner eigenen unterrichtlichen Praxis bilden CIs stets den Ausgangspunkt für das Ausheben vorschneller kultureller Kategorisierungen und führen dann mehrschrittig induktiv hin zu weiterführenden Fragestellungen, die sich spiralförmig aus den CIs ergeben. Je nach Unterrichtsform (kopräsente Seminare, Webinar, asynchroner Digitalunterricht) bieten sich unterschiedliche Formen von schriftlichen und diskursiven Arbeitsformen und Inszenierungen an. In meinem Aufsatz werde ich diese unterrichtlichen Phasen mit ihren Reflektionen beschreiben und sie dann auch bezogen auf einige der Kernfragestellungen der vorangegangenen Symposien diskutieren.

CIs als offener und fragwürdiger Raum

Critical Incidents sind für das interkulturelle Lernen eine wertvolle Ressource – allerdings kommt es darauf an, was man damit macht. Ich will nicht über die Geschichte, über ihre verschiedenen Entwicklungen in den letzten Jahrzehnten und auch nicht über unterschiedliche Ansätze sprechen. CIs sind zunächst deswegen eine wertvolle Ressource, weil sie in der Regel aus kleinen übersichtlichen Texten bestehen. Sie sind zumeist das Resultat von Bearbeitungs- und Editionsprozessen und für bestimmte Rezipient*innengruppen maßgeschneidert. Das heißt, sie sind didaktisiert. Sofern nicht erfunden, haben sie also zumeist eine Basis, z.B. von Erzählungen aus Interviews, aus Tagebüchern, der Literatur und anderen Quellen. Sowohl der vorliegende Band und die vorangegangenen Symposien als auch die Projekte einiger Beitragender plädieren von daher für eine Erweiterung von Critical Incidents auch mit sog. authentischen Texten, also Texten, die aus dem Munde oder dem Stift von Erzählenden stammen und möglichst wirklichkeitsnah wiedergegeben werden, z.b. durch Ton- und Bildträger oder Transkriptionen (vgl. Fetscher, 2015). Der von uns bearbeitete „Taschenträger" ist bereits so ein Beispiel und zeigt sogleich auch die Relativität des Anspruchs auf Authentizität: Wir haben zwar eine Verschriftlichung aus einer – so nehme ich an – mündlichen Erzählsituation vorliegen, aber unsere weitere Information ist karg. „Die Teilnehmer*innen hatten die Aufgabe, ein kritisches Ereignis aus ihrem Berufsalltag in einer für sie geeigneten Form zu beschreiben", heißt es in der „Ergänzenden Information". Ich frage mich z.b., was hier „beschreiben" heißt? Ist der Text inklusive der Absätze doch eine schriftliche Originalfassung? Ist es eine abgeschlossene Erzählung mit diesem Anfang und diesem Ende? Was genau hat die Erzählung getriggert? Die Initiatoren und Herausgebenden des Bandes haben sich vermutlich mit Bedacht für diesen Erzählausschnitt entschlossen sowie eine lesbare Verschriftlichung einem genaueren Transkript vorgezogen. Ich will dieses Vorgehen nicht kritisieren, denn die Idee, dass wir alle Stellung beziehen zum gleichen „Fall", ist brillant. Und aufgrund der gewünschten Herangehensweisen aus unterschiedlichen disziplinären Perspektiven sind Entscheidungen pro Überschaubarkeit und Lesbarkeit nachvollziehbar. Natürlich ist der Text näher an der situativ produzierten Form, aber er unterliegt eben auch verschiedenen Eingriffen.

Die Arbeit mit Originaltranskripten ist in der Regel noch komplexer zu bewältigen. Ein Lernmilieu, in dem man mit Transkripten arbeiten kann, ist zumeist ein akademisches. Gleichwohl ich persönlich am liebsten nur mit Beispielen arbeiten würde, die dem Authentizitätskriterium nahekommen und auch dafür plädiert habe (vgl. Hinnenkamp, 1999), haben mich Trainingssituationen aus ganz unterschiedlichen Lernmilieus gelehrt, dass das nur selten praktikabel ist. Allerdings gibt es Transkripte bzw. dialogische Nachschriften von Textsequenzen, die in sich geschlossen und so kurz sind, dass sie als solche „zumutbar" und erhellend sind.[1] Von daher präferiere ich weiterhin CIs als kleine, kompakte Texte, die – zumindest auf den ersten Blick – der klassischen Definition von Brislin und Yoshida (1994, S. 120) entsprechen mögen:

---

[1] Ich denke hier etwa an meine Beispiele in Hinnenkamp 2021a (Mitschrift eines Kurzdialogs, ein Foto und ein Zettel) und das analysierte Transkript in Hinnenkamp (2021b, S. 337) sowie die kleine Mitschrift in Nazarkiewicz (2021, S. 77), die in anderen Kontexten alle das Potenzial von CIs haben.

"Critical incidents consist of short stories that involve the interaction of people from different cultures. Incidents have characters with names, a plot line, and an ending that involves some sort of problem and /or misunderstanding. In analyzing reasons for the problems and misunderstandings, trainees begin to learn about culturally influenced knowledge that can have major impacts on people's intercultural interactions."

Der zweite Blick allerdings stolpert über die Selbstverständlichkeit, mit der *culture* und *cultural* hier platziert sind. „Kulturalität" von Teilnehmenden und Wissensbeständen ist somit ein festgelegtes Apriori. Brislin und Yoshida gehen von der Annahme aus, dass Trainees im Prozess der Analyse etwas über die Gründe der im Text angesprochenen Probleme und Missverständnisse finden und im Ergebnis dann kulturelles Faktenwissen lernen, somit vom Einzelfall zu mehr generalisiertem Wissen gelangen. Interkulturelles Lernen ist ein komplexer Prozess und der Zusammenhang von Kultur und Wissen gleichfalls.[2] Trainees haben als Pendant in der Regel ein*e Trainer*in oder Coach. Natürlich können auch Selbstlernprogramme an die Stelle treten, wie das bei der Thomas'schen Reihe „Handlungskompetenz im Ausland" und vielen anderen Werken der Fall ist. Die obige Definition sagt auch nichts aus über die Genese von CIs oder die Bearbeitungsformen, bevor sie zum Einsatz kommen. Unser gemeinsam bearbeiteter „Taschenträger"-Text wäre mit seiner dramatischen Geschichte und den darin angesprochenen Problemen unter der Definition subsumierbar, wenn auch „culturally influenced knowledge" die ganze Komplexität und Kritik von „kulturell" eröffnet. Denn dann wäre die Erzählung der Lehrerin und die darin geschilderten Probleme allein unter einer Perspektive von Kulturzugehörigkeiten zu lesen: „the interaction of people from different cultures". Und dann wiederum würde man sich auf kleine – wie ich mit Michael Agar gerne sage – „dirty" Worte beziehen müssen: Mit dem dreimaligen „türkisch" befänden wir uns schon mitten in einem Kulturalisierungsprozess.

Zu einem meiner Lieblingszitate gehört ja Michael Agars Satz „Culture is not something people *have*; it is something that fills the spaces *between* them." (Agar, 1994, S. 236), über den ich mich an anderer Stelle ausgelassen habe (Hinnenkamp, 2021b). In der Tat kann man sich eine solche Position der Offenheit, auch der proxemischen Offenheit, die Raum bietet, gar nicht deutlich genug machen, die Agar damit im Einklang des

---

[2] Siehe rezent viele der Beiträge dazu in Moosmüller (2020) und natürlich die vielen anderen Werke zur „interkulturellen Kompetenz", in denen Wissen fast immer mit Kompetenz gleichgesetzt wird.

sog. *spatial turn* in den Sozial- und Kulturwissenschaften andeutet. Blommaert führt mit Bezug auf Scollon und Scollons Werk "Discourses in Place" (2003) aus:

> "Space can be filled with all kinds of social, cultural, epistemic, and affective attributes. It then becomes 'place', a particular space on which senses of belonging, property rights, and authority can be projected." (Blommaert, 2005, S. 222).[3]

Wie wir sehen konnten, wird der Raum der erzählenden Lehrerin nicht nur von einem Standpunkt aus erzählt, sondern auch von Wahrnehmungsräumen und physischen Bewegungen zwischen Klassenzimmer, dem Ort des Direktors und dem Schulparkplatz, zudem von vorgeblich eingenommenen sozialen Räumen des türkischen Schülers außerhalb der Klasse. Gleichzeitig geht es in der Erzählung um das Verteidigen ihrer eigenen Räume gegenüber institutioneller Öffentlichkeit und um das Bewahren bzw. Wiederherstellen von Autoritätsräumen. Und wenn ein *kultureller* Raum entsteht, dann ist dieser in erster Linie ein in der Diskussion um den Fall *konstruierter*.

CIs als zu öffnende und zu befragende Räume

Eine der aus den Symposien den Autor*innen mitgegebenen Frage lautet „Wie arbeiten wir mit CIs? Wofür verwenden wir CIs?" Dieser Frage will ich mich im Folgenden widmen.

Ich habe inzwischen eine stattliche Sammlung von CIs, die ich zumindest so nenne: aus der gängigen Literatur (wo man dann mitunter wieder auf dieselben Fälle stößt!), von meinen Studierenden, vor allem aus sog. „Sprachtagebüchern" (das sind Reflektionen Studierender über ihre Auslandssemestererfahrungen), aber auch aus selbsterfahrenen CIs, gehörte, miterlebte sowie solche aus anderen Quellen. Die mit Fremdautor*innenschaft nehme ich zumeist so, wie sie sind. Wenn ich im Hochschulkontext – z.B. in Seminaren wie „Cultural Sensitivity Training" oder „Train the (Intercultural) Trainer" – zum Thema CIs komme, haben die Studierenden zunächst die Wahl aus einem Katalog von zwei Dutzend CIs einen für die persönliche Bearbeitung auszusuchen. Allerdings stelle ich sicher, dass alle CIs des Katalogs zumindest kursorisch durchgesehen und

---

[3] Exemplarisch möchte ich hier auf Michael Roberts Interpretation eines „Incidents" beim Cricket-Match Australien-Sri Lanka verweisen, in dem er als Historiker zeigt, wie tief Geschichte in das Verstehen einer Äußerung eingeht: „the understanding of the incident will still be bound to the ethnographic present and the ethnographic past." (Roberts, 1985, S. 425).

mit ersten Stichworten belegt werden, die den Studierenden spontan dazu einfallen. Das gibt mir eine Übersicht über erste Rezeptionen. Neben eher gängigen Kategorien wie „Kollektivismus", „Höflichkeit", „Umgang mit Zeit", „Hierarchie", „Religion", „Stereotypen" oder „Gender" werden neben den einzelnen Sachthemen auch Prozesse und Muster genannt wie „white saviour complex", „establishing dominance patterns", „inferiority complex" oder „internalized sexism". Auf diese Weise wird bereits ein Spektrum an möglichen Sichtweisen sowie Diskursanschlüssen deutlich.

In der konkreten Bearbeitung einzelner CIs (z.B. als Vorbereitung für die Aufgabe selbst als Trainer*in damit zu arbeiten), lasse ich den gewählten CI zunächst einmal laut vorlesen, was sich kognitiv und attentiv bewährt hat (Duncan, 2019). Da jeder Fall anders ist, eröffnen sich in der nächsten Stufe entsprechend differenzierte Vorgehensweisen. Ich glaube nicht an den Sinn von festen Rastern oder Mustern, mit denen man an CIs herangehen kann. Mein Vorgehen versucht einen Spagat anhand unterschiedlicher Fragestellungen zwischen dem kritischen Umgang mit dem vorgefundenen Text (Dekonstruktion) und den im Text vorgefundenen Sachverhalten, Themen, Personen, Verläufen etc. Man könnte dieses Verfahren vielleicht grob als *In-den-Text-Hineinfragen, Aus-dem-Text-Hinausfragen* und *In-die-Lebenswelt-der-Beteiligten-Hineinfragen* bezeichnen – das wäre das, was ich vorsichtig als *induktiven Ansatz* bezeichnen möchte. Ich versuche dieses Prinzip anhand der Trichterspirale zu erklären.

Abbildung 1: CI als Text und Erzählung

Die Spirale symbolisiert das allmähliche Sich-Hinbewegen (durchaus mit „Rück-Schritten") von unten – dem eigentlichen Text – nach weiter oben in einen zunächst unbekannten, aber nach und nach sich füllenden Raum von Erfahrungen, Kritik, Überraschungen und einer sich öffnenden

Komplexität jenseits von groben Kulturalisierungen hin zu – durchaus auch erfahrenen, erlebten – Variationen. Dabei geht es nicht darum, schließlich bei dem berüchtigten Satz „Letztendlich ist es eine Frage der Persönlichkeit" o.ä. zu landen, sondern gerade auch die Feinziselierung und multiplen Modalitäten kultureller Erscheinungen zu erfassen, sensibel und kulturreflexiv, zu werden.

Mein Fragenkatalog zum „Taschenträger" soll genau dorthin führen: Er verbindet Fragen zu im Text verwendeten Elementen hin zu lebensweltlichen Annahmen über die Organisation Schule (mit ihren Hierarchieverhältnissen und internen Kontrollinstanzen) mit der erzählerischen Kategorisierung von interner Schulwelt und äußerer Welt, mit der Charakterisierung von Störern und deren ethnisch-lebensweltlichen Zuschreibungen, mit Fragen von Sprachrechten und Vielsprachigkeitsbeziehungen im System Schule und persönlichen gesichtsbedrohenden Ereignissen (vgl. Artamonova u. Hinnenkamp, 2019). Auch das, was nicht erzählt wird, eröffnet Fragen, warum Lösungsversuche im Vieraugengespräch, Beziehungspflege o.ä. scheinbar nicht vorgenommen werden und schließlich, in welchem Zusammenhang Textproduktionsbedingungen mit dem stehen, was man erzählt.

Wo bleibt dann das Kulturelle, womöglich das Interkulturelle, das einen solchen Raum, der diese Nomen verdient, füllt? Im Ergebnis sind ethnisch-kulturelle Zuschreibungen, sich manifestierende Vorurteilsstrukturen und eine schulorganisatorische Rahmensetzung der Handlungs- und Erzähloptionen allesamt Bestandteile dessen, was auch in einer Perspektivierung auf Interkulturalität von Bedeutung ist und lernenswert, ja lernrelevant ist. Zudem stehen wir als Interpretierende und als Lernende nicht jenseits der im CI erzählten Geschichten, sondern sind mit unseren Deutungen, Zuschreibungen etc. stets Mitgestalter*innen des zu füllenden Raums: dem in der Geschichte, dem zwischen dem Erzählten und uns, und dem zwischen der ursprünglichen Textproduktion und der CI-Handlung und uns.

Ich gehe noch einmal einen Schritt zurück: Ein Incident kann nach seiner Einführung durch Vorlesen auch spontan inszeniert werden, entweder durch verteilte Rollen aus der Ich-Perspektive oder sogar im Sinne eines Rollenspiels. Manche Incidents können an einem bestimmten Punkt unterbrochen werden und die Trainees können über die Fortführung spekulieren (vgl. Hinnenkamp, 2011) – entweder, weil der Text selbst so eine Zweiteilung ermöglicht oder eine Fortführung nach Ende der Erzählung imaginiert werden kann. Der „Taschenträger" würde das gleichfalls anbieten, denn nach allen bekannten Regeln des Erzählens, ist diese hier kaum zu Ende geführt (vgl. De Fina u. Georgakopoulou, 2012, S. 26 ff.). Im nächsten Schritt hat es sich bewährt, dass ersten Eindrücken, vor allem Emotionen, freier Lauf gelassen wird. Allerdings muss darauf geachtet werden, dass es kurze Gefühlsstatements sind. Ein Abrutschen in analytische Versuche muss vermieden werden. Gefühle und Spontanreaktionen ermöglichen eine breite Beteiligung und verweisen gleichzeitig auf als sensibel wahrgenommene Punkte des CIs.

Induktive Bearbeitungsprozeduren: Beispiele
Im Folgenden sollen anhand von zwei CIs exemplarisch ausgewählte Diskussionspunkte der induktiven Bearbeitungsmethode vorgestellt werden.

In einer kleinen veröffentlichten Rede (Hinnenkamp, 2004, S. 8) habe ich den (bearbeiteten) CI einer Studentin verwendet, der aus einer Zeit stammt, als mein Umgang mit CIs weniger kritisch ausfiel. Von daher habe ich die Originalversion, die in der Ich-Form verfasst war, leider nicht mehr vorliegen. Aber der bearbeitete CI hat mir viele Jahre in den unterschiedlichsten Diskussions- und Lernkontexten gute Dienste geleistet, bevor ich damit anfing, auch das zweimalige „griechisch" im Text wegzulassen. Der CI:

Kaffeekränzchen

Anna aus Griechenland besucht eine Sprachschule in Deutschland. Mit der Lehrerin Brigitte versteht sie sich sehr gut. Eines Tages lädt Brigitte ihre Schülerin zum Kaffee ein. "Sagen wir vier Uhr," macht Brigitte die Verabredung fest. Anna freut sich.

Sie kommt um halb fünf. Brigitte meint, sie habe schon lange gewartet. Anna ist verdutzt. Der Kaffeetisch ist gedeckt, der Kaffee fertig. Anna ist erstaunt. Sie hat selbstgebackenen griechischen Kuchen mitgebracht. "Uih, wie sieht der denn aus", bemerkt Brigitte. Anna findet Brigitte unhöflich. Nach dem Kaffeetrinken zündet sich Anna eine Zigarette an. Brigitte bittet sie, auf dem Balkon zu rauchen. Anna ist verletzt. Um 6 Uhr bemerkt Brigitte, sie habe noch sehr viel zu tun und bittet Anna zu gehen. Anna fühlt sich rausgeschmissen.

Ihr erstes deutsches Kaffeetrinken – eine einzige Enttäuschung.

Das Schöne an dieser kleinen Story ist, dass gleich mehrere typische Konfliktlinien – mehr oder weniger – sichtbar bzw. in der Bearbeitung aufspürbar sind: Neben den enttäuschten Erwartungen der Erzählerin betrifft dies Kategorien, die den Umgang mit Zeit betreffen (wie Pünktlichkeit, Zeitrahmen des gemeinsamen Kaffeetrinkens, der richtige Zeitpunkt des sich Verabschiedens, Zeitmanagement), die angesprochenen Sozialformen, die man unter „Höflichkeit" subsumieren kann (wie Mitbringsel, Würdigung von Gesten, Verlässlichkeit, Rechte und Pflichten von Gast und Gastgeber*in, Explizitheit oder Direktheit, Kritikverständnis, Sagbarkeiten) und schließlich Asymmetrien (wie das Rollenverständnis zwischen Lehrperson und Studentin, Einladung und Besuch in Privatbereich, noch einmal Rechte und Pflichten und vermutlich die Ungleichverteilung sprachlicher Kompetenz), die zumeist implizit bleiben. Was hier unter drei Kategorien eingeklammert wird, steht natürlich in vielfachem Zusammenhang, auf den ich hier nicht näher eingehen will.[4]

Deutlich ist auch, dass der CI vor allem Annas Perspektive übernimmt (sie hatte ihn ja ursprünglich auch als persönliches Erlebnis verfasst). Dass Anna „aus Griechenland" stammt, lenkt erste Lesarten auf griechisch-deutsche kulturelle Unterschiede, obwohl auch Brigittes Herkunft nur aus ihrer Lehrerrolle an der von Anna besuchten Sprachschule geschlossen werden kann. Man könnte sagen, dass sich solche Folgerungen aus dem bewährtem Alltagswissen über Zusammengehörigkeiten ergeben (vgl. Fritz, 1982, S. 126 ff.). Ich habe in späteren Verwendungszusammenhängen „Griechenland" und „griechisch" getilgt, was aber dann zumeist zu Spekulationen der Herkunft von Anna führte (nicht von Brigitte!), die vom Namen kaum ableitbar war (im Gegensatz zum Namen „Yoshiko" im zweiten diskutierten CI). Allerdings habe ich diesen CI nie dazu benutzt, deutsch-griechische kulturelle Unterschiede im Sinne der „interaction of people from different cultures" herauszuarbeiten, sondern bin stets den Weg gegangen, herauszukitzeln, welche relevanten Fragen bezogen auf mögliche kulturelle Differenzen daraus ableitbar sind. Dazu habe ich tentativ eine Liste von 24 Fragen zu den im CI angesprochenen Kategorien zusammengestellt (Hinnenkamp, 2004, S. 9),[5] wobei Trainees in den meisten Diskussionen nicht über die Frage „Was bedeutet es, zum Kaffeetrinken eingeladen zu werden?" hinaus gekommen sind, weil allein die Auseinandersetzung mit „einladen" zu hoch differenzierten Aspekten führte. Gerade in internationalen Trainee-Gruppen ist die Frage „Was ist eine Einladung?" heiß diskutiert. Denn daran wiederum hängen Fragen wie „Was ist ein Gast?". Aber auch „binnenkulturell" werden Rechte und Pflichten im Zusammenhang mit Einladungen durch Rolle, Beziehung, Zeitpunkte etc. differenziert. Eine weitere Diskussionswelle ganz im Sinne

---

[4] So könnte das Meiste auch unter der Perspektive „Sagbarkeit" und „Rechte und Pflichten" diskutiert werden.
[5] Der Fragenkatalog ist keineswegs erschöpfend.

des Aufspürens impliziter Machtasymmetrien löst die Frage aus „Was bedeutet eine private Einladung zwischen Lehrer*in und Schüler*in?"

Aus der kleinen erinnerten Geschichte einer Studentin über ihre erste Einladung in das private „deutsche" Zuhause – zudem einer Lehrerin, von der sie dachte, dass sie sich gut verstehen – wird so ein Nährboden für ganz unterschiedliche Aspekte einer möglicherweise hoch differenzierten interkulturellen Interaktionsordnung. Nicht mehr unheilvolle Verbindungen von Kulturzugehörigkeit zu Verhaltensweisen, Selbstverständlichkeiten und Urteilen stehen im Vordergrund, sondern das sorgfältige Aufschichten und Offenlegen von Bezügen zu höheren Kategorien, die dann wieder binnendifferenziert und dekonstruiert werden, aber doch gleichzeitig geschärfte Sichtweisen eröffnen. Nein, Griechen gehen nicht prinzipiell anders mit Zeit um, haben nicht prinzipiell Problem mit Pünktlichkeit. Deutsche sind nicht prinzipiell erbarmungslose Zeitmanager und gehen nicht prinzipiell unverblümt direkt mit Geschenken und Abschieden von Gästen um. Alles ist komplizierter und differenzierter, aber auch erkenntnisreicher, weil Variationen, weil unterschiedliche Voraussetzungen mitbedacht werden, weil Teilnehmende in vergleichbaren Situationen selbst Erfahrungen gesammelt haben, weil unterstellte (kulturelle) Eigenschaften in der Regel aufgebrochen, wenn nicht gar individualisiert werden. Aber auch in sogenannten monokulturellen Diskussionskontexten (also keine internationalen Gruppen) ist ja der Aspekt der Differenzierung des Eigenen auch die beste Voraussetzung ebenso mit den zugeschriebenen kulturellen Eigenheiten der Anderen (oder Fremden) zu verfahren und somit das Konstruierte von kulturellen Zuschreibungen der Art, wie sie in den meisten CIs vorgenommen werden, zu durchschauen.

Als ich diese Hinein- und Hinausfrageweisen nach und nach vorangetrieben habe und erfreulicherweise zur Kenntnis nehmen musste, dass und wie sich auch Trainees immer mehr darauf eingelassen haben und selbst die Methode begeistert vorantreiben, fiel mir eines Tages spontan der Begriff „Induktion" ein, der natürlich viele Nuancen hat: aus dem Text hinausführen, zu höheren, differenzierteren Sichtweisen und Erkenntnissen hinführen – daraus folgend meine etwas leichtfüßige Benennung.

Mein zweites CI-Exempel scheint wenig dramatisch. Enttäuschungen oder Probleme werden hier nicht explizit benannt. Die kleine Erzählung könnte direkt aus der Welt meiner Studierenden – einer internationalen Master-Studiengruppe des Kurses „Train the (intercultural) Trainer" – stammen und wurde wohl deshalb ausgewählt.

Essen gehen mit Yoshiko

Yoshiko geht zum ersten Mal mit ihren deutschen Kommilitoninnen Svenja, Katrin und Laura in eine Kneipe. Nachdem sich alle ein Glas Wein bestellt haben, schlägt Svenja vor, dass sie auch etwas essen. Alle stimmen zu. Sie schauen auf die Speisekarte und Svenja, Katrin und Laura können sich nicht sofort entscheiden. „Was nimmst Du, Yoshiko?" fragt Laura. „Ich nehme, was ihr nehmt", sagt Yoshiko. „Willst Du wissen, was was ist?" fragt Katrin. „Danke, ich nehme, was ihr nehmt", wiederholt Yoshiko. Svenja, Laura und Katrin schauen sich verdutzt an.

Auch dieser CI ermöglicht unterschiedliche Formen der Inszenierung, der variablen Perspektivierung und ein Fortschreiben der Geschichte. Im Vergleich zum ersten CI, der unterschiedliche Diskussionszusammenhänge zusammenfasst, rekurriere ich im Folgenden auf eine unterrichtliche Einheit mit der oben genannten internationalen Studierendengruppe, die ich daher als Trainees bezeichne. Eingehen will ich dabei vor allem auf Diskussionspunkte, die sich aus induktiv verstandenen Fragen ergeben haben. Dazu wurde in einer Kombination von Dekonstruktion des Textes und kritischer Würdigung des dargestellten Handlungsablaufs zunächst die Frage aufgeworfen, welche Sätze den Trainees besonders auffallen. Zum einen war es der erste Satz, der mit „Yoshiko geht ..." eingeleitet ist und damit den Fokus auf sie als Person bestimmt. Obwohl die Person mit Namen Yoshiko nicht mit einer spezifischen Herkunft vorgestellt wird, steht sie als fremd anmutend doch in Kontrast zu den drei eher gängigen Namen, die zudem als „deutsche Kommilitoninnen" näher bestimmt sind. Damit wird sogleich im ersten Satz eine Asymmetrie geschaffen, die aufgrund der Merkmale (a) „Fremdheit qua Namen", (b) als Einzelperson und (c) als „Neuling" im Gegensatz zum Dreiergespann deutscher Studentinnen in deren vermutlich vertrauten Umgebung, der Kneipe, steht. Es gibt zu Recht die Annahme, dass Yoshiko ein japanischer Name ist, des Weiteren, dass ihr Geschlecht weiblich ist – ein Aspekt, der in der Diskussion dazu führt, den Verlauf mit einem „männlichen Yoshiko" ganz anders zu vermuten.

In der Folge der kurzen Erzählung erfahren wir weiter, dass Svenja vorschlägt, etwas zu essen zu bestellen, was auf die Zustimmung aller stößt. Nachdem sich die drei deutschen Studentinnen nicht gleich entscheiden können – hier ist Yoshiko in der Beschreibung außen vor – stellt Laura die Frage „Was nimmst Du, Yoshiko?". Hier wird der Incident dialogisch, was die Trainees zu weiteren Fragen bezüglich der Sprechakte motiviert, deren Funktionen ganz unterschiedlich gedeutet werden können. Was meint Laura mit der Frage? Yoshikos Antwort „Ich nehme, was ihr nehmt" spielt den Ball insofern zurück, weil es ja noch keine Entscheidung gibt. Als Katrin aber fragt „Willst Du wissen, was was ist?" geht Yoshiko nicht näher darauf ein, sie bedankt sich für die Frage und wiederholt mit „Danke, ich nehme, was ihr nehmt" ihre Position mit Bezug zur – noch ausstehenden – Entscheidung der Anderen. Da aber noch von niemandem eine Speise gewählt wurde, ist diese „Wahl" ambivalent. Was ist die mögliche Intention dieser Antwort? Dazu gibt es unter den internationalen Studierenden eine rege Debatte, bei der sie auf eigene Erfahrungen in vergleichbaren Situationen zurückgreifen und viele Geschichten zu Entscheidungen in für sie noch unvertrauten Kontexten und wegen sprachlicher Unsicherheiten schildern, wie

- Yoshiko zeigt Zurückhaltung (sie will nicht die erste sein, die entscheidet, will nicht vorpreschen)
- Yoshiko will sich anpassen
- Yoshiko ist unsicher (weil sie nicht weiß, was die einzelnen Angebote beinhalten)
- Yoshiko schämt sich, dass sie die Angebote auf der Karte nicht kennt
- Yoshiko kennt nicht die Modalitäten der Bestellung
- Yoshiko ist unsicher, ob sie überhaupt etwas will
- Yoshiko hat wenig Geld und will auf jeden Fall etwas nehmen, was wenig kostet
- Yoshiko ist unsicher, wie der spätere Bezahlmodus ist und wartet erstmal ab
- Yoshiko ist bescheiden (sie will auf keinen Fall etwas bestellen, was teurer ist als das der anderen)
- Yoshiko geht davon aus, dass alle das gleiche bestellen und will sich dem anschließen
- ...

Eine weitere Diskussion entfacht die mögliche Implikation des Sprechakts „Willst Du wissen, was was ist?". Warum wird Yoshiko diese Frage gestellt? Wäre die gleiche Frage einer deutschen Kommilitonin gestellt worden? Wieder werden eigene Erfahrungen eingebracht und eine Liste möglicher Intentionen oder Effekte der Fragen diskutiert, wie

- Katrin will Yoshiko helfen
- Katrin will Yoshiko beraten, weil sie davon ausgeht, dass sie sich nicht auskennt
- Katrin unterstellt Yoshiko, dass sie sich nicht aus eigener Entscheidung anpasst, sondern aus Hilflosigkeit
- Katrin will sich als besonders verständig zeigen
- Katrin will Yoshiko zu einer Entscheidung drängen
- Katrin will Yoshiko stärker in die Gruppe einbinden
- Katrin will etwas über Yoshikos Essenspräferenzen erfahren
- Katrin will damit den Findungsprozess forcieren, da sie auf Yoshikos Entscheidung warten
- ...

Kann man dem vorliegenden CI so etwas wie eine bestimmte Stoßrichtung auf bestimmte Problemstellungen im Sinne der Definition von Brislin und Yoshida unterstellen? Dazu fehlt die Quelle. Aber aus Kenntnis vieler anderer CIs würde ich so etwas vermuten wie eine Orientierung hin zu kulturell gedeuteten Kategorien wie *Bescheidenheit* und *Anpassung* sowie die üblichen asiatischen und konfuzianisch inspirierten Begründungen für dieses Verhalten – natürlich nicht bei den drei „deutschen Kommilitoninnen Svenja, Katrin und Laura", sondern bei Yoshiko, deren Lautung als ein repräsentativer japanischer oder doch zumindest asiatisch klingender weiblicher Name solche Assoziationen wachrufen soll. Gleichzeitig ist diese unterstellte Orientierung verräterisch, generalisiert sie doch gleichzeitig meine eigene Erwartungshaltung aufgrund von Erfahrungen mit CIs. So lässt sich aus dieser Orientierungsunterstellung auch vermuten, dass eine Asymmetrie von 1:3 Personen und sprachliche Unsicherheiten in Deutsch sowie Unvertrautheit mit der gesamten Situation oder mit den Bestellvorgängen für Yoshiko von den Autor*innen nicht angedacht waren. Auch die proxemischen Aspekte, die wahrgenommene Form räumlicher Konfiguration wie das sich einvernehmliche „verdutzte Anschauen" wurden als besonders diskussionswürdig betrachtet. Diese Asymmetrie, so die Argumentation, steigere sich damit zu einem Ausdrucksverhalten der kritischen Bewertung von Yoshikos Anpassungshaltung durch die „native" Mehrheit. Schlusssätze dieser Art, die mögliche Verständnisprobleme andeuten, sind ja gleichfalls typisch für CIs. Aber in diesem Sinne laden sie ja auch geradezu ein, sie als Konsequenzen in all ihrer potenziellen

Reichweite zu betrachten. Zudem war Yoshikos Anpassung eben keine an die ihr angetragene Wahlentscheidung. Das Empfinden einiger Trainees war jedenfalls, dass das semiotisierte Einvernehmen des sich „verdutzt Anschauens" auch eine Zementierung der „Be-Fremdung", gar ein Ausschluss Yoshikos aus der studentischen Runde bedeuten könnte. Denn wie einige der Trainees anmerkten, wird ja von der dialogischen Ebene zwischen Yoshiko und den anderen Drei nun gewechselt zur nonverbal inszenierten Beziehungsbestätigung nur noch zwischen den Drei. Auch Sitzordnungen wurden angesprochen, dass darauf zu achten sei, wer wo in so einer 1:3-Konstellation sitze, denn das sich Verdutzt-Anschauen-Können impliziere ja auch eine entsprechende Sitzordnung. „Spatial configurations immediately mirror different social preferences in that they put people and uses in particular relations to each other." (Saraf, 2015, S. 81).

Obwohl der CI „harmlos" daherkommt, wird erst durch die induktive Befragung bei gleichzeitiger Referenz auf die im Text formulierten Sprechakte und beschriebenen Handlungen die Übertragung auf eigene Erfahrungen der Trainees sichtbar, die wir mit Auernheimer (2008) als „Machtasymmetrien in der interkulturellen Kommunikation" – wie u.a. auch am Beispiel der „unterschiedliche[n] Sprachmächtigkeit der Interaktanten" (Auernheimer, 2008, S. 46) – benennen können. Weiterhin betont derselbe Autor die Bedeutsamkeit der Beziehungsebene sowie deren Potenziale der Inklusion und Exklusion, wenn er anmerkt, dass „[d]as Aushandeln von Beziehungsdefinitionen [...] bei einer asymmetrischen Beziehung zumindest erschwert, wenn nicht verunmöglicht" wird (Auernheimer, 2008, S. 47).

Eine Diskussionssteuerung auf eine Orientierung hin zum Bescheidenheits- und Anpassungsverhalten, das bei Japaner*innen besonders ausgeprägt sei und eben von der nativen Mehrheit verstanden und berücksichtigt werden müsse, hätte das differenzierte Einfühlen in die Situation, den möglichen Kollateralschaden einer „Be-Fremdung" Yoshikos sowie die semiotischen und proxemischen Asymmetrien kaum zu Tage gebracht.

Nun ist der vorliegende CI eben ein Text wie er ist und es geht letztendlich nicht um unterstellte Intentionen derjenigen, die diesen Text verfasst haben, sondern darum, wie kleine Texte und kleine Erzählungen in einem Maße ausgewertet werden können, indem über und manchmal auch gegen oberflächliche Lesarten hinaus eine Fragespirale in Gang gesetzt wird, die die Trainees mit ihren Erfahrungen und auch ihren Fantasien einbezieht und sie ernst nimmt. Die eigenen Geschichten der Studierenden, die mit der Diskussion immer wieder beispielhaft eingebracht wurden, habe ich hier nicht im Detail wiedergeben können, eher eine daraus gefolgerte Systematik von Perspektiven auf den CI.

Wenn ich nun auf mein schon eingebrachtes Lieblingszitat „Culture is not something people *have*; it is something that fills the spaces *between* them" (Agar, 1994, S. 236) zurückkomme, dann müssen wir auch feststellen, dass Yoshiko im vorliegenden CI von der Last ihrer unterstellten kulturellen Mitbringsel sozusagen „befreit" wurde und dass sie Anlass und nicht Objekt der Betrachtung war, über die Kneipensitzkonstellation hinaus den Raum der interkulturellen Sensibilisierung zu füllen. Gleichzeitig relativiert sich die Reduktion auf eine „interaction of people from different cultures" und verweist auf viel mehr als nur einen Beginn „to learn about culturally influenced knowledge that can have major impacts on people's intercultural interactions" (Brislin u. Yoshida, 1994, S. 120), weil der induktive kollektiv und erfahrungsgesteuerte Aufdeckungs- und Offenbarungsdiskurs selbst eine Praxis interkultureller Auseinandersetzung und Verständigung darstellt.

Zum Schluss

Der letzte Absatz leitet bereits über zu einer Art Schlusswort. *Induktiv* im allgemeinen Sinn sollte hier verstanden werden im Sinne von Generalisierungen und der Ableitung weiterführender Fragestellungen aus Beobachtungen und Texten, sowohl allgemeinerer als auch spezifischerer Art; dabei Muster, Methoden und theoretische Annahmen und Erklärungen ausfindig zu machen. Beim Arbeiten mit CIs heißt das, potentiell relevante Punkte aufzuspüren und sie weitergehend zu befragen, bezogen auf die sozial-kommunikativen Erfahrungswelten der Trainees und möglicherweise (und hoffentlich) auch im Hinblick auf die sozial-kommunikative Welt im weiteren Sinn. Diese spiralförmige Auf- und Auswärtsbewegung impliziert gleichzeitig wieder ein tieferes Hineinfragen nach differenzierten, variablen Ausführungen, nach neuen Kategorien. Diese werden begleitet von zweiten und mehrfachen Blicken auf das Beobachtete, auf den Text des CI, die Art seiner textlichen Konstruktion, seiner Abfolgen von Sätzen, Sprechakten und Handlungen, von Reizwörtern und möglichen Suggestionen; kurz, einer dekonstruktiven Perspektive. So verbinden sich unterschiedliche Zugriffe. Mit der Zunahme der Spirale öffnet sich der trichterförmige Blick auf seine Ausgangspunkte, er entfernt sich, wird aber auch schärfer, sieht Zusammenhänge, möglicherweise auch

Suggestivitäten: Betrachten wir den Text in der Tradition konventioneller CIs, dann können wir ihn als rezipient*innenspezifisch designed ansehen, weil auch ihre Verfasser*innen den Blick auf diejenigen Punkte lenken wollen, von denen sie annehmen, diese seien die relevanten, die entscheidenden für eine Schulung des interkulturellen Wissens, nämlich apriorische Kategorien anstelle von erfahrungsbezogenen Aufdeckungsprozeduren; mitgebrachte Kulturversatzstücke anstelle von immer neu und überraschend zu füllenden Räumen situativer und interaktiver Praktiken, deren kulturelle Bedeutsamkeiten sich erst in diesen neuen Kontexten offenbaren.

Mit CIs in der beschriebenen Weise zu arbeiten ist mitunter mühselig, nicht zuletzt deswegen, weil man immer wieder auch jenen Reizen widerstehen bzw. subtil entgegenarbeiten muss, die lautstark und sich interkulturell hoch informiert gebend, die klassischen Kategorien ins Spiel bringen und sich schwertun damit die Ebene zu verlassen, die sie selbst als Standard kennengelernt haben. Aber ich erlebe auch oft, dass Studierende mit Überraschung auf meinen Ansatz reagieren und letztlich – so meine Erfahrung – dieses induktiv genannte Vorgehen wesentlich ertragreicher und spannender finden und sich darin jenseits gesetzter Kulturstandards mit ihren eigenen Erfahrungen und Fragen wiederfinden. So erhalte ich auch Semesterhausarbeiten, in denen Studierende selbst ihre Trainingserfahrungen mit dem „alten" Modell und dem induktiven Verfahren erproben. Die Resonanz, die ich bislang erhalten habe, attestiert der induktiven Methode jedenfalls einen hohen Lerneffekt. Das berührt auch meine letzte Fragestellung in Trainingskontexten, nämlich was Trainees in ihren Auseinandersetzungen mit den CIs glauben gelernt zu haben. Das Feedback erstaunt mich selbst, vor allem bei denjenigen, die vorher kulturalisierenden Herangehensweisen gefolgt sind. Natürlich bieten selbstgenannte Lerneffekte keine harte Evidenz, ob es Fortschritte einer „interkulturellen Sensibilisierung" gibt. Allein die vorgenommenen Erprobungen sind ermutigend.

Eine letzte, selbstkritische Anmerkung: Der Hochschulkontext ist ein akademischer. Studierende in sozial-, kultur- und kommunikationswissenschaftlichen oder erziehungswissenschaftlichen Bereichen sind in der Regel offen für Fragen zur Interkulturalität; wenn sie selbst interkulturelle Erfahrungen mitbringen (durch Auslandssemester, Praktika, das Soziale Jahr oder in global-internationalen Gruppen studieren, vgl. Bettmann, Hinnenkamp, Satola u. Schröer, 2017), ist der Austausch über bzw. sind Kurse zu interkulturellen Praxisfeldern oft „dankbare" Themen. Dabei sollte nicht vergessen werden, dass auch diese diskursiven Spielfelder in vielerlei Weise privilegierte Mitspieleigenschaften voraussetzen. Auch wenn interkulturelle Bildung kein Privileg sein sollte, müssen wir uns eingestehen, dass es mehr als schwierig ist, sie in weiteren Kreisen der Gesellschaft als Selbstverständnis durchzusetzen. Von daher sind etwa Ansätze in der interkulturellen Weiterbildung, wie bei der Polizei (vgl. Leenen, Groß, Gosch u. Scheitza, 2015), eminent wichtig. Für Weiterbildungsveranstaltungen mit Lehrer*innen wäre eine Aufbereitung des vielfach reflektieren „Taschenträgers" eine in jeder Hinsicht spannende und – wie ich glaube – fruchtbare Herausforderung im Sinne einer interkulturellen Sensibilisierung.

Literatur

Agar, Michael (1994). The Intercultural Frame. International Journal of Intercultural Relations, Vol. 18 (2), 221-237.

Artamonova, Olga; Hinnenkamp, Volker (2019). Das Klassenzimmer als poly- und translingualer Raum: Über die tägliche Erosion verordneter Einsprachigkeit in der Institution Schule. In Karin Luttermann; Kerstin Kazzazi; Claus Luttermann (Hrsg.), Institutionelle und individuelle Mehrsprachigkeit (S. 299-336). Münster: Lit-Verlag.

Auernheimer, Georg (2008). Interkulturelle Kommunikation, mehrdimensional betrachtet, mit Konsequenzen für das Verständnis von interkultureller Kompetenz. In Georg Auernheimer (Hrsg.), Interkulturelle Kompetenz und pädagogische Professionalität (2. Aufl.) (S. 35-65). Wiesbaden: Springer VS.

Bettmann, Richard; Hinnenkamp, Volker; Satola, Agnieszka; Schröer, Norbert (Hrsg.) (2017). Die Hochschule als interkultureller Aushandlungsraum. Wiesbaden: Springer VS.

Blommaert, Jan (2005). Discourse. Cambridge: Cambridge University Press.

Brislin, Richard W.; Yoshida, Tomoko (1994). Intercultural Communication Training: An Introduction. Thousand Oaks, CA: Sage.

De Fina, Anna; Georgakopoulou, Alexandra (2012). Analyzing Narrative: Discourse and Sociolinguistic Perspectives. Cambridge: Cambridge University Press.

Duncan, Sam (2019). Adults reading aloud: a survey of contemporary practices in Britain. British Journal of Educational Studies, Vol. 68 (1), 1-27.

Fetscher, Doris (2015). Critical Incidents in der interkulturellen Lehre. In Mohammed Elbah; Redoine Hasbane; Martina Möller; Rachid Moursli; Naima Tahiri; Raja Tazi (Hrsg.), Interkulturalität in Theorie und Praxis (S. 108-123). Rabat: Faculté des Lettres et des Sciences Humaines.

Fritz, Gerd (1982). Kohärenz: Grundfragen der linguistischen Kommunikationsanalyse. Tübingen: Narr.

Hinnenkamp, Volker (1999). Critical Incidents in der Interkulturellen Kommunikation – eine kritische Bestandsaufnahme / La comunicazione interculturale. Aspetti dei suoi sviluppi in Germania. In Federica Ricci Garotti; Maurizio Rosanelli (Hrsg.) (2000), Programmi di scambio con i paesi di lingua tedesca e dimensione interculturale (S.128-143). Milano: Franco Angeli.

Hinnenkamp, Volker (2004). Die Anderen als Fremde – wir als Fremde: Missverständnisse und Brücken in der interkulturellen Kommunikation. In Wolfgang Rometsch; Doris Sarrazin (Hrsg.), Best Practices – in der Arbeit mit suchtmittelabhängigen Russlanddeutschen in der ambulanten Suchthilfe. Münster: Landschaftsverband Westfalen-Lippe. 7-19.

Hinnenkamp, Volker (2011). Hörbuch Interkulturelle Kommunikation. Zentralstelle für Fernstudien an Fachhochschulen (ZfH) Koblenz.

Hinnenkamp, Volker (2021a). What's the point? – Ein Versuch anhand semiotischer Schnipsel. Oder: wie unversehens Gesellschaft einkehrt. In Gregor J. Betz; Maya Halatcheva-Trapp; Reiner Keller (Hrsg.), Soziologische Experimentalität. Wechselwirkungen zwischen Disziplin und Gegenstand (S. 229-242). Weinheim / Basel: Beltz Juventa.

Hinnenkamp, Volker (2021b). "Culture is not something people have; it is something that fills the spaces between them." – Von 'having culture' zu 'doing culture'. In Kirsten Nazarkiewicz; Norbert Schröer (Hrsg.), Verständigung in pluralen Welten (S. 332-344). Stuttgart: ibidem.

Leenen, Wolf Rainer; Groß, Andreas; Gosch, Harald; Scheitza, Alexander (2015). Kulturelle Diversität in der Öffentlichen Verwaltung. Konzeptionelle Grundsatzfragen, Strategien und praktische Lösungen am Beispiel der Polizei. Münster / New York: Waxmann.

Nazarkiewicz, Kirsten (2021). Von misslingender zu gelingender Verständigung: Nicht-Verstehen als kommunikative Ressource. In Kirsten Nazarkiewicz; Norbert Schröer (Hrsg.), Verständigung in pluralen Welten (S. 73-301). Stuttgart: ibidem.

Moosmüller, Alois (Hrsg.) (2020). Interkulturelle Kompetenz. Kritische Perspektiven. Münster / New York: Waxmann.

Roberts, Michael (1985). Ethnicity in Riposte at a Cricket Match: The Past for the Present. In Comparative Studies in Society and History, 27 (3), 401-429.

Saraf, Mohammad (2015). Spatiality of Multiculturalism (PhD Dissertation). Stockholm: KTH Royal Institute of Technology, School of Architecture and the Built Environment.

Scollon, Ron; Scollon, Suzie Wong (2003). Discourses in Place. Language in the Material World. London / New York: Routledge.

Susanne Klein

Und was, wenn keiner dabei ist? Studentische Gruppendiskussionen über Critical Incident Narrationen

1. Einleitung

Gegenstand des vorliegenden Beitrags sind studentische Gruppendiskussionen über Critical Incident Narrationen. Critical Incidents im Allgemeinen sind Missverständnisse in interkulturellen Begegnungen. Nach Schumann (2012, S. 55) bezeichnen sie Situationen, „bei denen kulturbedingte Differenzen der Wahrnehmung, des Verhaltens oder des Bewertens Irritationen auslösen, die zu einer Störung der Interaktion führen." In diesem Beitrag werden Critical Incidents zudem als schriftliche, mündliche oder gebärdete Narrationen über interkulturelle Erfahrungen verstanden (Fetscher u. Klein, 2020). Die Critical Incident Narrationen „[...] erfassen und strukturieren Erlebnisse aus dem Umgang mit bemerkenswerten und / oder irritierenden Situationen in der interkulturellen Interaktion" (Fetscher u. Klein, 2020, S. 82).

Critical Incidents sind in der Lehre Interkultureller Kommunikation fest etabliert. Verschiedene, nicht immer unumstrittene, Übungsformate zur Analyse der interkulturellen Erfahrungen sollen zur Reflexion möglicher Ursachen und alternativer Handlungsmöglichkeiten anregen. Meist werden die Studierenden dabei durch gezielte Fragestellungen der Lehrkraft durch die Übung geleitet und damit auch begleitet.

Doch was passiert, wenn die Fragestellungen fehlen? Wie werden Critical Incidents besprochen, wenn keine direkte Beobachtung und Leitung durch eine Lehrkraft stattfindet? Welche Aspekte, Themen und Kategorien werden durch die Studierenden relevant gemacht? Wie werden Kategorien verhandelt?

Der vorliegende Beitrag gibt einen Einblick in genau solche Gespräche. Soweit es der Autorin bekannt ist, handelt es sich dabei um einen bisher noch kaum betrachteten Forschungsgegenstand.

Erhoben wurden diese Daten im Zuge von Gruppendiskussionen. Loos und Schäffer (2001, S. 13) bezeichnen diese als ein Verfahren, „in dem in einer Gruppe fremdinitiiert Kommunikationsprozesse angestoßen werden, die sich in ihrem Ablauf und der Struktur zumindest phasenweise einem ‚normalen' Gespräch annähern". Im Folgenden werden zunächst der Kontext und der Ablauf der Datenerhebung erläutert. Anschließend werden an exemplarischen Ausschnitten zwei verschiedene Gruppendiskussionen vorgestellt.

2. Die Datenerhebung

2.1 Der Kontext

Im Rahmen eines drittmittelgeförderten Forschungsprojekts wurde an der Westsächsischen Hochschule Zwickau eine Webanwendung zur strukturierten Erfassung von Critical Incidents und interkultureller Erfahrungen aufgebaut.[1] Die Critical Incidents werden in der Webanwendung über einen geführten, mehrstufigen Erfassungsprozess erhoben. Dabei werden neben dem eigentlichen Text auch Metadaten zur Narration und zum Erlebnis selbst abgefragt. Die Kategorisierung erfasst beispielsweise Details zu den beteiligten Akteur*innen (Alter, verwendete Sprachen, kulturelle Hintergründe), dem Kontaktfeld, d.h. in welchem Kontext die Erfahrung stattgefunden hat, zu berührten Kommunikationsbereichen und auch zu möglichen Hotspots.[2]

Die Kategorisierung dient zum einen der technischen Handhabbarmachung des komplexen Narrationsmaterials.[3] Zum anderen soll mit dem Abfragen zusätzlicher Details das Reflexionsvermögen und die Wissensgenerierung bei den Nutzer*innen gefördert werden (vgl. Fetscher u. Klein, 2020, S. 86-88).

---

[1] Die Webanwendung ist unter https://nils.fh-zwickau.de abrufbar.
[2] Bei Hotspots handelt es sich um eine Weiterentwicklung des Konzepts der „Rich Points" von Michael Agar. Rich Points sind Stellen in der Kommunikation wie Begriffe, Aktionen oder auch der Stil eines Gespräches, die unverständlich und rätselhaft erscheinen können. Mit der Bezeichnung „rich" betont Agar die Reichhaltigkeit und Zähigkeit solcher Kommunikationsstellen. Ein Beispiel für einen Rich Point ist der Wienerische Schmäh. Heringer (2017, S. 166, 169) überträgt das Konzept auf die Interkulturelle Kommunikation, in dem er es generalisiert und „heiße Stellen" in der Interkulturellen Kommunikation vorführt.
[3] Fetscher und Klein gehen in ihrem Artikel (2020, S. 83-86) detaillierter auf das Dilemma der projektbedingten Notwendigkeit eines vorgegebenen Kategorienpools und damit einhergehender Problematiken (wie mögliche Stereotypisierungen) ein. Sie stellen dabei auch verschiedene Lösungsansätze vor, mit welchen Maßnahmen innerhalb der Webanwendung der Problematik entgegengewirkt werden soll.

Die Kategorisierungsdetails jedes Critical Incidents lassen sich dann in der Gesamtübersicht aller Erfahrungen separat zur Narration ein- und ausblenden.[4]

Im Januar 2020 wurde die Webanwendung durch Studierende evaluiert. Dies erfolgte im Modul *Einführung in die interkulturelle Forschung* durch Studierende des ersten Fachsemesters. Zur Evaluation selbst waren anstelle der im Modul lehrenden Dozentin die Autorin dieses Beitrags und eine wissenschaftliche Mitarbeiterin des Projekts anwesend. Den Studierenden war das Konzept von Critical Incidents in der interkulturellen Kommunikation durch zwei Übungen zur Arbeit mit Critical Incident bekannt. Zum einen wurde den Studierenden der Culture Assimilator Ansatz vorgestellt[5]. Zum anderen stand eine *systematische reflexive Analyse* von Critical Incidents im Fokus, die einer Variante von Fetscher (2010) entlehnt ist. Im Gegensatz zum Culture Assimilator erhalten Trainingsteilnehmende bei dieser Übung keine formulierten Erklärungen oder Lösungshilfen für den Critical Incident, sondern erarbeiten sich diese über offengehaltene Fragestellungen selbst.

2.2 Der Ablauf

Die Evaluation beinhaltete zwei Aufgabenstellungen. Die erste bestand für die Studierenden darin, einen selbsterlebten Critical Incident in die Webanwendung einzupflegen und diesen Prozess schriftlich zu dokumentieren. Die zweite Aufgabe lautete:

> Bitte bilden Sie kleine Gruppen (3 Personen), suchen Sie sich zwei von den Erfahrungen aus, die eben eingepflegt wurden und die Sie noch nicht kennen. (Nehmen Sie bitte keine Erfahrungen von jemandem aus der Gruppe!)
>
> Lesen Sie zunächst die Texte und diskutieren Sie auf dieser Basis über die Erfahrungen.
>
> Sehen Sie sich dann die Details zu den Texten an und diskutieren Sie erneut.
>
> Sprechen Sie in der Gruppe über Ihre Eindrücke / Meinung / Gedanken zu diesem Prozess (Metareflexion). Inwiefern hat sie das System bei der Diskussion der Erfahrungen unterstützt?

---

[4] Anhang A2 zeigt die Kategorisierung von zwei Critical Incident Narrationen aus der Webanwendung.

[5] Dabei handelt es sich um eine Sammlung von meist didaktisierten Critical Incidents mit Lösungsvorschlägen und Feedback zur Situation. Diese Sammlung kann länderspezifisch oder länderübergreifend sein und soll für kulturelle Unterschiede sensibilisieren und die Fähigkeit zu isomorpher Attribution trainieren.

Die Aufgabenstellung lag den Studierenden schriftlich vor. Die Gruppendiskussionen zu dieser Aufgabenstellung wurden mit dem Einverständnis der Studierenden für eine spätere Analyse aufgezeichnet und transkribiert.

2.3 Umsetzung der Aufgabenstellung und Beschreibung des Materials

Insgesamt wurden sieben Gruppengespräche mit einer Länge von ca. vier bis acht Minuten aufgezeichnet. In allen gab es mehrere unverständliche Passagen. Dies war dem allgemeinen Lautstärkepegel im Seminarraum geschuldet, welcher durch lautes Lachen und Diskutieren der jeweils anderen Gruppen hervorgerufen wurde. Eigentliches Ziel der Evaluierung im Allgemeinen und der Aufnahme der Gespräche im Besonderen war es, mehr über die Wahrnehmung der zu- und ausschaltbaren Kategorisierungen innerhalb der Webanwendung zu erfahren. Die Umsetzung der Aufgabe durch die Studierenden erfolgte jedoch nicht wie angedacht. Aus der ersten Sichtung der Gruppendiskussionen wurde deutlich, dass offensichtlich nur drei der sieben Gruppen die Aufgabe verstanden hatten und auch nur eine davon den angedachten zweistufigen Aufbau letztendlich umgesetzt hatte. Die Aussagen der anderen Gruppen deuten darauf hin, dass die Kategorien direkt zu Beginn der Diskussion zugeschaltet wurden. Die unerwarteten Ergebnisse stellten sich jedoch als nicht weniger interessant heraus, da es auch bei dieser Vorgehensweise zu angeregten und für eine Analyse interessanten Gesprächen zwischen den Studierenden kam. Der Fokus der Untersuchung verschob sich nun darauf, zu untersuchen, welche Kategorien innerhalb der Gruppe relevant gemacht wurden und wie die Studierenden diese verhandelten.

Verschiedene Aussagen wie z.B. in Bezug auf die Aufgabenstellung („ich hab grad kein bock"), zur Länge der zu lesenden Critical Incident Narrationen („ach du scheiße das ist echt viel"; „das sind zwei Sätze ich nehme das wo nicht so viel is") oder zur Komplexität der Critical Incident Narration („nee das ist zu schwer lass uns was anderes nehmen") deuten darauf hin, dass die Studierenden sich in den Diskussionen weitgehend frei und unbeobachtet fühlten. Nichtsdestotrotz muss erwähnt werden, dass der Erhebungskontext, die Vorerfahrung aus der Lehrveranstaltung und nicht zuletzt die Webanwendung und der darin verwendeten Kategorien eine gewisse Vorsozialisierung der Studierenden zur Folge hat. Auf die Untersuchung dieser Einflussfaktoren wird innerhalb dieses Beitrags jedoch nicht weiter eingegangen.

3. Auswertung

Im Folgenden werden zwei exemplarische Gruppendiskussionen näher betrachtet. Anhand der transkribierten Ausschnitte[6] wird nachvollzogen, wie sich die Gruppendiskussion im Allgemeinen und die Verhandlung von Kategorien im Besonderen gestalteten.

Zur Auswertung der Gespräche lehne ich mich an die von Deppermann (2008) vorgeschlagenen „allgemeinen Prinzipien und Vorgehensweisen der Gesprächsanalyse" an.

3.1 Gruppendiskussion 1

Die erste Gruppe bestand aus den zwei Studenten A und B[7]. Diese folgten der Aufgabenstellung und gliederten ihre Diskussion in zwei Stufen: zunächst eine Diskussion über die Critical Incident Narration ohne die Kategorisierungen und in einem zweiten Schritt die Diskussion mit zugeschalteter Kategorisierung. Entgegen der Aufgabenstellung wurden jedoch nicht zwei Narrationen besprochen, sondern nur eine: „An der Bushaltestelle".[8]

0001	A	hast gelesen?
0002		(1.1)
0003	B	ja
0004		(1.98)
0005	A	äh:: ja ok
0006		(1.97)
0007	A	äh:m ich muss sagen ich find das irgendwie ziemlich komisch
0008	B	ja
0009		(0.78)

Nach der Frage, ob B das Lesen der Critical Incident Narration beendet hat, beginnt A die Diskussion mit der Äußerung seiner Irritation, die er aber durch „irgendwie" und „ziemlich" leicht abzumildern scheint. B stimmt dem zu.

---

[6] Die verwendeten Transkriptionskonventionen werden im Anhang erläutert.
[7] Aus Gründen der Anonymisierung werden die Studierenden mit fortlaufender Buchstabenkennung bezeichnet. Weiterhin erscheint in Gruppendiskussion 2 eine Wissenschaftliche Mitarbeiterin.
[8] Die besprochenen Critical Incident Narrationen sind im Anhang nachzulesen.

0012	A	würde mich: jetzt FRAgen: ob das jetzt son (.) deutsch deutsches ding gewesen ist
0013		(0.72)
0014	B	schon ja oder in welcher kultur das generell war
0015	A	äh:m
0016		(1.47)
0017	B	weil ich mein es is ja bekannt irgendwie dass in england (.) die leute sich wirklich dauernd anstellen

A macht direkt die Kategorie des kulturellen Hintergrundes relevant und überlegt, ob es „son deutsch-deutsches ding" sei. Mit „son" scheint er auf etwas für ihn Spezielles im „deutsch-deutschen" hinzuweisen. Er lässt unausgesprochen einen Relativsatz assoziieren wie „was wir schon mal gesehen / besprochen" haben. Nach einer kurzen Pause stimmt B zwar zunächst zu, schränkt die Zustimmung aber durch das Partikel „schon" ein. Damit könnte er andeuten, dass A's Aussage für ihn nur bedingt richtig erscheint. B fragt sich eher, in „welcher kultur das generell war". Damit deutet er an, dass der beschriebene Fall für ihn nicht unbedingt einen Einzelfall darstellt. Nach der Überbrückung einer Sprechpause von A äußert B seine konkrete Vermutung, die er als Begründung formuliert. Diese vermittelt er durch die Äußerung eines Stereotyps. Die Generalisierung, dass sich in England die Menschen anstellen, weist dabei zwei Merkmale einer „Stereotypenkommunikation" (Nazarkiewicz 2013, 72ff.) auf: „bekannt irgendwie" als „Authentizitätsnachweis", der Allgemeingültigkeit suggeriert und als Berechtigung für die Äußerung dienen soll und zum anderen die Extremformulierung „wirklich dauernd", welche die Aussage noch zusätzlich steigert.

0018	A	ja: ja:
0019	B	zum beispiel
0020	A	aber das:
0021		(0.7)
0022	B	aber dann is es halt in: wenn es in deutschland is
0023	B	[((unverständlich, ca. 1,5 Sek.))]
0024	A	[gibt jetzt (.) gibt jetzt keinen hinweis darauf
0025		(1.07)
0026	A	hm:
0027		(1.9)

A reagiert auf diese Äußerung mit zwei gedehnten „Ja", die vermutlich weniger eine Zustimmung als vielmehr einen Zweifel ausdrücken. B reagiert mit einer Relativierung seiner vergangenen Äußerung, indem er sie nun nur noch als ein Beispiel für eine mögliche Erklärung einstuft. Mit „aber das" markiert A einen Einwand. B setzt zu einer Überlegung an, in der er auch Deutschland erwähnt, der Rest der Aussage ist jedoch unverständlich, was auch daran liegt, dass an dieser Stelle A einsetzt. Er äußert, dass es für ihn keine Hinweise auf B's Vermutung gäbe, womit deutlich wird, dass er nicht über dieses stereotype Wissen verfügt. Die Pausen und das gedehnte „hm" deuten auf A's Unwissen und Unsicherheit hin.

0028	A	aber gut wenn wenn sich da ne schlange (.) gebildet hat dann:
0029		(3.25)
0030	A	ist halt auch die sache dass der bus (.) kurz vorher gehalten hat und wenn sie da wirklich (.) als erste hätte einsteigen können
0031		(0.5)
0032	A	dann: (.) seh ich das jetzt auch nicht als problematisch
0033		(0.8)
0034	B	ja und ich find aber generell (.) bisschen
0035		suspekt (.) aber fünf leute hintereinander in der SCHLAnge stehen
0036	A	ja
0037	B	und auf den bus wirklich warten
0038		(0.72)

Nun greift A zwar den Aspekt auf, dass sich eine „Schlange gebildet hat", führt diesen Gedanken aber nicht weiter und bezieht sich auf die Tatsache, dass der Bus kurz vor der Akteurin gehalten hat. Nach seiner Ansicht ist das Verhalten der Akteurin damit als nicht problematisch einzustufen. Auch diese Aussagen sind von mehreren Sprechpausen gekennzeichnet, die erneut auf A's Unwissen und damit einhergehende Unsicherheit hindeuten könnten. B äußert sich daraufhin zunächst mit einem zustimmenden „ja", was er mit „find aber" wieder einschränkt. Er formuliert damit in höflicher Form einen Einwand. Er geht nicht näher auf A's Äußerungen ein, sondern macht erneut den Aspekt des Schlangestehens relevant, indem er es generell in Frage stellt, dass fünf Leute hintereinander in der Schlange stehen und in dieser Weise auf den Bus warten. Mit „suspekt" nimmt er hier eine leichte Wertung vor.

0039	A	na JA (.) ich mein da gehts ja darum wenn der wenn der bus kommt also das seh ich ja selber auch
0040		äh: wenn der bus angefahren kommt dann stellt man sich ja logischerweise schon dann in ne schlange
0041	B	klar aber
0042	A	ähm: aber ich mein (.) dann ist halt (.) sozusagen
0043		bei dem wo der bus am nächsten hält ja der steigt dann halt auch als erstes ein oder
0044		macht also gibt ein signal (.) dass oder äh stellt sich weiter hinten einfach so an
0045		das mach ich zum beispiel manchmal (-) ähm:
0046		un:d ja aber sowas sowas hab ich auch noch nicht erlebt dass ich jetzt
0047		vielleicht auch jemanden ich bin halt auch schon öfter mal einfach vor jemanden (.) schnell eingestiegen weil ich ja weiß
0048		dass ich eigentlich schnell durch bin weil ich ja (.) nicht nicht mit geld bezahle sondern (.) die karte halte

Mit „na ja" scheint A die Relevanzmarkierung von B auf das „in Schlange stehen" in Frage zu stellen. Denn wenn ein Bus einfährt, „dann stellt man sich ja logischerweise schon dann in ne schlange". B äußert zu dieser Aussage seine Zustimmung, markiert mit „aber" auch einen Einwand, den er jedoch nicht weiter ausführt. A scheint weiter nach möglichen Erklärungen für den Critical Incident zu suchen, indem er persönliche Erfahrungen darlegt. Er verweist dabei auch explizit auf seine eigenen Vorgehensweisen und erklärt, dass er eine solche Erfahrung, wie sie in der Critical Incident Narration beschrieben wird, dabei aber noch nicht erlebt habe.

0049		äh: (-) aber da ist mir das auch noch nicht passiert ich muss sagen das ist seh:r
0050		(0.75)
0051	A	KOmisch und mich würde jetzt echt interessieren
0052		äh:
0053		(1.87)
0054	A	sozusagen: aus welcher kultur der mann kommt ob der halt wirklich deutscher ist
0055	B	ja (.) jaja die ganze situation einfach
0056	A	und äh: wie alt der jetzt auch letztendlich auch ist also
0057	B	na es ist halt da alter mann aber es ist halt jetzt oder älterer mann das ist jetzt die frage
0058		(1.37)
0059	A	ich denke wir können uns die details mal angucken
0060	B	ja
0061		(1.58)

A wiederholt, dass er eine solche Erfahrung noch nicht gemacht habe. Seine Irritation über die beschriebene Situation macht er abermals deutlich. Er wünscht sich deshalb Aufklärung über den kulturellen Hintergrund des Akteurs. Diese Aussage scheint A mit Pausen und Verzögerungen („äh", „sozusagen") vorzubereiten. Den kulturellen Hintergrund der Akteurin hinterfragt er nicht, sondern möchte Gewissheit darüber, ob der Akteur „halt wirklich deutscher ist", was daraufhin deutet, dass er seine Einordnung vom Anfang („deutsch-deutsches Ding") die ganze Zeit über im Kopf behalten hat. B teilt den Wunsch nach Aufklärung, aber weitet es für „die ganze Situation einfach" aus, womit er sich nicht explizit auf den kulturellen Hintergrund beschränkt. A bringt nun auch zum ersten Mal die Kategorie Alter in die Diskussion ein, indem er sich fragt, wie alt der Akteur ist. B scheint darauf aufmerksam zu machen, dass dies in der Narration erwähnt wird, aber bestätigt ein Interesse daran, was „älter" bedeuten wird. A schlägt vor, sich nun die Details der Critical Incident Narration anzuschauen, was B bejaht.

0062	A	so:
0063	B	selbsterlebt okay
0064	A	((unverständlich, ca. 2 Sek.))
0065		AH::
0066		[in england (.)]
0067	B	[ja ok england]
0068	A	england ja ok
0069		also das erlebnis fand in england in südengland in eastbourne statt

Mit „so" gibt A den Auftakt zur Besprechung der nun zugeschalteten Kategorisierung der Critical Incident Narration. B liest zustimmend den Kategorisierungswert „selbsterlebt" vor, A fährt mit dem Vorlesen fort. Mit gedehntem und betontem „ah" äußert A ein Verstehenssignal und damit die persönliche Auflösung des „Rätsels". Er liest den Kategorisierungswert Ort des Geschehens „england" laut vor und scheint darin gleichzeitig seine Antwort auf die Frage nach dem kulturellen Hintergrund des Akteurs zu finden. B liest zur selben Zeit „england" laut vor, worauf eine Bestätigungsäußerung folgt. A liest nun noch einmal den gesamten Kategorisierungswert laut vor: „also das erlebnis fand in england in südengland in eastbourne statt".

0070	B	na ((unverständlich, ca. 1 Sek.)) das is aber eigentlich
0071		[verständlich]
0072	A	[im Zuge einer sprachreise
0073		(0.47)
0074	B	weil wie vorher schon gesagt das halt natürlich bei denen (.) gang und gebe ist dass man sich da in der reihe anstellt
0075	A	ja gut (.) das hab ich jetzt also ich bin in england nicht mit dem bus gefahren
0076		deswegen weiß ich jetzt nicht wie das so abläuft ob man sich da in so ne absolut äh:
0077		absolute reihe stellt aber ich kanns mir schon vorstellen
0078	B	man hörts halt immer (-) also ich bin auch noch nie in england mit dem bus gefahren aber:
0079		(0.75)
0080	A	ja
0081	B	das ist halt immer dieses klischee das man hört

Für B sei diese Tatsache verständlich, wobei er mit „eigentlich" noch einmal auf seine ursprüngliche, aber nicht weiter besprochene Vermutung vom Anfang hinzuweisen scheint. A spricht kurz dazwischen, da er die Kategorisierungswerte (hier das Kontaktfeld Sprachreise) weiter vorliest. B fährt fort, indem er den Stereotyp wiederholt, dass „das halt natürlich bei denen gang und gebe ist dass man sich da in der reihe anstellt". Er weist dabei erneut daraufhin, dass er dies zu einem früheren Zeitpunkt schon erwähnt hat. A erklärt, dass er in England noch nie mit dem Bus gefahren sei und deswegen nicht wissen könne, wie das ablaufe, womit er sich für sein Unwissen zu rechtfertigen scheint. Dies scheint wiederum B als Anlass zu sehen, seine Aussage rechtfertigen zu müssen. Er relativiert mit einem Authentizitätsnachweis, dass man es „immer" höre, er selbst aber auch noch keine Erfahrung darin habe in England mit dem Bus zu fahren. Er formuliert seine Generalisierung nun wertend als „dieses Klischee" das man immer höre, womit er sich selbst davon abzugrenzen versucht, was ein Indikator für den „Political Correctness – Filter" (Nazarkiewicz, 2013, S. 65ff.) ist.

0082	A	ja (.) das ist dann halt natürlich ne sache da
0083		(0.78)
0084	A	isses halt auch wieder so dass du äh: in nem anderen bereich bist
0085		und dort dass nun mal anders gehandhabt wird
0086		(1.17)
0087	A	als du es in deutschland kennst weil in deutschland ist es würde ich meinen: wirklich so
0088		(1.38)
0089	A	dass du: (-) dass das eher so auf wirklich
0090		(2.05)
0091	A	je nach dem wies: halt also situatiONSbedingt halt wer als erstes ansch äh einsteigt (.) bei dem der bus am nächsten hält
0092		o:der (.) ähm: wenn halt welche vorgelassen werden so die vielleicht
0093		[schneller durch sind]
0094	B	[ja:]
0095	A	oder so
0096		oder dass man ältere leute zuerst einsteigen lässt
0097		äh: (.) und dass das anscheinend in england (.) äh: sehr:

0098		ähm (.) gesellschaftlich geregelt ist sag ich jetzt mal (.) dass du dich anstellst
0099	B	Ja
0100	A	äh darüber kann man sich halt auch informieren
0101		(1.43)

A scheint sich erneut für sein Unwissen zu rechtfertigen, indem er erklärt, dass man in einem anderen Bereich sei und es dort anders gehandhabt werde. Im Folgenden scheint A seinen Aussagen zur Vorgehensweise in Deutschland noch einmal Nachdruck verleihen zu wollen („ist es würde ich meinen wirklich so"). Er erklärt erneut verschiedene Möglichkeiten, wer warum in Deutschland zuerst einsteigt. Die Verzögerungen, Pausen und die häufige Verwendung des Partikels „halt" scheinen dennoch daraufhin zu deuten, dass A sich verunsichert fühlt, was sich in den folgenden Aussagen fortsetzt. Er ergänzt, dass es in England „sehr gesellschaftlich geregelt ist dass du dich anstellst", was bemerkenswert ist, da er die Beschreibung „gesellschaftlich geregelt" nicht für seine Beschreibungen in Deutschland verwendet. Die Verwendung von „anscheinend", Verzögerungen und Pausen deuten auf weitere Unsicherheit hin. A erkennt aber in seiner letzten Aussage, dass man sich darüber informieren könne. B beschränkt sich in dieser Passage auf zwei kurze Hörerrückmeldungen („ja").

0102	A	ähm:
0103	B	alter ist trotzdem unbekannt
0104	A	von dem autor ja
0105		[(.) und]
0106	B	[ja]
0107	A	auch vom mann da man kann sich bestimmt vorstellen dass das so_n vierzig fünfzig (.) jähriger
0108		[mann ist]
0109	B	[ja]
0110		(0.92)
0111	A	ähm: der es halt auch wirklich dann nich am ende anders kennt
0112	B	hm
0113	A	un:d ja
0114		also über sowas (.) äh: kann man sich durchaus informieren das sind halt nun mal so kulturell bedingte sachen
0115		(2.33)
0116	A	und (.) ja
0117		(12.12)

Und was, wenn keiner dabei ist? 123

B lenkt nun das Gespräch noch einmal auf das Alter und gibt an, dass das Alter unbekannt wäre. Das bestätigt A und ergänzt, dass es von Autorin und Akteur unbekannt sei. Warum die beiden Studenten dies äußern, ist nicht nachvollziehbar, da diese Details in der Webanwendung eigentlich angegeben wurden (siehe Anhang). A mutmaßt für den Akteur ein Alter von vierzig bis fünfzig Jahren und scheint eine Rechtfertigung für dessen Verhalten zu geben: „der es halt auch wirklich dann nich […] anders kennt". A wiederholt seine Aussage, dass man sich über „sowas" informieren könne und klassifiziert die Begebenheit als „so kulturell bedingte sachen". Es folgt eine lange Sprechpause von beiden Studenten.

0118	A	also ich muss sagen dass das system sowas solche critical incidents sehr übersichtlich macht
0119		und vor allem ähm jemandem durch die detailfunktion erstmal
0120		mit der reinen geschichte zum: nachdenken anregt
0121	B	ja find ich auch (.) und das ist gut dass man die details erst (.) später zu sehen bekommt und sich da vorher das eigene bild ein bisschen macht
0122	A	genau
0123	B	bisschen selber spekuliert wies so ist
0124	A	genau
0125		(3.12)

A und B äußern sich, vermutlich mit Blick auf die Aufgabenstellung, nun über die Webanwendung. A beschreibt, dass das System Critical Incidents „sehr übersichtlich" mache, womit er sich vermutlich auf die Gesamtübersicht mit zugeschalteter Kategorisierung bezieht. B bestätigt A's Aussagen und greift den Aspekt auf, die Details später zuschalten zu können, da man sich so „das eigene bild" mache und „spekuliert wies so ist", was auch er positiv zu deuten scheint.

0126	A	ja ist auch sehr äh: interessant halt wirklich mal wenn man sich das dann für sich selber auch mal anguckt
0127		äh: von solchen dingen zu erfahren und und äh selber zu sehen was andere leute für critical incidents haben
0128	B	hm
0129	A	und manchmal kann auch selber
0130		schon wenn man jetzt zum beispiel vor hat äh nen auslandsaufenthalt irgendwo zu machen

0131		und äh man sagt ok man geht nach frankreich oder so und man liest zum beispiel diese critical incidents durch
0132	B	ja
0133	A	und da schon mal konfliktpotenzial (.) in gewisser weise (.) für diese situation die andere schon erlebt haben (.) äh zu vermeiden
0134	B	jo

A sieht einen persönlichen Mehrwert darin „von solchen dingen zu erfahren", was andere Menschen für Critical Incidents „haben". Er begründet es damit, dass beispielsweise im Vorfeld von Auslandsaufenthalten damit die Möglichkeit bestünde, durch das Lesen der Critical Incidents Konfliktpotenzial zu vermeiden. Die Pausen deuten auf ein vorsichtiges Agieren hin; das stützt auch die Formulierung „für diese Situation die andere schon erlebt haben". Es scheint ihm bewusst zu sein, dass es sich um subjektive Erfahrungsgeschichten handelt. B beschränkt sich in dieser letzten Passage auf drei knappe, zustimmende Hörerrückmeldungen.

3.2 Gruppendiskussion 2

Die zweite Gruppe besteht aus dem Studenten C und den zwei Studentinnen D und E. Das Gespräch deutet daraufhin, dass die Kategorisierung direkt zu Beginn der Diskussion zugeschaltet war. Auch sie haben nur eine Critical Incident Narration besprochen: „But I like you".

0003	C	wie empfindet ihr die geschichte
0004		(1.28)
0005	D	ja (.) gut
0006		(2.38)
0007	C	also I:CH (-) jetzt mal ganz
0008		[objcktiv]
0009	D	[<<lachend> objktiv >]
0010		[finde]
0011	D	[((lacht))]
0012	C	(-) dass die geschichte überSPITZT dargestellt ist
0013		und für mich eine leichte prise (.) RASSISMUS beinhaltet

C beginnt das Gespräch mit der Frage, wie die anderen die Geschichte empfinden. Nach einer knappen Antwort von D äußert er seine Meinung: Für sein Empfinden sei die Narration übertrieben, sogar etwas rassistisch dargestellt. Er bereitet diese heikle Aussage über abschwächenden Relativierungen („also ich", „eine leichte Prise"), Lachpartikel und kurze Sprechpausen vor, was vermutlich Hinweise auf den „Political Correctness – Filter" (Nazarkiewicz, 2013) sind. Auffällig in dieser Sequenz ist noch, dass C seine Aussage in stark akzentuierter Weise als objektiv ankündigt und D dies zur gleichen Zeit lachend ausspricht.

0014	C	ich sags ganz
0015		[<<lachend>> offen und ehrlich weil >]
0016	D	[((lacht))]
0017	C	(.) das klingt wieder so
0018		dieses (.) aber das ich kling jetzt auch wieder voll böse aber dieses
0019		arme kleine mädchen stand da und da kam der BÖse große <<lachend>> inder und wollte hier (.) irgendwas > böses
0020	E	hä aber ((unverständlich))
0021	C	der konnte sich halt nicht anders artikulieren und in seinen augen hat er nix falsch gemacht und sie tut jetzt so als wäre er noch bis vor seine haustür gefolgt so
0022		natürlich war er bissl (-) hat er nachgebohrt macht man nicht (.) aber::
0023		((Auslassung, ca. 15 Sek.))

C erklärt seinen Vorwurf der Überspitzung und des Rassismus, indem er mit eigenen Worten erläutert, wie die Geschichte für ihn „klingt". Er lacht und kündigt seine Aussage als „offen und ehrlich" an, womit er die Aussagen wieder vorzubereiten scheint. Der Ausdruck „klingt wieder so" scheint eine Gereiztheit gegenüber dem Thema zum Ausdruck zu bringen. Der Einschub „ich kling jetzt auch wieder voll böse aber" macht deutlich, dass er sich seiner heiklen Aussagen bewusst ist und es auch nicht das erste Mal zu sein scheint, dass er sich in solch einer Weise äußert. Die karikaturistischen Übertreibungen „dieses arme kleine Mädchen stand da und da kam der böse große Inder und wollte irgendwas Böses" führen zu einer Abwertung. E wendet an dieser Stelle „hä aber" ein, worauf C jedoch nicht eingeht und weiterspricht. C rechtfertigt das Verhalten des Inders mit vermuteten sprachlichen Defiziten und nicht negativen Absichten. Der beteiligten Akteurin unterstellt er die nicht beschriebene Darstellung, dass der Inder ihr bis vor die Haustür gefolgt wäre. Auch hier findet durch die Verwendung von „sie tut jetzt so" eine Abwertung statt. Im Folgenden schwächt C seine vergangenen Aussagen zunächst ab, um diese dann aber wieder mit „aber" zu bekräftigen. Die gesamte Passage ist damit durch Merkmale der „Stereotypenkommunikation" (Nazarkiewicz, 2013, S. 75 f.) geprägt: stark affektmarkierte Bewertungen, Extremformulierungen, Vollziehen von Inszenierungen und Hyperbolisierungen. Die Gruppe wird an dieser Stelle von einem Kommilitonen unterbrochen. Es kommt zu einem kurzen Gespräch (ca. 15 Sek.) zwischen den Studierenden über das anschließende Englischseminar.

0024	C	schön dass wir (.) austauschen konnten
0025	D	doch ich stimm da voll zu
0026		(8.2)
0027	C	ok (.) cool
0028		(1.27)
0029	C	jetzt gehts der hoffentlich wieder gut und sie kann dem guten mann
0030		auch übern weg laufen ohne ne panikattakte zu bekommen ohne das jetzt klein zu reden
0031		(1.55)
0032	C	ähm (.) ja und ich hoffe der inder findet noch seine große liebe
0033	D	[ja (.) das stimmt]
0034	E	[((lacht))]
0035	C	das wünsch ich dem einfach
0036	E	((lacht))

Nach dem sich C für den Austausch bedankt und damit das Ende der Diskussion anzudeuten scheint, gibt D ihre Zustimmung. Worauf sie sich genau bezieht, erklärt sie nicht, und so wirkt es, als ob sie damit die Gesamtheit der Aussagen von C meint. C kommt danach noch einmal auf die Akteurin und den Akteur des Critical Incident zurück, indem er Aussagen über mögliche Aspekte in der Gegenwart und Zukunft der beiden anspricht. Der Akteurin gegenüber drückt er vermeintliches Mitgefühl aus, scheint aber mit der Unterstellung einer möglichen Panikattacke erneut darauf hinzuweisen, dass er ihre Reaktion als übertrieben wahrnimmt. Der erzeugte Ton von Ironie führt zu einer Abwertung des Empfindens der Akteurin. Dem scheint sich C bewusst zu sein, da er die Aussage „ohne es klein reden zu wollen" abschwächt. Dem Inder wünscht er, dass dieser „noch seine große Liebe findet". D stimmt dem explizit zu, während E's Reaktion ein zweimaliges Lachen ist, was daraufhin deutet, dass sie damit den nicht seriösen Ton von C's Aussagen hervorhebt und bekräftigt oder aber auch einen Tabubruch in seinen Aussagen registriert, den sie mit ihrem Lachen zu entschärfen versucht.

0038	E	aber ich versteh sie schon (.) ein bisschen
0039	C	NATÜR
0040		[LICH (.) also]
0041	D	[ja klar]
0042	C	ich denke als mädchen sieht man das auch nochmal anders als als junge
0043		und ich find auch ohne frage der hat vielleicht (.) bisschen (.)
0044	D	hartnäckig
0045		[(-) penetrant]
0046	C	[war bisschen zu penetrant und]
0047		hat sich ((unverständlich)) aber vielleicht (-) weil es (-) nicht (.) als falsch empfunden hat für sich
0048		vielleicht (.) aber es ist auch immer ein unterschied ob man sagt so << betonend > no please no >
0049		oder man das dann ein bisschen (.) explosiver sagt so jo lass mich mal jetzt in ruhe so

Nun reagiert E explizit und spricht der beteiligten Akteurin des Critical Incident ihr Verständnis aus. C und D reagieren beide prompt und stimmen E zu. C bringt an dieser Stelle die Kategorie des Geschlechts in die Diskussion ein. Er denkt, dass das Geschlecht einen Einfluss auf die Interpretation des Critical Incidents hat. Er fährt fort, indem er in abgeschwächter Form („vielleicht ein bisschen") das Verhalten des Akteurs in Frage stellt. D beschreibt das Verhalten als „hartnäckig" und mit dem wertenden Attribut „penetrant". Letzteres greift C auf, aber schwächt es dabei leicht ab. Er relativiert das Verhalten des Akteurs weiter, in dem er eine Rechtfertigung darin sieht, dass der Akteur sein Verhalten selbst nicht als falsch empfunden habe. Pausen und Absetzungen deuten auf eine Vorsicht in der eigenen Erklärung hin und möglicherweise auf das Bewusstsein über die heiklen Äußerungen. In den folgenden Aussagen scheint C der Akteurin des Critical Incident eine Mitschuld am Geschehen zu geben, denn es würde einen Unterschied machen, wie die Akteurin ihre Ablehnung kommuniziert.

0050	E	ich denke auch nicht dass das an der indischen kultur liegt sondern halt generell
0051	C	nee eben nich genau das find ich nämlich auch und in dem text wirkt das so
0052	E	ja
0053	C	als << lachend > ist bei denen normal
0054		[als so standard >]
0055	E	[ja (.) genau]
0056		korrekt
0057	C	genau das find ich auch

E geht nicht auf C's Aussagen ein, sondern bringt nun die Kategorie des kulturellen Hintergrunds in die Diskussion ein. Sie denkt, dass die „indische […] Kultur" des Akteurs keinen Grund für das Verhalten darstellt. C ist der der gleichen Ansicht und deutet mit „eben nich" und „nämlich" daraufhin, dass er dies auch schon geäußert hätte. Er kritisiert, dass der Text suggeriere, dass das Verhalten des Akteurs im Text als „normal" und „standard" wirke. E stimmt dem zu, und C bekräftigt erneut die Aussage von E.

0058	E	so was is mir halt auch passiert aber (.) halt nich mit nem inder so (.) also (.) von daher
0059	D	mich hat einer schon mal bis nach hause verfolgt ne
0060	E	weiß schon (-) ((unverständlich, ca. 1,5 Sek.))
0061	C	möchtest du auch noch mal mit der community hier teilen
0062	D	[nee möcht ich ehrlich gesagt nich]
0063	E	[((lacht))]
0064	D	ich fand das bisschen (.)
0065		[hat mir]
0066	C	[ja es tut uns leid] << lachend > nächste folge to be continued > ((lacht))
0067		lasst << lachend > zehntausend likes da
0068		[und ihr kriegt die geschichte >]
0069	D	[((lacht)]
0070		(2.17)
0071	C	so (-) ja (-)
0072		(2.22)
0073	C	jetzt zweite runde << lachend > mit details >

E erklärt, dass sie Ähnliches selbst erlebt habe, aber nicht mit einem „inder", womit sie die Kategorie des kulturellen Hintergrunds erneut relevant macht, aber mit „von daher" ebenso darauf hinweist, dass dieser nicht als Grund für das Verhalten des Akteurs dient. D antwortet mit einer eigenen konkreten, negativen Erfahrung. E's Hörerrückmeldung „weiß schon" und die Pause scheinen auf einen Ausdruck des Mitgefühls hinzudeuten. C reagiert darauf mit einer rhetorischen Frage, ob D diese Geschichte mit der Community teilen möchte. Dies könnte eine Anspielung auf das Podcast-Format der Gesprächssituation inkl. der Aufnahme über ein Diktiergerät sein. Mit dem eingebrachten Humor an dieser heiklen Stelle scheint C die Ernsthaftigkeit der Situation brechen oder bagatellisieren zu wollen. D verneint die Frage, was sie durch das „ehrlich gesagt" zusätzlich bekräftigt und damit die Situation erneut als heikel markiert. E reagiert zur gleichen Zeit auf die rhetorische Frage mit Lachen, was möglicherweise auf Unbehagen oder Unsicherheit hindeutet. D setzt zu einer Aussage an, wird aber von C unterbrochen. Er greift ihre Antwort, die Geschichte nicht erzählen zu wollen, auf und spielt die Situation des Podcast-Formats weiter. Er markiert seine Aussage durch Lachen und Lachpartikel als humorvoll. D reagiert auf die Aussagen von C nur mit einem Lachen, was wieder auf Unbehagen und / oder Unsicherheit hindeuten könnte. Die Pausen markieren ein Ende dieser Gesprächssituation, und C lenkt das Gespräch auf den zweiten Teil der Aufgabenstellung, die Diskussion mit Details.

0075	C	detailanzeige
0076	E	hä aber ich (.) wir ham
0077		[jetzt mit details (.) achso die details]
0078	C	[nei::n ((unverständlich))]
0079		(2.98)
0080	C	hostspots sind flirten
0081		(1.17)
0082	C	und kontaktfelder (-) freizeit
0083		(1.22)
0084	D	ja (.) cool (.) was solls auch sonst sein
0085		(1.47)
0086	C	weil man halt dasselbe wie im ersten teil und (.) dankeschön
0087	D	langsam wirds ((unverständlich))

Der Hotspot „flirten" und das Kontaktfeld „freizeit" werden von C vorgelesen. Diese Kategorien werden nicht weiter besprochen, und D entgegnet eine rhetorische Frage, was vielleicht auch ein Hinweis dafür sein könnte, es nicht weiter hinterfragen und mit der Diskussion zum Ende kommen zu wollen.

0088	A	in die details mit angeschaut?
0089	E	die details ham uns jetzt gar nix gebracht oder?
0090	C	na wir ham die details schon mit einbezogen weil wir ham schon drüber geredet
0091		dass es für uns eigentlich nichts mit kultur zu tun hat dass
0092		dass es mit JE:DER xbeliebigen anderen kombination an kultur hätte GENAU:SO passieren können
0093		(0.83)
0094	C	u:nd (-) ja wir haben eigentlich alles gesagt was wir sagen mussten
0095	D	gut
0096	C	wir finden die geschichte überspitzt formuliert (-) und wir finden nicht gut (.) dass es so rüber kommt als wärs normal in derjenigen kultur so penetrant zu sein

Die Wissenschaftliche Mitarbeiterin wird gerufen, um das Ende der Gruppendiskussion anzuzeigen (dies wurde bei Ausgabe der Diktiergeräte besprochen). Nach ihrer Nachfrage, ob auch die Details, also die Kategorisierung zur Critical Incident Narration mit angeschaut wurden, antwortet E, dass diese für die Gruppe keinen Mehrwert gehabt hätten. C antwortet auf die Nachfrage, dass sie diese schon in die Diskussion mit einbezogen hätten und gibt einen Einblick in den Inhalt ihrer Diskussion, den er in der Wir-Form formuliert. Nach C steht die Kategorie Kultur in keinem Zusammenhang zum Erlebnis und es hätte in einer anderen kulturellen Kombination ebenso verlaufen können. Mit der starken Betonung von „jeder" und „genauso" versucht er seiner Aussage zusätzlich Nachdruck zu verleihen. Er resümiert, dass die Gruppe alles gesagt hätte, was beantwortet werden sollte. Dies ist vermutlich ein Hinweis an die Wissenschaftliche Mitarbeiterin, dass die Aufgabenstellung erfüllt wurde. D bestätigt daraufhin mit „gut" das Ende der Diskussion. C wiederholt zum Schluss noch einmal seine Aussage vom Anfang, dass die Geschichte überspitzt formuliert sei, drückt es an dieser Stelle aber in der Wir-Form aus. Er erklärt weiter, dass es rüberkäme, als würde dargestellt werden, dass das penetrante Verhalten in der beschriebenen Kultur normal wäre, womit er erneut eine Aussage von sich wiederholt.

4. Zusammenfassung und Fazit

Das Erkenntnisinteresse des vorliegenden Beitrags lag darin, zu untersuchen, wie Critical Incident Narrationen durch Studierende besprochen werden, wenn keine direkte Beobachtung und Leitung durch eine Lehrkraft stattfinden. Dabei rückte speziell die Verhandlung von Kategorien in den Fokus.

In Gruppendiskussion 1 macht A direkt zu Beginn die Kategorie des kulturellen Hintergrunds relevant. Zwar gibt er hierzu eine Vermutung ab, jedoch ohne klare Anhaltspunkte dafür in der Narration erkennen zu können. B äußert eine konkretere These, die er an stereotypem Wissen festmacht. Wenngleich B damit A's Vermutung offen infrage stellt, bemüht er sich während der gesamten Diskussion, sich mit seinem Wissen nicht zu weit in den Vordergrund zu stellen. Die Kategorie des kulturellen Hintergrunds bzw. die Kritik an einer für falsch gehaltenen Kategorie wird hier behutsam und zurückhaltend verhandelt.

B gibt A Raum für dessen weitere Gedanken und Überlegungen. So wird A durch die Lektüre der Narration mehrfach zur Reflexion darüber angeregt, welche Erfahrungen er selbst gemacht hat und wie sich eine solche Situation in Deutschland gestalten würde. Mit der Offenlegung darüber, wo das Ereignis stattfand, sieht B seine These bestätigt. A reflektiert daraufhin erneut die eigenen Erfahrungen. Er gelangt zu der Erkenntnis, dass dem besprochenen Fall eine gesellschaftliche Regelung zugrunde liegt, die er in dieser Form in Deutschland so nicht erkennen kann. In der Reflexion über die Webanwendung und die Kategorisierungen erfasst A die Subjektivität der Erfahrungsgeschichten.

In Gruppendiskussion 2 stand weniger der kulturelle Hintergrund als vielmehr ein Genderthema im Fokus der Diskussion. Die Gruppe scheint sich einig darüber zu sein, dass der kulturelle Hintergrund des Akteurs keine Relevanz für die beschriebene Situation besitzt. Von C wird die Benennung des kulturellen Hintergrunds sogar kritisiert. Mit „als mädchen sieht man das auch nochmal anders als als junge" (0042) hebt C metareflexiv das Geschlecht der Interpretierenden zudem als entscheidenden Filter für die gesamte Interpretation des Critical Incidents hervor. Mit *Hotspot* und *Kontaktfeld* werden zwar zwei weitere Kategorien der Webanwendung angesprochen, jedoch nicht weiter diskutiert oder hinterfragt.

Während Gruppendiskussion 1 durch zurückhaltende Beiträge beider Personen gekennzeichnet ist, gibt es in dieser Gruppendiskussion mit C einen sehr dominanten Teilnehmer, der das Gespräch häufig an sich zieht.

C gibt D und E deutlich weniger Raum, Gedanken näher zu erläutern. So sind die Aussagen von D und E zum Verständnis für die Akteurin des Critical Incident und zu Erinnerungen an eigene heikle Erfahrungen, durch Unterbrechungen und Relativierungen von C gekennzeichnet.

Die Betrachtung der beiden Gruppen macht deutlich, dass der Fokus der Diskussionen jeweils sehr unterschiedlich gesetzt wurde. Jedoch löste die Lektüre der Narrationen in beiden Gruppendiskussionen Reflexionen über eigene Erfahrungen aus. Diese wurden dabei beschrieben und auch in Bezug zur Narration gesetzt. Zudem ließen sich Ansätze von Perspektivenwechsel erkennen. Diese hatten jedoch auch ihre Grenzen, da meist die Perspektive derjenigen Akteur*innen im Vordergrund standen, denen sich die Studierenden vermeintlich „näher" fühlten.

In beiden Diskussionen lassen sich bei der Besprechung verschiedener Kategorien Merkmale von Stereotypenkommunikation und des Political Correctness Filters finden.

Das Bewusstsein für die Subjektivität der Critical Incident Narrationen schien in beiden Gruppen vorhanden zu sein. Es ist jedoch kritisch zu bewerten, dass die vorgenommene Kategorisierung in der Webanwendung nicht weiter hinterfragt und reflektiert wurde. Gerade in Bezug auf die kulturellen Hintergründe wurde der deutsche Hintergrund meist unkommentiert vorausgesetzt.

Meines Erachtens bietet die Betrachtung eines solchen Materials Potenzial für weiterführende Untersuchungen, wie beispielsweise die Bedeutung der Erkenntnisse für einen pädagogischen Einsatz. Mögliche Fragestellungen könnten hierbei sein: Was bedeuten die Erkenntnisse in Bezug auf die Arbeit mit so einer Art von Datenmaterial? Wie sollte eine Lektüre von Critical Incident Narrationen bestmöglich vor- und nachbereitet werden? Eignet sich solches Material möglicherweise zur Dokumentation und Überprüfung von Lernprozessen?

5. Literatur

Deppermann, Arnulf (2008). Gespräche analysieren. Eine Einführung. Wiesbaden: VS Verlag für Sozialwissenschaften.

Fetscher, Doris (2010). 75m Schwimmen: Kritische Fallgeschichten in der interkulturellen Lehre. In Gabriele Berkenbusch; Doris Weidemann (Hrsg.), Herausforderung internationale Mobilität. Auslandsaufenthalte im Kontext von Hochschule und Unternehmen. Kultur-Kommunikation-Kooperation (S. 67-87). Stuttgart: ibidem.

Fetscher, Doris; Klein, Susanne (2020). Wissensplattform für Critical Incidents und interkulturelle Erfahrungen. In Nadine Rentel; Patricia von Münchow. Enjeux et défis du numérique pour l'enseignement universitaire / Chancen und Herausforderungen der Digitalisierung in der Hochschullehre. Berlin: Peter Lang.

Heringer, Hans Jürgen (2017). Interkulturelle Kommunikation. Tübingen: Narr Francke Attempto.

Loos, Peter; Schäffer, Burkhard (2001). Das Gruppendiskussionsverfahren. Theoretische Grundlagen und empirische Anwendung. Opladen: Leske+Budrich.

Nazarkiewicz, Kirsten (2013). Hürden und Lösungen in interkulturellen Settings. In Katharina von Helmolt; Gabriele Berkenbusch; Wenjian Jia (Hrsg.), Interkulturelle Lernsettings. Konzepte - Formate - Verfahren. (S. 43-84). Stuttgart: ibidem.

Schumann, Adelheid (2012). Critical Incidents als Forschungsinstrument und als Trainingsgrundlage. In Adelheid Schumann (Hrsg.), Interkulturelle Kommunikation in der Hochschule. Zur Integration internationaler Studierender und Förderung Interkultureller Kompetenz (S. 55-79). Bielefeld: transcript.

Internetquellen

https://nils.fh-zwickau.de (10.04.2022).

Anhang

A1 Verwendete Transkriptionskonventionen

A [ja genau]	Überlappungen und Simultansprechen
B [ja]	
(.)	Mikropause
(-)	kurze Pause
(0,7)	Gemessene Pause
überSPITZT	Betonende Sprechweise
((unverständlich, ca. 1 Sek.))	Unverständliche Textpassage
ähm::	Dehnungen
<<lachend> >	paraverbaler Deskriptor
((lacht))	Beschreibung des Lachens

Die Squenzierung wurde automatisch durch die Transkriptionssoftware Volker generiert.

A2 Besprochene Critical Incident Narrationen

1 An der Bushaltestelle

Nach einer Einkaufstour in der Stadt wollte ich den Bus wieder zurück zu meiner Unterkunft nehmen. Ich lief zu der Bushaltestelle, an der mein Bus normalerweise abfuhr und stellte mich neben das Haltestellenschild, ich war noch vollkommen allein. Da ich noch 10 Minuten zu warten hatte, schaute ich mir meine Nachrichten auf dem Handy an und blendete das Geschehen um mich herum vollkommen aus. Als ich wieder von meinem Handy aufschaute, hatte sich eine Schlange von 5 Personen neben mir gebildet, die alle in einer Reihe standen. Da ich den Bus schon kommen sah, machte ich mich bereit um einzusteigen. Der Bus hielt kurz vor mir und ich wollte gerade als Erste einsteigen, da zog mich ein älterer Mann aus der Schlange neben mir grob am Arm zurück und sagte mir, ich soll mich hinten anstellen. Überrumpelt stellte ich mich hinten in der Schlange an, die noch länger geworden war und stieg fast als Letzte ein. Ich war wütend über das respektlose Verhalten des Mannes, der mich zurückgezogen hatte, da ich doch die Erste war, die an der Haltestelle gewartet hatte.

Kategorisierung	Wert
Herkunft	selbst erlebt
Datenmaterial	Originalerzählung / Primärdaten
Erzählperspektive	Erste Person
Interaktionart	Co-Präsent
Kommunikationsebenen	verbal, non-verbal
Das Erlebnis findet statt in	England, in einem Land, Südengland, Eastbourne
Kontaktfelder	Sprachreise
Hotspots	Respekt zeigen
Sprachen, in denen kommuniziert wird	siehe Akteure
Akteure	zwischen 60 und 70 Jahre, männlich (Engländer), (Englisch); zwischen 15 und 16 Jahre, weiblich (Deutsche), (Englisch)
Autor*in	zwischen 15 und 16 Jahre, weiblich (Deutsche)

2 But I like you.

Eine Freundin erzählte, sie sei auf dem Weg von der Hochschule nach Hause von einem jungen Mann angesprochen wurde. Er sprach sie auf gebrochenem Englisch an und erzählte ihr er komme aus Indien und wohne jetzt in Deutschland. Er sagte, er hätte sie schon oft gesehen und dass er sie "sehr schön" findet. Ihr war das etwas unangenehm, bedankte sich verlegen, weil sie nicht unhöflich sein wollte und versuchte sich zu distanzieren. Er fragte nach ihrer Telefonnummer, aber sie sagte sie möchte ihm die nicht geben und würde jetzt weiter müssen. Er fragte sie, wie sie sich denn treffen wöllten, wenn er ihre Telefonnummer nicht hat. Sie sagte, dass es ihr leid tue, aber sich nicht mit ihm treffen möchte. Er hingegnete nur immer wieder "but I like you". Auch als sie sagte, dass sie kein Interesse und einen festen Freund hat, lies er nicht locker. Langsam ging es ihr zu weit, sie sagte deutlich "Nein, tut mir leid. Ich muss jetzt los." drehte sich um und ging. Wenn sie ihm in Zukunft begegnete fühlte sie sich immer unbehaglich und wich seinem Blick aus.

Kategorisierung	Wert
Herkunft	selbst erlebt
Datenmaterial	Originalerzählung / Primärdaten
Erzählperspektive	Dritte Person
Interaktionart	Co-Präsent
Kommunikationsebenen	para-verbal, non-verbal, verbal
Das Erlebnis findet statt in	Deutschland, in einem Land,
Kontaktfelder	Freizeit
Hotspots	Flirten
Sprachen, in denen kommuniziert wird	siehe Akteure
Akteure	zwischen 18 und 21 Jahre, weiblich (deutsch), (Englisch)
Autor*in	zwischen 18 und 21 Jahre, weiblich (deutsch)

Beatrix Kreß

"Teens do WHAT in Germany?!" Youtube-Tagebücher als Dokumentationen kritischer Interaktionssituationen?

1. Einleitung

Der Einfluss der inzwischen nicht mehr ganz so neuen digitalen und sozialen Medien auf gesellschaftliche Diskurse und damit auch auf die interkulturelle Kommunikation ist sicher nicht zu unter-, vielleicht aber auch nicht zu überschätzen (vgl. u. a. Dutton, 2013; Bucher, 2019). In Arbeiten zur interkulturellen Kommunikation wird immer wieder auf die Erweiterung interkultureller Begegnungen durch die verbindende Leistung des Internets verwiesen (z. B. Lüsebrink, 2016, S. 2; Broszinksy-Schwabe, 2017, S. 4 f.). Es überrascht insofern nicht, dass das Videoportal YouTube eine schier unüberschaubare Anzahl von Clips anbietet, die kulturell markiert werden durch Titel, in denen kulturelle Erfahrungen oder Erklärungen angekündigt werden. Das Spektrum ist weit und reicht von Erklärvideos für Deutschland auf dem YouTubekanal der Deutschen Welle bis zur Frage „Which Country Do You Love / Hate The Most?" des Weltreisenden Gustav aus Dänemark. Auffällig sind die zahlreichen Kanäle von Personen, die ihren Auslandsaufenthalt als Aupairs, Studierende, Expatriates, aber auch (Ehe-) Partner*innen und ihre dabei gemachten Erfahrungen dokumentieren. „Culture Shock" und „Reverse Culture Shock"-Videos zeugen davon, dass gewisse Gemeinplätze der Interkulturellen Kommunikation ihren Weg in populäre Medien und Genres gefunden haben.

Es stellt sich die Frage, inwiefern einige dieser Formate tatsächlich Erzählungen kultureller Erfahrungen darstellen, wie sich in ihnen Be- und Verarbeitungsprozesse interkultureller Begegnungen ausgestalten und Kultur und Differenz prozessiert werden. Die Perspektive auf die sprachlichen Bearbeitungsprozesse kultureller Differenz wird im Zusammenhang mit dem CI / KI-Konzept (vgl. u. a. Leenen, 2007, S. 774, Utler u. Thomas, 2010; Schumann, 2012, S. 56 ff.; Groß u. Leenen, 2019) – ausgehend von einem weitestgehend traditionellen CI Verständnis, wie es beispielsweise bei Brislin et al., 1986 etabliert ist – diskutiert. Fokussiert werden somit die Fragen, ob die entsprechenden Beiträge CIs aufrufen sowie eine spezifische Gattung im Rahmen kultureller und interkultureller Erzählungen darstellen und schließlich, wie sich diese ggf. ausgestalten.

2. YouTube: Gattungen und Narrative

Das Netz als partizipatives Medium hat die Möglichkeiten der Kommunikation – oder zumindest des individuellen sich Äußerns – potenziert. Dabei schreibt der „Erzählraum Internet [...] wie jeder Raum mit an den Gedanken und Erzählungen, unabhängig davon, ob diese in diesem Raum oder in Bezug auf diesen Raum entfaltet werden. Er inspiriert, feuert an, erweitert den gedanklichen Horizont und setzt seine Grenzen" (Schachtner, 2016, S. 77).

Die Ausformungen der Kommunikationen unterscheiden sich zwischen den medialen Settings zum Teil deutlich, was natürlich an den durch das jeweilige Medium vorgegebenen Rahmungen liegt (z. B. durch Zeichenbegrenzungen). Neben Globalität und Multimodalität sind wesentliche und die Form beeinflussende Strukturmerkmale der digitalen Kommunikation die Interaktivität, Dynamik und Vernetztheit der Kommunikation (Schachtner, 2016, S. 77 ff.), die dazu führen, dass neue Formate des Kommunizierens gemeinsam hervorgebracht werden. So sind auch die bekannten kommunikativen Gattungen, Textsorten oder Diskurstypen bzw. Ethnotypologien und -kategorien von Kommunikation (vgl. u. a. Günthner u. Knoblauch, 1997 Krause, 2000; Adamzik, 2004; Luginbühl u. Perrin, 2011) hier medienspezifisch umgesetzt und variiert. Darüber hinaus entstehen neue Genres der sprachlichen Verständigung wie *Hauls, Unboxing-Videos* oder *Food Diaries*. Diese Gattungsbezeichnungen verweisen darauf, was in diesem Raum als erzählenswert gilt, es geht häufig um Konsum oder Konsumption unterschiedlichster Produkte. Nünning und Rupp (2012, S. 3) sehen die Arten und Weisen des Erzählens aber als vielfältig an, „[...] die neuen narrativen Genres und Formate im Internet umfassen ästhetische ebenso wie alltägliche und geschäftsbezogene Zusammenhänge; sie schließen literarisch geprägte Formate ebenso ein wie ‚Wirklichkeitserzählungen'". Das Netz ist zu einem Ort geworden, der Erzählungen bereithält, auf die sich „Kulturen und Kollektive" (Nünning u. Rupp, 2012, S. 37) beziehen und die damit zur kollektiven Identitätsbildung beitragen.

Die individuelle und kollektive Identitätsbildung beruht dabei auf und mündet in kulturelle Erzählungen, die geografische, kulturelle und sprachliche Grenzen überschreiten (Schachtner, 2016, S. 114) und in denen neben der Vernetzung mit dem Anderen auch das schlichte Demonstrieren und Erklären des eigenen Erlebens eine erhebliche Rolle spielen. Im Videoportal YouTube findet sich so reichlich selbst kreierter kultureller Content. Die besonders populären „Culture Shock"-Videos von US-amerikanischen Beiträgerinnen, die ein Schuljahr, ein Semester oder ein Praktikum in Deutschland absolvieren, kommen dabei durchaus auf fast eine Millionen Aufrufe (vgl. z. B. Montana Showalter, *German CULTURE SHOCKS as an American Exchange Student*).

3. Interkulturalität erzählen

Die hier betrachteten Vlogs / Videobeiträge eröffnen einerseits den *kulturellen* Erzählraum, indem sie über kulturelle Gepflogenheiten und Standardisierungen wie auch über kritische Interaktionen in diesem Zusammenhang berichten. Andererseits werden sie als medienspezifische Ausprägung der Gattung *Erzählung* verstanden, die dem inzwischen recht inflationär gebrauchten Begriff des Narrativs nahestehen (vgl. Schneider, 2017).

In vielen Arbeiten aus der Interkulturellen Kommunikation wird die kulturelle Erzählung als eine erzählerische Auseinandersetzung mit kultureller Erfahrung (vgl. Müller, 1995; Roth, 2000, 2004; Kim, 2017) betrachtet. Ist der Ausgangspunkt der Erzählung eine konflikträchtige, kritische Interaktion, die auf ein interkulturelles Missverständnis zurückgeführt werden kann, kann diese verdichtet werden zu einem Critical Incident, der didaktisch genutzt wird (vgl. u.a. Utler u. Thomas, 2010; Groß u. Leenen, 2019).

Eine sehr klare Vorstellung, wie die konversationelle Erzählung konstituiert wird und welchem Plan sie folgt, hat die linguistische Gesprächs- und Erzählforschung, in Deutschland zuerst mit den Arbeiten von Quasthoff (1980), Labov und Waletzky (1973) und Labov (1978) deutlich manifestiert. Sie alle arbeiten fakultative Strukturmomente der Erzählung wie Abstract, Orientierung, Handlungskomplikation, Evaluation, Resultat und Coda heraus.

Auch traditionelle schriftlich fixierte CIs verfügen über erzähltypische Strukturen. Während Abstract und Coda als Ein- und Ausführung aus der Geschichte aufgrund der fehlenden konversationellen Einbindung und der schriftlichen Fixierung der Incidents entfallen können, muss die Orientierung und die Handlungskomplikation zur Erfüllung des didaktischen Zwecks vorkommen: „George is an American salesman working for a multinational company in Spain. He had expressed an interest to his Spanish colleagues in attending a bullfight (...)" (Brislin, Cushner, Cherrie u. Yong, 1986, S. 60). Dieser Exposition folgt in der Regel die Komplikation: „As the bull was let out George jokingly asked the others, ‚So who's going to win? I'll put my money on the bull.' The rest suddenly became silent, and one of his fellow salesmen remarked tartly, 'You Americans know nothing.'" (Brislin, Cushner, Cherrie u. Yong, 1986, S. 60). Die Evaluation wird dann – aus didaktischen Gründen – in großen Teilen zunächst in die Hände des Rezipienten gelegt: „What explanation would you give to George as to how he had given offense?" (Brislin, Cushner, Cherrie u. Yong, 1986, S. 60).

Die mündliche Erzählung findet in einer Interaktion unter Kopräsenz von Sprecher*in und Hörer*in statt. Daher ist ein Zuschnitt auf Situation und antizipiertes Hörerwissen anzunehmen und gewissermaßen notwendig (vgl. Quasthoff, 1980, S. 45). Der didaktisierte schriftliche Critical Incident hingegen ist nicht nur kondensierter aus didaktischen Gründen, sondern auch abstrahiert von einem konkreten Rezipienten. Dies führt zu einer veränderten Erzählweise, wenngleich der grundlegende Erzählablauf erhalten ist. Im Netz wiederum verlagern sich narrative Strukturen in (bewegte) Bilder, Ton und Musik (vgl. Boyd, 2008; Meyer, 2012). Gleichzeitig liegt eine spezifische Kommunikationskonstellation vor: Ungeachtet dessen, ob mündlich (wie im YouTube-Clip) oder schriftlich (wie im YouTube-Kommentar) kommuniziert wird, handelt es sich um die textuelle Überwindung einer zerdehnten Sprechsituation (Ehlich, 1989, S. 91). Der Text zeichnet sich dabei durch eine breite, nicht spezifizierte Rezipient*innenadressierung aus. Insofern muss sich die textuell verarbeitete kulturelle Erfahrung in einem digitalen Medium anders gestalten als eine konversationelle Erzählung.

4. Korpus und methodische Vorbemerkungen

Die folgenden, transkribierten[1] Auszüge aus YouTube-Beiträgen sollen vor dem Hintergrund der skizzierten Fragestellungen betrachtet werden. Als erstes Auswahlkriterium wurde die durch die Titel angezeigte kulturelle Interpretation der Produzent*innen herangezogen sowie die Profile (Kanalinfo) von YouTuber*innen, in denen diese sich selbst als kulturelle

---

[1] Alle Videos wurden in Exmaralda transkribiert. Aus Formatierungsgründen werden sie in diesem Beitrag in leicht veränderter Form dargestellt.

Sprecher*innen bezeichnen. Die Plattform YouTube wurde also zunächst gezielt nach diesen Inhalten mittels einer Stichwortsuche durchsucht, die letztendliche Auswahl der YouTuberinnen geschah einerseits nach dem Kriterium, eine gewissen Bandbreite abzudecken (leicht unterschiedliche Lebenssituationen und soziodemografische Varianz, v.a. hinsichtlich des Alters und beruflichen Status – Schülerinnen, Berufsanfängerinnen, junge Mütter). Anderseits ist sie dennoch, vor allem angesichts der Fülle der Profile, von einem gewissen Zufall bestimmt (s.u.).

Zur Illustration wird im Folgenden das Profil von Antoinette Emily gezeigt:

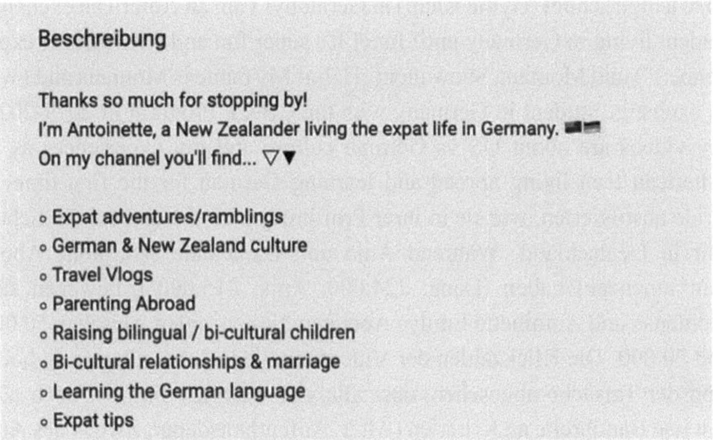

Beschreibung

Thanks so much for stopping by!
I'm Antoinette, a New Zealander living the expat life in Germany.
On my channel you'll find... ▽▼

o Expat adventures/ramblings
o German & New Zealand culture
o Travel Vlogs
o Parenting Abroad
o Raising bilingual / bi-cultural children
o Bi-cultural relationships & marriage
o Learning the German language
o Expat tips

Abbildung 1: Screenshot Kanalinfo Antoinette Emily

Gleich mehrmals verweist die YouTuberin auf Kulturalität und Interkulturalität als zentralen Deutungshorizont ihres Kanals: ihre kulturelle Herkunft, ihre lebensweltliche Einordnung als Expatriate und Teil einer bikulturellen und bilingualen Familie. Dabei wird kulturelle Herkunft mit anderen biografischen Merkmalen verknüpft („Parenting abroad"). Durch Flaggen wird auf ikonischer Ebene die wesentliche Perspektive des Vlogs bzw. des Kanals wiederholt und abgesichert.

Lingua franca auf YouTube ist Englisch. Betrachtet habe ich zunächst vor allem Beiträge in Deutschland lebender YouTuberinnen, die ihre kulturelle Identität in ihrer Selbstdarstellung mit der deutschen Kultur kontrastieren, wie es exemplarisch im obenstehenden Profil angelegt ist („German & New Zealand culture"). Da das Vorgehen explorativ ist, konzentriere ich mich zunächst auf einige wenige Profile: die bereits erwähnte YouTuberin Antoinette Emily, schon seit einigen Jahren in Deutschland lebend, verheiratet mit einem deutschen Ehemann im Süden Deutschlands mit inzwischen drei Kindern. Weiterhin Dana mit ihrem Kanal „Wanted Adventure" (Kanalinfo: „Hey everyone! I'm Dana, an American from Florida living in Munich, Germany. On my YouTube channel I make videos about the cultural differences between Germany and the USA as well as my own personal experiences as an American living in Germany"). Sie lebt ebenfalls schon länger in Deutschland und hat einen deutschen Partner. Dem gegenüber stehen zwei YouTuberinnen, die nur eine begrenzte Zeit in Deutschland leben und einige Jahre jünger sind: Anja („I go to a high school (Gymnasium) in Germany! I am an American exchange student living in Germany until June! It's super fun and an awesome experience:)") und Montana Showalter („Hallo! My name is Montana and I was an exchange student in Germany with the CBXY Program in 2019-2020. My videos are about US vs German culture and my experiences as an American teen living abroad and learning German for the first time!"). Beide absolvierten, wie sie in ihrer Profilinformation angeben, ein Schuljahr in Deutschland. Während Anja und Dana eine sehr hohe Abonnent*innenzahl haben (Dana: 224.000, Anja: 815.000[2]), bewegen sich Montanas und Antoinette Emilys Abonnent*innenzahlen zwischen 50.000 und 70.000. Die Klickzahlen der Videos sind jedoch bei allen recht hoch. Von der Tatsache abgesehen, dass alle vier weiblich sind, ist doch eine gewisse Bandbreite an Kriterien (Alter, Aufenthaltsdauer, Zweck des Aufenthaltes) gegeben. Die Auswahl ist dennoch insofern zufällig, als dass es eine fast unüberschaubare weitere Anzahl von YouTuber*innen (und vor allem YouTuberinnen) gibt, die vergleichbar wären, z. B. *Haley Alexis / Denglish Leben* oder *Kelly does her thing*.

Das analytische Vorgehen im Folgenden ist zwiefältig: Es kann ausgehend von Kategorien der linguistisch geprägten Erzählforschung als deduktiv beschrieben werden. Es ist jedoch auch datengeleitet und induktiv, da die sprachlichen Mittel zum Ausdruck von kultureller Deutung und Differenz gesammelt und anschließend mit Hilfe einer in der Gesprächs- wie Textlinguistik verorteten diskursanalytischen Herangehensweise systema-

---

[2] Die sehr hohe Abonnentenzahl ist auch darauf zurückzuführen, dass Anja ihren Auslandsaufenthalt dokumentiert, aber auch sehr viele Kunsttutorials hochlädt, die sich großer Beliebtheit erfreuen.

tisiert werden, um sie im Hinblick auf ihre „Erzählhaftigkeit" und die darunter liegenden Bearbeitungsprozesse beurteilen zu können.

5. Erleben, Wissen, Ordnen: Culture Shocks

Obwohl die Profile es erwartbar machen, gestaltet sich die Suche nach CIs im engeren Sinne, aber auch nach Erzählungen kritischer Interaktionssituationen vergleichsweise schwierig. Dominiert werden die Kanäle von Videos, die wohl mit dem Begriff der Aufzählung oder der rein enumerierenden Dokumentation treffender zu charakterisieren wären. Gerade der bereits erwähnte Typ des Culture-Shock-Videos ist auf allen Kanälen vergleichsweise häufig vertreten. Antoinette Emily zeigt in einem ihrer Videos selbst an, dass es sich hierbei um eine Form handelt, die sich auch bei dem von ihr antizipierten Rezipient*innenkreis großer Beliebtheit erfreut: „so guys I know that a lot of you really enjoy this kind of culture shock type videos about sort of first impressions of Germany and that kind of thing" (My first culture shocks in Germany, 0:00:43). Damit wird nicht nur indiziert, dass der Kulturschock per se eine Ethnokategorie ist und diese textsortengenerierend bzw. -sortierend ist (s.o.), sondern auch, dass hier Erwartungen erfüllt bzw. Klickzahlen generiert werden sollen. Denn bei den Überlegungen zur Selbstdarstellung und dem Erzählen im Netz darf natürlich nicht vergessen werden, dass Wahrnehmung und deren Sichtbarmachung, die auch als ein Bewertungsmechanismus der Inhalte und der Produzent*innen der Inhalte gesehen werden kann, absolut essentiell für die zumindest in Teilen kommerziellen Zwecke dieser Kommunikation ist (vgl. Burgess u. Green, 2009, S. 6 ff.).

Thematisch arbeiten sich Videos dieser Art an Alltagsgegenständen, -wahrnehmungen und -erlebnissen ab: Essen, Preise, Einkauf, Verkehr. Darüber hinaus finden sich zu einzelnen lebensweltlichen Konstellationen, die als kulturell relevant eingestuft werden, spezifischere Dokumentationen der Differenz: etwa Weihnachten hier und im Herkunftsland im Vergleich, Wohnen, Kleidung und Schönheitsideale, Einkauf, Erziehung, Verabredungen etc. Gemeinsamer Nenner – darauf verweisen auch die Titel – ist der ordnende Zugriff. Es geht in unterschiedlicher Weise darum, den kulturell gedeuteten Raum nicht nur festzuhalten, Erlebtes als Erfahrung und Wissen[3] weiterzugeben, sondern auch, ihn zu ordnen, zu klas-

---

[3] Zum Überführen von Erleben in Erfahrung und Wissen und dessen Rolle für die interkulturelle Kommunikation vgl. auch Hormuth (2006).

sifizieren und zu vergleichen. Dabei gehen die drei mentalen Tätigkeiten ineinander über: Der Vergleich setzt ein *tertium comparationis* voraus (z. B. Weihnachten), das wiederum als Ergebnis eines Ordnungs- und Klassifizierungsprozesses gesehen werden kann (was ist ein Kulturschock?).

Dieser ordnende Zugang zeigt sich in vielen Beiträgen der ausgewählten YouTuberinnen durch wiederkehrende Strukturen auf der sprachlichen Oberfläche, die auf die jeweils notwendigen Bearbeitungsprozesse interkultureller Erfahrung verweisen. Auffallend sind zunächst die offensichtlich kategorisierenden sprachlichen Zugriffe, die sich bereits in den Überschriften ausdrücken. Häufig wird mit Hilfe von Numeralia der Eindruck von Ordnung und Überschaubarkeit angezeigt: „6 German Things America NEEDS" oder „8 Questions I have for Germans". In der Einleitung zu einem Video der Austauschschülerin Montana Showalter (*SUPER* Important Things Germany Taught Me) wird deutlich, dass die Kategorisierung als „Shock" oder, wie in diesem Fall, als „super important" natürlich auch mit werbender Funktion verwendet wird und die Ordnungsorientierung, die Aussagen über eine Kultur als Ergebnis eines mentalen Bearbeitungsprozesses darstellt, der das Unübersichtliche kategorisierbar und zählbar macht, bei einem genaueren Blick zu relativieren ist:

1	[00:07:1] [00:09:0]
	Hi everyone, welcome to my channel My name is Montana, if you didn't
2	[00:12:2]
	already know. I'm studying abroad here in Germany and today
3	
	I have seven things that are super duper important, I have •
4	[00:22:1]
	uh encountered in Germany or ((unverst.)) in the past few months
5	
	and I'm gonna make (a disclaimer) now
6	[00:24:3] [00:26:5]
	none of them are actually super duper important but they're just
7	
	funny things that I've learned here in Germany and I thought
8	[00:30:2]
	I would share • first I need a marker because • I have to have (a marker)

Das Video mit dem Titel „*SUPER* Important Things Germany Taught Me" (als solches ist das Video überschrieben) bzw. „*SUPER* Important Things I've learned" (dieser Schriftzug wird zu Beginn des Videos eingeblendet) kündigt zunächst nicht nur höchste Relevanz an, sondern auch einen aktivisch wie passivisch beschriebenen Lernprozess. Die Asterixe, die das fast schon ins Superlativ steigernde, in Versalien geschriebene „SUPER" rahmen, könnten zunächst vor allem auch als ein noch zusätzlich aufwertendes Moment erachtet werden, ebenso wie die Schreibweise in Großbuchstaben. Die graphische Aufwertung wird verbal in Fläche 4 mit „super duper" auch mündlich umgesetzt. Allerdings erfolgt in eben dieser Fläche bereits eine erste Herabstufung: Der Lernprozess wird hier zu einer bloßen Begegnung („encounter"). Die metakommunikative Ankündigung „I'm gonna make a disclaimer" ist dann schon keine Abstufung mehr, sie legt sich quasi performativ über die nun gegenteilige Kategorisierung, dass keines der nun folgenden Dinge – die Sprecherin bleibt durchgängig bei der semantisch unterbestimmten Bezeichnung als „things" – wichtig sei, vielmehr handelt es sich um „funny things", also wohl eher um Kuriositäten, die sie in ihrer Zeit in Deutschland kennengelernt habe. Sie gebraucht zwar auch in Fläche 7 das Verb „learn", hier geht es aber um die Semantik des Kennenlernens, nicht um einen Lernprozess im engeren Sinne. Aus Platzgründen nur an einem Beispiel gezeigt werden soll die eigentliche Aufzählung, die kleine Alltagsbeobachtungen und -gegenstände wie Kaugummis einer bestimmten Sorte, den Kauf gebrauchter Kleidung über eine App oder die Umsteigezeiten zwischen Zügen umfasst.

9	[01:06:0]
	The second thing that I have • uh really found important
10	
	to know in Germany is how to run like someone is chasing you,
11	
	in order to catch your connecting train
12	[01:18:0]
	because every single time I have taken a train with the Deutsche Bahn
13	
	I have had to run so fast to catch uh a connecting train
14	
	or when (you're) umsteigen or uh switching
15	[01:32:0]

16	and I... I literally don't think I've ever ran so fast in my life
17	than in these train stations and you got your suitcase,
18	And your bags, and everything, and we're running so
19	so fast because those trains they like take off uhm when they
20	say that they're gonna leave it's not like in the US really •
21	when you've got like ten minutes for someone's checking
22	your ticket or • uhm making sure that you have like an ID [01:58:0]
23	because in the German trains you get... you board the
24	train first and then while you're on the train people
25	will come through the train cars and check for the ticket and [02:07:7]
26	for your ID and I guess it... that definitely saves time
27	because you're responsible for having that before you get on [02:15:4]
	your train. The third thing that I find very important in Germany is •

Die Erörterung der zentralen Momente verläuft nach einem Schema, das auch dieses Beispiel demonstriert. Nach der Nummerierung wird das Faktum („thing") konkretisiert mit Hilfe eines Schlüsselbegriffs oder einer Schlüsselphrase (hier: „how to run"), welches das Wissen, um das es hier gehen soll, kondensiert. Dabei wird auch häufig expliziert, dass es um Wissen gehen soll (Fläche 9 / 10: „important to know", später auch „super super important information" oder „this logic"). Nach der Zuspitzung folgt eine Art Exemplifizierung bzw. Bezugnahme auf den eigenen Erfahrungshorizont und somit ein ansatzweise erzählendes Element, das jedoch bereits durchsetzt ist mit Ausdrücken, die Regelhaftigkeit oder Serialität implizieren. Erzählend und ereignisbezogen erscheint beispielsweise „we're running so fast" durch die Personaldeixis (eine Gruppe von mehreren Personen, die Sprecherin inkludierend) und das *Past Progressive*. Serialität wiederum wird expliziert durch die Phrase „every single time" (Fläche 12), ein regelmäßiges Vorkommen wird erreicht durch Pluralbildung in Kombination mit deiktischen Determinativen, die den weiteren Entfernungsgrad meinen (those trains) oder durch indefinite Proterme, die auf Substantive derart operieren, dass eine Identifizierung mit dem Einzelobjekt unterbleibt (a train). Abschließend wird dann eine tatsächliche Regel formuliert oder zumindest ein generalisierendes Resümee gezogen, das zumeist auch noch eine Kontrastierung mit der ursprünglichen, kulturell geprägten Normerwartung sucht und eine (meist positive) Bewertung enthält: „that definitely saves time" (Fläche 25).

Dieser Verlauf kann als typisch erachtet werden und soll an Auszügen aus einem Clip (My first culture shocks in Germany) von Antoinette Emily demonstriert werden. Auch hier wird zunächst das als different einzustufende Wissen kondensiert: „okay guys so another culture shock when I first came to Germany was breakfast time what Germans eat for breakfast." (0:03:30). Anschließend wird *breakfast time* einerseits exemplifiziert („One thing that really surprised me was how Germans have cold cut meats for breakfast, (…)", andererseits generalisiert: „In Germany, my goodness the breakfasts are very extravagant". Abschließend wird noch einmal resümierend die Erwartung gegengeprüft und das Neue positiv eingestuft: "(…) in New Zealand this is more of what you would have for lunch not for breakfast and I really like the German breakfast."

Durch die Reihung vergleichsweise profaner Alltagsgegenstände und -ereignisse, aber auch durch die abschließende Einstufung des Videos durch die Sprecherin, Montana, die den Beitrag (in einer Art Koda, auch wenn es sich hier nicht um eine Erzählung im engeren Sinne handelt) rahmt, wird angezeigt, dass zahlreiche der eingangs eingeführten Kategorisierungen und Bewertungen eigentlich einer Art humorvoll-ironischer Distanzierung dienen sollen:

79	
	Google searches like best places to visit in Germany.
80	[09:53:4] [09:51:4]
	Let's get back onto the video ((lacht)). Thank you so much
81	
	for watching this video. I hope you found it entertaining or •
82	
	I don't know • just interesting to learn about the

83	
	random • things that I've learnt living here. Hopefully you don't
84	
	video too seriously, it was supposed to • be kind of a joke.
82	[10:10:3]
	Thank you so much CBYX for giving me the opportunity to live

Der durch das Video vermittelte Text ist so in Summe als ein Resultat einer doppelten Bearbeitung zu sehen. Einerseits greift die Sprecherin Formulierungen aus dem einleitenden Text wieder auf, die sie – nun resümierend – weiter relativiert: „funny things" werden zu Beliebigkeiten, „random things", womit eine Reihung entsteht von „super important things", „super duper important (things)", „funny things" zu „random things". Die Herabstufung führt zusammen mit den eigentlichen Gegenständen, die „things" konkretisieren, zu einer komisch-ironischen Distanzierung, die das gesamte Video, wieder mittels metakommunikativer Einstufung, der Gattung des Witzes (Fläche 84, „kind of a joke") zuschreibt. Nicht zu vernachlässigen sind die behaupteten Sprecherintentionen. Mit nicht-faktischem Redehintergrund, „I *hope* you found it entertaining or •, I don't know •, just interesting" wird das Gesagte ebenfalls in seiner Relevanz für die Adressaten, aber auch für die Sprecherin, eingestuft.

Um das soeben Gezeigte zu abstrahieren und auf die bekannten Formen und Zwecke von CI-Erzählungen zu beziehen: Die betreffenden YouTuberinnen in Videos der „Culture Shock-Aufzählungskategorie" bearbeiten Kulturalität vor allem auf zwei Weisen: Zum einen versammeln sie Wissen unterschiedlicher Größenordnung, was im Grunde das alltägliche Erleben kultureller Differenz reflektiert. Dieses haben sie zwar als Differenz von wahrnehmbarer Größe vorgeordnet, u. a. indem sie es als „shock" oder „important" einstufen. Zum anderen nehmen Zuhörer*innen aber gleichzeitig teil an einer Art kondensiertem Reflexions- und Distanzierungsprozess. Die Differenz wird zunächst kausal verortet, die Normalitätserwartung wird mit dem neu zu erwerbenden Wissen kontrastiert. Dieses wird mit dem eigenen Wahrnehmen und Erleben verknüpft, anschließend wird es kanonisiert und bewertet. Dieses Vorgehen entspricht in einem sehr weiten Sinne Teilen der Modellierung der Struktur mündlicher Erzählungen bzw. deren linearem Verlauf: Es wird orientiert, eine Komplikation angedeutet und schließlich evaluiert und aufgelöst (vgl. Labov u. Waletzky, 1973). Erzählende Elemente spielen aber insbesondere im Rahmen der Verortung im eigenen Wahrnehmungsraum eine, wenn auch eher untergeordnete, Rolle. Dagegen steht das Informieren, das für das Erzählen oft nur bei fremdinitiierten Erzählungen funktional ist (vgl. Quasthoff, 1986, S. 156 ff.) und das Teilhabenlassen an der eigenen kulturellen Kompetenzentwicklung im Vordergrund.

6. Am ordnenden Prozess teilhaben

Erzählen ist ein Bewältigungsprozess, dahingehend herrscht in der Erzählforschung Einigkeit: Sei es, dass man es als Entlastung (Quasthoff, 1980, S. 149-151) bezeichnet, als Erkenntnisform (Lucius-Hoehne u. Deppermann, 2004, S. 20-29) oder als Rekonstruktions- und Integrationsleistung (Lucius-Hoehne u. Scheidt 2017, S. 236-238).[4] Teil dieser Bewältigung ist, wie zuvor gezeigt, das Ordnen. Das Ordnen selbst sowie das bereits Geordnete, kann als didaktisierende Aufbereitung verstanden werden. So erscheinen die zuvor gezeigten Aufzählungen als Repräsentationen bzw. Dokumentationen kultureller Differenz, die das Verständnis erleichtern können oder sollen.

Dabei ist auch zu beobachten, dass die YouTuberinnen ihren Erkenntnisprozess teilen. Sie zeigen, dass ihre Berichte Ergebnisse eines Reflexions- und Ordnungsprozesses sind, die im Hinblick auf ihre Deutung zumindest umstritten sein könnten. Montana formuliert dies fast schon explizit: „Ah I'm gonna start off with some of the less controversial uh uh differences and then towards the end I'm gonna talk more about the personality and social differences that I've noticed here." (German CULTURE SHOCKS as an American Exchange Student! 0:0:18). Es gibt also aus ihrer Sicht Differenzwahrnehmungen, die zumindest diskutabel sein könnten.

Diese potentielle Strittigkeit ihrer Beobachtungen und insbesondere der von ihnen an den Beobachtungen vollzogenen ordnenden Handlungen zeigt sich an zahlreichen Strukturen auf der sprachlichen Oberfläche. Besonders auffällig ist die häufige Verwendung epistemisch modaler Ausdrücke (im folgenden Beispiel „would be"), Hedges (*propably, rather*), Verba cogitandi u. ä., um das Gesagte als epistemisch / nicht faktisch zu rahmen, die Geltung des Gesagten einzuschränken und Widersprüchlichkeiten zu verdeutlichen. Dies geschieht insbesondere dann, wenn

---

[4] Zur Entlastungsleistung kultureller Erzählungen vgl. auch Müller (1995) und Roth (2000, 2004).

Erklärungen zur neuen Umgebungskultur formuliert werden, was bereits die richtige Benennung einer Realie betreffen kann:

> For simplicity purposes I say high school in my title because I can assume that most people from Germany know what high school is and I can assume that people from the United States and other areas know what high school is but I can't always assume that everyone knows what Gymnasium is and that's really the type of school I'm going to is a Gymnasium which I suppose would be a higher level than a normal high school than it would be in the United States but that also depends where you're living and what school you're going to. ((ruft)) you know it's always complicated stuff.
>
> AMERICAN EXCHANGE STUDENT GOES TO GERMAN HIGH SCHOOL :) yay, 0:00:48.

Der resümierend als "complicated stuff" eingeordnete Zusammenhang betrifft zunächst lediglich eine Benennung, auf den zweiten Blick jedoch das gesamte Schulsystem und damit eventuell deutlich brisantere Fragen, was die Sprecherin zu begründendem Handeln veranlasst. Dieses geht aber wieder mit Annahmen einher, deren Geltung sie vorsorglich potentiell in Frage stellt durch zahlreiche Verba cogitandi („I can assume", „I can't assume", „I suppose"). Es wird also Wissen kommuniziert, bei dem sie einerseits ein Verstehensproblem beim Gegenüber antizipiert[5] durch die Einschränkung der Faktizität als bloß Angenommenes, Geglaubtes, aber nicht Gewusstes wird jedoch eigener Zweifel verdeutlicht wie auch Zweifel des Gegenübers vorweggenommen.

Ein ähnliches Beispiel, das jedoch nicht die Verwendung von Ausdrücken rechtfertigt, sondern eine Erklärung für eine als überraschend (bzw. schockierend) wahrgenommene Differenz anbietet, findet sich bei Antoinette Emily:

> I think the reason for this is that in Germany there are a lot of long-term renters and so people will rent places for years and years and years and they will want to have their own kitchen and their own appliances and that kind of thing which totally makes sense. And I think it's kind of nice when I think about it, you know you've got your own kitchen and you know that that kitchen is yours and you can bring it with you if you move on to another place, so we actually ended up finding an apartment with a kitchen already in there. So it's definitely you know, it's possible in Germany to find apartments with kitchens already installed but I think it's more common for the apartment to not have a kitchen and you have to bring it with you so that was an interesting concept guys.
>
> MY FIRST CULTURE SHOCKS IN GERMANY, 0:06:30

---

[5] Zum Handlungsmuster des Begründens vgl. Ehlich und Rehbein (1986), Hohenstein (2006).

Auch hier endet die Sprecherin mit einer resümierenden Bewertung. Zuvor fällt die Häufung von Verba cogitandi auf, die die Erklärung des Konzeptes – Küchen in Mietwohnungen werden von den Mietern selbst erworben und eingebaut – begleiten. Wissen wird hier nicht eindeutig als fraglos Gegebenes, sondern als ein „so-wie-es-mir-scheint" (Schütz, 1972, S. 89) formuliert. Gleichzeitig stellt die Sprecherin nicht nur eine Erfahrung als Wissen dar, sondern versucht eine erklärende Einordnung und Verknüpfung mit weiteren Wissensbeständen über die andere Kultur, etwa die Tendenz zu langfristigen Mietverhältnissen anstelle eines Erwerbs von Eigentum. Auch hier wird Zweifel antizipiert bzw. die Geltung vorsorglich eingeschränkt: Neben der Verwendung von Verben des Glaubens und Meinens werden weitere Operatoren der Unterbestimmtheit verwendet (kind of, you know).

Deutlich wird, dass sich die Sprecherinnen beim Verfertigen ihrer Erfahrung in Wissen und dessen Kategorisierung in einer Art höherer Ordnung, bspw. Herstellung eines gemeinsamen Deutungshorizontes / eines tertium comparationis, durch Subsumption unter einer bestimmten Begrifflichkeit, durch die Herstellung von Kausalität oder die Vernetzung mit anderen Wissenskomplexen der potentiellen Strittigkeit ihrer Deutung bewusst zu sein scheinen und dieser auch sprachlich zuvorkommen wollen. Gleichzeitig nimmt man als Zuhörer*in / Zuseher*in am Verfertigen des ordnenden Prozesses quasi teil, indem der eigene und der antizipierte fremde Zweifel mitdiskutiert werden.

7. Erzählungen kritischer Interaktionen: As a parent

In den diskutierten Beispielen lassen sich erzählerische Elemente ausmachen, die einer narratologischen Interpretation zugänglich sind, jedoch keine Erzählung im engen Sinne darstellen. Was ihnen fehlt, ist die Geschichte, der Plan, dessen Bruch den Erzählwert, die *reportability* des Erlebten ausmacht (vgl. Quasthoff, 1980, S. 52-57). In CIs ist das Unvorhergesehene kultureller Differenz zuzuschreiben und damit die Ressource, die für den Planbruch verantwortlich gemacht wird.

Neben „Splittern" von Erzählungen, die eingebettet sind in aufzählenden Darstellungen kultureller Differenz, finden sich tatsächlich auch – wenngleich deutlich seltener – umfangreiche Erzählungen im engeren Sinne. Eine solche Erzählung soll im Folgenden exemplarisch und kondensiert dargestellt werden, um einige Besonderheiten dieses Formats herauszuarbeiten.

Die Erzählung *The biggest parenting fail I've made in Germany,* der zum damaligen Zeitpunkt zweifachen Mutter und Neuseeländerin (s.o.) Antoinette Emily nimmt ihren Ausgangspunkt darin, dass sie und ihre Kinder verschlafen, da ihr Mobiltelefon nicht aufgeladen war und deshalb der Wecker nicht klingelt. Da sie auf dem Land leben und auf den Bus angewiesen sind, stellt sich schnell heraus, dass die ältere, schulpflichtige Tochter es nicht mehr rechtzeitig zum Schulunterricht schaffen wird. Die Erzählerin beschließt, in der Schule anzurufen und die Tochter für den heutigen Tag zu entschuldigen. Da sie den Anruf als sprachlich herausfordernd einstuft, wählt sie eine für sie einfach zu bewältigende Formulierung, ihre Tochter habe einen Termin. Entgegen ihrer Erwartung hakt die Sekretärin der Schule jedoch nach: Welcher Art der Termin sei? Es handele sich um einen Sprechstundentermin bei einem Arzt. Die Sekretärin erläutert, dass es üblich sei, einen Arzttermin vorab anzukündigen und ein Attest beizubringen. Dieses Dokument solle die Mutter nun nachreichen. Antoinette Emily wendet sich daraufhin an unterschiedliche Personen in ihrem Umfeld mit der Bitte um Rat, denn eine Dokumentation des Arztbesuches kann sie nicht beibringen. Insbesondere ihr Ehemann reagiert verärgert („he was actually quite annoyed at me" (6:10)) und verweigert die Unterstützung. Eine Mail, die sie schreiben und in der sie behaupten möchte, sie habe die Daten verwechselt, soll er Korrekturlesen, doch auch hier äußert er sich ablehnend. Schließlich schreibt Antoinette Emily einen Brief an die Klassenlehrerin, in der sie wahrheitsgemäß den Vorgang schildert, und gibt diesen der Tochter mit zur Schule. Die Lehrerin reagiert positiv und auch der Ehemann äußert sich nun lobend: „I'm so proud of you for doing that. It took a lot of guts but it was the right thing to do." (10:17).

Strukturell beinhaltet die Erzählung alles, was von ihr erwartet wird. Hörer werden orientiert, die Komplikation tritt ein, das Geschehen wird bewertet und das Resultat präsentiert. Dieser Geschichte eigen ist allenfalls, dass Komplikation und Evaluation fließend ineinander übergehen, denn nach dem Planbruch durch die widerständige Schulsekretärin ist eine zweite Komplikation die erschwerte Reparatur des Fehlers durch die Bewertungen des Ehemanns, die ebenfalls indirekt berichtet werden.

Bemerkenswert an der Erzählung ist jedoch vor allem die Einführung unterschiedlicher Deutungsebenen, darunter einer kulturellen, als eine Art Vorankündigung. In einer Mischung zwischen vorausschauendem Abstract und Hörerorientierung wird auch eine Bewertung des noch zu erzählenden Geschehens vorgenommen, in der das kulturelle Framing eines von mehreren ist.

1	
	Hey guys, welcome back to my channel. I hope you're all doing
2	[00:03:2]
	So I am going to be sharing a little bit of a storytime today. I got
3	
	myself into • such an awkward • just embarrassing situation last
4	[00:15:6] [00:18:4]
	this was like one of my biggest parenting fails ever. But I
5	
	myself: do you know what? I'm gonna share the story. neither
6	[00:21:0]
	Because I want to be one of those mothers online -
7	
	on social media, on YouTube they appear to have
8	
	everything together, and have the perfect life, and the perfect
9	[00:34:0]
	and neither make any mistakes. Because that is not reality.
10	[00:36:0]
	I don't think that it is reality for anyone. The reality is that par-
11	[00:41:0]
	can be really hard. Especially when you are living abroad,
12	
	when you are an expat, a foreigner living in a country that
13	[00:48:5]
	you didn't grew up in. The amount of embarrassing situations
12	
	I have gotten myself into since living in Germany I can't even
13	[00:54:6]
	Especially since being a parent.

Insofern erfolgt die kulturelle Deutung innerhalb der Ankündigung der Erzählung wiederum vergleichsweise spät, *nachdem* sich die Sprecherin zunächst in ihrer Rolle als Mutter bzw. in ihrer Elternschaft positioniert hat („parenting fail", als solches ordnet ja auch die Überschrift zunächst ein und erst danach erfolgt Zuordnung 2: in Germany).

Im weiteren Verlauf wird eine kulturelle Deutung des Geschehens immer wieder in unterschiedlicher Weise und mit unterschiedlichen Funktionen eingebracht, teilweise nur mit punktueller Geltung auf das unmittelbar erzählte Geschehen, als Erklärungshypothese und Motivation für einzelne Entscheidungen und Handlungen der Sprecherin. So beispielsweise in 0:03:51, wenn der Entschluss begründet wird, in der Schule anzurufen und eine „Ausrede" für das Nichterscheinen der Tochter vorzubringen: „In New Zeeland, where I grew up and went to school, things like that are much more sort of relaxed. You could make up any excuse •• for your child not being at the school and you're not gonna get questioned at all". Die kulturelle Deutung bleibt hier zunächst lokal begrenzt auf das Ereignis „Fehlen in der Schule" und wird an den eigenen Erfahrungshorizont gekoppelt. Nachdem die unangenehme Situation entstanden ist, dass ein Schreiben des Arztes eingereicht werden soll, schildert die YouTuberin ab 0:05:31 eine Art inneren Monolog: „And everything possible was just running through my head, like: what am I gonna have to fake a doctor's note. Like how •• am I gonna get myself out of this situation? And I just didn't realize how seriously Germany took school absence •• like even just for one morning". Die kulturelle Deutung fasst noch einmal begründend für das eigene Handeln nach. Auffällig ist dabei natürlich die Personifizierung Deutschlands, die letztlich anknüpft an die Schulsekretärin, die schließlich den Stein ins Rollen gebracht hat und pars pro toto für Deutschland und dessen Sicht auf die Schulpflicht steht. Die kulturelle Perspektivierung wird jedoch auch stets mit der elterlichen verschränkt, bereits in 0:05:53 wird nachgesetzt: „And I / I felt like an absolute idiot. Like the worst parent in the world". Als sie dann durch ihren Mann für ihr Verhalten gerügt wird, formuliert sie eine sehr generelle kulturelle Perspektive: „In Germany it's just a lot more strict and I just don't think Germans would lie about things like that. Germans are super honest and •• I •• just told a bunch of lies" (0:06:24). Die Sprecherin setzt ein als gesamtgesellschaftlich bzw. -kulturell verankertes Verhalten ihrem persönlichen entgegen und bewertet dabei über moralische Implikationen – ehrlich vs. verlogen – die jeweiligen Verhaltens- und Handlungsweisen. Dabei sind die adverbalen Operatoren „super" für „super honest" und „bunch of" für „bunch of lies" Markierungen der impliziten Bewertung auf der sprachlichen Oberfläche. Interessant ist, dass in der abschließenden Evaluation und Rückführung der Geschichte genau diese sehr generelle und strikte Wertung wieder etwas zurückgeholt wird. Die Sprecherin formuliert zwar ausführlich ihre Erleichterung und „moralische Läuterung", resümiert aber abschließend:

156	
	It's really important not to lie about small things like this
157	[10:39:8]
	cause it's quite often that will caught out. In Germany they're just
158	
	a lot more strict, you know, absence from school • and if you have
159	
	an appointment you need to prove that you've been to an appoint-
160	
	and that kind of thing which •• I wasn't really aware of until this
161	[10:55:6]
	incident so I definitely learnt a lesson from that. And basically I
162	
	wanted to •• you know, you guys know that I'm human, I make
163	
	mistakes all the time •doesn't mean I'm a bad person •
164	[11:04:4]
	uhm I'm just human. So anyway guys, I

Hier wird die generelle Moral der Geschichte sehr allgemein und gerade nicht kulturell formuliert (Fläche 156). Die anschließende pragmatische Begründung, man könne erwischt werden, korrespondiert gewissermaßen mit dem in Fläche 162 formulierten Deutungshorizont „that I'm human": Nicht zu lügen ist ein allgemein zu vertretender Wert, Irren und Fehlen ist allerdings ebenso menschlich. Dies knüpft außerdem an die eingangs eingeführte Perspektive auf perfekte (YouTube-)Mütter an und rahmt somit die Erzählung insgesamt. Als deutsch wird an dieser Stelle lediglich der Umgang mit der Schulpflicht gesehen, der Geltungsanspruch gegenüber dem vorherigen „Germans are super honest" also deutlich zurückgeschraubt. Das Resümee schließt mit einer Versöhnungsgeste mit sich selbst, die zwar ad personam formuliert, aber als allgemein humanistisches Prinzip interpretierbar ist und sich somit einer kulturellen Deutung entzieht.

Bemerkenswert ist insgesamt die Verschränkung der Differenzperspektiven, das punktuelle aber stetige Heranziehen kultureller Deutung, die dadurch einerseits in ihrem Geltungsumfang flexibel eingeschränkt und erweitert wird, die aber andererseits auch stets kontextualisiert und in ihrem Zusammenwirken gezeigt wird.

8. Fazit und Ausblick

Die Analyse zeigt, dass die entsprechenden Videos erwartungsgemäß eine Fülle kultureller Perspektiven beinhalten. Sie sind erzählhaltig und teilweise auch kulturelle Erzählungen in einem engeren Sinne. Von einer eigenständigen Gattung lässt sich auf Basis des Dargestellten meines Erachtens noch nicht sprechen. Die Zwecke mögen vielfältig sein: Die YouTuberinnen verleihen häufig ausleitend der Hoffnung Ausdruck, die Zuseher fänden es unterhaltsam, witzig und informativ. Der angestrebte Unterhaltungswert, verknüpft mit dem Wunsch, höhere Klick- und wohlmöglich Abonnent*innenzahlen zu erzielen, der sich auch in den zugespitzten Titeln der Videos ausdrückt, ist sicher eine Einflussgröße auf die Auswahl und die Darstellung kultureller Erfahrungen. Der (ein-)ordnende Zugriff einerseits, die oft aber auch relativierende oder tentative Erzählhaltung andererseits zeugen vom Versuch, Rezipient*innen an der eigenen Erkenntnis teilhaben zu lassen, ohne absolute Deutungshoheit zu reklamieren. Es lassen sich also „Didaktisierungsabsichten" bzw. Didaktisierungsansprüche finden. Insgesamt entsteht hier eine eigene Gattung kultureller Erzählungen, die sich im Spannungsfeld medialer Voraussetzungen und Rahmungen wie auch spezifischer Erfahrungszusammenhänge bewegt. Man muss die Beiträge – von der Aufzählung „schockierender" Momente zu ausgeformten Erzählungen – auch in ihrer Bandbreite und in ihrer Zusammenschau sehen, um sie als Gattung und als Beitrag zum interkulturellen Austausch verstehen zu können. Die scheinbar etwas lapidare Aufzählung gewinnt einerseits an Tiefe durch die auch dort eingeführten Relativierungen, andererseits aber vor allem dadurch, dass dieselbe Erzählerin, medial innerhalb des eigenen Kanals dicht vernetzt, in der Lage ist, ausgearbeitete Erzählungen kultureller Erfahrungen beizutragen.

Die Geschichte von YouTuber*innen und ihrem Beitrag zur eigentlichen interkulturellen Kommunikation wie auch zur interkulturellen Forschung ist natürlich an dieser Stelle nicht auserzählt. Zum einen gälte es, den Personenkreis zu erweitern. Verschiedene Konstellationen im Hinblick auf Geschlecht, Alter, kulturelle Herkunft und Referenzkultur, Aufenthaltsgrund etc. liegen vor und könnten bzw. sollten einbezogen werden. Zum anderen wäre eine deutlichere Binnendifferenzierung notwendig. Vlogt die Austauschschülerin anders als ein Aupair oder der Mann, der der

Beziehung wegen in einer anderen Kultur lebt? Unterschiede in der Darstellung könnten auch hier genutzt werden, um einen differenzierten Blick auf die Wahrnehmung und Bearbeitung kultureller Differenz und die Frage nach intervenierenden Faktoren zu werfen. Auch sind die Kanäle in sich auszudifferenzieren. Während sich beispielsweise eine YouTuberin auf die interkulturellen Erfahrungen fokussiert, sind manche Kanäle eher „Gemischtwarenläden", die auch andere Alltagserfahrungen und Interessen thematisieren.

Eine Erweiterung des medialen Spektrums wäre ebenfalls in Betracht zu ziehen. Die Popularität von Podcasts steigt stetig und eine Reihe von interkulturellen Podcasts (vgl. z. B. der Podcast „The German Experience" oder der „Expat Cast") existieren bereits seit einiger Zeit. Dies könnte einerseits den Blick auf den medialen Einfluss schärfen, andererseits bietet das Podcastformat, das oft eine Interviewform bevorzugt und daher dialogische Sequenzen schafft, andere Wege der sprachlichen Bearbeitung kultureller Differenz.

Schließlich wäre ein Einbezug der Kommentare unterhalb der entsprechenden Videos interessant. Lässt man gelegentliche Entgleisungen außer Acht, stellen viele Beiträge aus dem Kommentarbereich doch Versuche einer Auseinandersetzung mit kultureller Differenz dar, die gelegentlich auch von den YouTuber*innen aufgegriffen werden und so ebenfalls zu einer dialogischen Form der Auseinandersetzung führen.

Insgesamt sind die digitalen sozialen Medien mit ihren Möglichkeiten der Vernetzung und des sozialen Austauschs ein Feld, das für die Beschäftigung mit Interkulturalität nützlich scheint und zahlreiche Anknüpfungspunkte bietet.

9. Literatur

Adamzik, Kirsten (2004). Textlinguistik. Eine einführende Darstellung. Tübingen: Max Niemeyer Verlag.

Boyd, Danah (2008). Why Youth Love Social Network Sites: The Role of Networked Publics in Teenage Social Life. In David Buckingham (Hrsg.), Youth, identity, and digital media (S. 119-142). Cambridge, MA: The MIT Press.

Brislin, Richard W.; Cushner, Kenneth (1986). Intercultural Interactions. A Practical Guide. Beverly Hills, London, New Delhi: Sage. (Cross-Cultural Research and Methodology Series 9).

Broszinksy-Schwabe, Edith (2017). Interkulturelle Kommunikation. Missverständnisse und Verständigung (2. Aufl.). Wiesbaden: Springer VS.

Bucher, Hans-Jürgen (2019). Politische Meinungsbildung in sozialen Medien? Interaktionsstrukturen in der Twitter-Kommunikation. In Konstanze Marx; Axel Schmidt (Hrsg.), Interaktion und Medien: Interaktionsanalytische Zugänge zu medienvermittelter Kommunikation (S. 287-318). Heidelberg: Winter Verlag.

Burgess, Jean; Green, Joshua (2009). Youtube. Online Video and Participatory Culture. Cambridge: Polity Press.

Dutton, William H. (2013). Internet Studies: The Foundations of a Transformative Field. In William H. Dutton (Hrsg.), The Oxford Handbook of Internet Studies (S. 1-26). Oxford: University Press.

Ehlich, Konrad (1989). Zur Genese von Textformen. Prolegomena zu einer pragmatischen Texttypologie. In Gerd Antos; Hans P. Krings (Hrsg.), Textproduktion. Ein interdisziplinärer Forschungsüberblick (S. 84-99). Konzept der Sprach- und Literaturwissenschaft, Band 48. Tübingen: Max Niemeyer Verlag.

Ehlich, Konrad; Rehbein, Jochen (1986). Muster und Institution: Untersuchungen zur schulischen Kommunikation. Kommunikation und Institution, Band 15. Tübingen: Narr Verlag.

Fiedler, Fred E.; Mitchell, Terence R.; Triandis, Harry C. (1971). The culture assimilator: An approach to cross-cultural training. Journal of Applied Psychology, 55 (2), 95–102.

Groß, Andreas; Leenen, Wolf-Rainer (2019). Fallbasiertes Lernen: Einsatz von Critical Incidents. In Wolf-Rainer Leenen (Hrsg.), Handbuch Methoden interkultureller Weiterbildung (S. 329-384). Göttingen: Vandenhoeck & Ruprecht.

Günthner, Susanne; Knoblauch, Hubert A. (1997). Gattungsanalyse. In Ronald Hitzler; Anne Honer (Hrsg.), Sozialwissenschaftliche Hermeneutik: eine Einführung (S. 281-307). Wiesbaden: VS Verlag für Sozialwissenschaften.

Hohenstein, Christiane (2006). Erklärendes Handeln im wissenschaftlichen Vortrag: ein Vergleich des Deutschen mit dem Japanischen. München: iudicum.

Hormuth, Julia (2006). Erfahrungsweitergabe unter Auslandsentsandten. Eine gesprächsanalytische Studie am Beispiel deutscher Manager in Spanien. Wiesbaden: VS Verlag für Sozialwissenschaften.

Krause, Wolf-Dieter (2000). Text, Textsorte, Textvergleich. In Kirsten Adamzik (Hrsg.), Textsorten: Reflexionen und Analysen (S. 45-76). Tübingen: Stauffenburg.

Labov, William; Waletzky, Joshua (1973). Erzählanalyse: Mündliche Versionen persönlicher Erfahrung. In Jens Ihwe (Hrsg.), Literaturwissenschaft und Linguistik Band 2 (S. 78-126). Frankfurt / M.: Athenäum.

Labov, William (1978). Sprache im sozialen Kontext. Königstein / Ts.: Scriptor.

Leenen, Wolf-Rainer (2007). Interkulturelles Training: Psychologische und pädagogische Ansätze. In Jürgen Straub; Arne Weidemann; Doris Weidemann (Hrsg.), Handbuch interkulturelle Kommunikation und Kompetenz (S. 773-784). Stuttgart, Weimar: J.B. Metzler.

Lucius-Hoehne, Gabriele; Deppermann, Arnulf (2004). Rekonstruktion narrativer Identität. Ein Arbeitsbuch zur Analyse narrativer Interviews (2. Aufl.). Wiesbaden: VS Verlag für Sozialwissenschaften.

Lucius-Hoehne, Gabriele; Scheidt, Carl-Eduard (2017). Bewältigen von Erlebnissen. In Matías Martínez (Hrsg.), Erzählen. Ein Interdisziplinäres Handbuch (S. 235-242). Stuttgart: J.B. Metzler.

Luginbühl, Martin; Perrin, Daniel (2011). „das, was wir in der Tagesschau den Rausschmeißer nennen": Altro- und Ethno-Kategorisierungen von Textsorten im Handlungsfeld journalistischer Fernsehnachrichten. In Stephan Habscheid (Hrsg.), Textsorten, Handlungsmuster, Oberflächen. Linguistische Typologien der Kommunikation (S. 577-596). Berlin, New York: de Gruyter.

Lüsebrink, Hans-Jürgen (2016). Interkulturelle Kommunikation. Interaktion, Fremdwahrnehmung, Kulturtransfer (4. Aufl.). Stuttgart: J.B. Metzler.

Nünning, Ansgar; Rupp, Jan (2012). „The Internet's New Storytellers": Merkmale, Typologien und Funktionen narrativer Genres im Internet aus gattungstheoretischer, narratologischer und medienwissenschaftlicher Sicht. In Ansgar Nünning; Jan Rupp; Rebecca Hagelmoser; Jonas Ivo Meyer (Hrsg.), Narrative Genres im Internet. Theoretischer Bezugsrahmen, Mediengattungstypologie und Funktionen (S. 3-50). Trier: WVT.

Meyer, Jonas Ivo (2012). Narrative Selbstdarstellung in sozialen Netzwerken: Das mediale, interaktive und dynamische Potenzial eines neuen Mediengenres. In Ansgar Nünning; Jan Rupp; Rebecca Hagelmoser; Jonas Ivo Meyer (Hrsg.), Narrative Genres im Internet. Theoretischer Bezugsrahmen, Mediengattungstypologie und Funktionen (S. 151-169). Trier: WVT.

Müller, Bernd-Dietrich (1995). Sekundärerfahrung und Fremdverstehen. In Jürgen Bolten (Hrsg.), Cross Culture – Interkulturelles Handeln in der Wirtschaft (S. 43-58). Sternenfels: Verlag Wissenschaft und Praxis. (Schriftenreihe Interkulturelle Wirtschaftskommunikation; 1).

Quasthoff, Uta M. (1980). Erzählen in Gesprächen. Linguistische Untersuchungen zu Strukturen und Funktionen am Beispiel einer Kommunikationsform des Alltags. Tübingen: Gunter Narr Verlag.

Roth, Klaus (2000). Erzählen und interkulturelle Kommunikation. In Klaus Roth (Hrsg.), Mit der Differenz leben: Europäische Ethnologie und Interkulturelle Kommunikation (2. Aufl.) (S. 63-78). Münster: Waxmann. (Münchener Beiträge zur interkulturellen Kommunikation Band 1).

Roth, Klaus (2004). Erzählen vom „Anderen": Zum Umgang mit kultureller Differenz im alltäglichen Erzählen. In Sabine Wienker-Piepho; Klaus Roth (Hrsg.), Erzählen zwischen den Kulturen (S. 33-46). Münster: Waxmann (Münchener Beiträge zur Interkulturellen Kommunikation Band 17).

Schachtner, Christina (2016). Das narrative Subjekt – Erzählen im Zeitalter des Internets. Bielefeld: trancript.

Schneider, Manfred (2017). Das närrische Narrativ. NZZ. https://www.nzz.ch/meinung/kommentare/gedankenlos-und-antiintellektuell-das-naerrische-narrativ-ld.1290840 (28.2.2021).

Schumann, Adelheid (2012). Critical Incidents als Forschungsinstrument und als Trainingsgrundlage. In Adelheid Schumann (Hrsg.), Interkulturelle Kommunikation in der Hochschule. Zur Integration internationaler Studierender und Förderung Interkultureller Kompetenz (S. 55-80). Bielefeld: transcript.

Schütz, Alfred (1972). Der gut informierte Bürger. In Arvid Brodersen (Hrsg.), Gesammelte Aufsätze 2: Studien zur soziologischen Theorie (S. 85-101). Den Haag: Martinus Nijhoff.

Utler, Astrid; Thomas, Alexander (2010). Critical Incidents und Kulturstan-dards. In Arne Weidemann; Jürgen Straub; Steffi Nothnagel (Hrsg.), Wie lehrt man interkulturelle Kompetenz? Theorien, Methoden und Praxis in der Hochschulausbildung. Ein Handbuch (S. 317-330). Bielefeld: transcript.

YouTube-Quellen

ANJA

Kanalinfo: https://www.youtube.com/c/ANJAisfunky/about
- AMERICAN EXCHANGE STUDENT GOES TO GERMAN HIGH SCHOOL :) yay! https://www.youtube.com/watch?v=bXpqosO1afU&t=419s (28.2.2021)
- FIRST DAY OF GERMAN HIGH SCHOOL AS AN AMERICAN *scary*: https://www.youtube.com/watch?v=dNYAzDZhqos (28.2.2021)
- A DAY IN MY LIFE IN GERMANY AS AN AMERICAN EXCHANGE STUDENT *exciting*: https://www.youtube.com/watch?v=TOVi3Kom7CU&t=1s (28.2.2021)

ANTOINETTE EMILY

Kanalinfo: https://www.youtube.com/c/MamasStudio/about (28.2.2021)
- My first culture shocks in Germany: https://www.youtube.com/watch?v=7E4SgyXseGA&t (28.2.2021)
- The biggest parenting fail I've made in Germany: https://www.youtube.com/watch?v=PkXKathIKBM&t=441s (28.2.2021)

MONTANA SHOWALTER

Kanal-Info: https://www.youtube.com/c/MontanaShowalter/about
- 6 German things America needs: https://www.youtube.com/watch?v=WT6ymFS2qWw&t=185s (28.2.2021)
- German CULTURE SHOCKS as an American Exchange Student!: https://www.youtube.com/watch?v=sHLzHuQoR3Y (28.2.2021)
- *SUPER* Important Things Germany Taught Me: https://www.youtube.com/watch?v=kCV98ngBIIs&t=4s (28.2.2021)

WANTED ADVENTURE

Kanalinfo: https://www.youtube.com/c/WantedAdventure/about
- 8 questions I have for Germans: https://www.youtube.com/watch?v=o9VloPEUowg&t=1s (28.2.2021)
- 5 WEIRD German Christmas Traditions (and one that's not...): https://www.youtube.com/watch?v=AuEHl5KNglo (28.2.2021)
- 7 GERMAN THINGS About My Apartment https://www.youtube.com/watch?v=z5Pe85uDxdA (28.2.2021)

HALEY ALEXIS

Kanalinfo: https://www.youtube.com/user/HauteMafia (28.2.2021)

KELLY DOES HER THING

Kanalinfo: https://www.youtube.com/channel/UCdpoZhzLTPXAJssVWAi-vlg (28.2.2021)

The German Experience:
https://www.thegermanyexperience.de/ (28.2.2021)

Expat Cast:
https://theexpatcast.podbean.com/ (28.2.2021)

Francisco Javier Montiel Alafont und Christoph Vatter

Vom *Critical Incident* zur interkulturellen *Case Study*? Methodische Herausforderungen und didaktische Potenziale im Kontext des Fremdsprachenunterrichts

Aus Missverständnissen, gescheiterten Kommunikationsverläufen und Fehlinterpretationen in der interkulturellen Interaktion zu lernen, gehört zu den ältesten und am Weitesten verbreiteten Ansätzen in interkulturellen Lernsettings (Helmolt, Berkenbusch u. Jia, 2013). Critical Incidents, meist didaktisch aufbereitete Berichte oder Protokolle von kritischen Interaktionsereignissen, knüpfen einerseits an Erzählungen über Fremderfahrungen an, wie sie, v.a. in anekdotischer Form, fest in der Alltagskommunikation, z.B. über Urlaubserlebnisse, aber auch in medialen Reiseberichten verankert sind. Andererseits wurde die didaktische Methode ursprünglich in ganz anderen Lernzusammenhängen, v.a. in hoch spezialisierten technischen Feldern, erfolgreich erprobt und etabliert (Flanagan, 1954). Seit mehr als 50 Jahren ist die Arbeit mit dieser Form von auf authentischen Erfahrungen beruhenden Fallgeschichten fester Bestandteil der interkulturellen Trainingspraxis und Forschung (Fiedler, Mitchell u. Triandis, 1971), so dass die Arbeit mit Critical Incidents wahrscheinlich am ehesten als eigenständiger methodischer Beitrag des Lehr- und Forschungsbereichs interkulturelle Kommunikation und Kompetenz gelten kann. Die Bandbreite der methodisch-didaktischen Umsetzung reicht davon von recht kurzen Beispielen, in denen – häufig im Multiple-Choice-Verfahren – die „eine richtige" Lösung gefunden und ggfs. an fremdkulturelle Kontexte angepasste Kommunikations- und Verhaltensroutinen entwickelt werden sollen, bis zu neueren, den geradezu entgegengesetzten Ansätzen, bei denen Critical Incidents vielmehr als Ausgangspunkt für die Schulung von Perspektivenvielfalt und Offenheit dienen.

Auch in den schulischen Fremdsprachenunterricht hat die Arbeit mit Critical Incidents zur Förderung interkultureller kommunikativer Kompetenzen (Byram, 1997) Eingang gefunden. Die Fremdsprachendidaktik reagiert damit in erster Linie auf die Anforderungen eines kompetenzorientierten Unterrichts, der vor allem mit den 2003 von der Kultusministerkonferenz beschlossenen Bildungsstandards und durch internationale Impulse wie dem 2001 erstmals veröffentlichten Gemeinsamen Europäischen Referenzrahmen für Sprachen (GER) des Europarats umgesetzt wurde.[1] Interkulturelles Lernen ist im Fremdsprachenunterricht stark in der Tradition der Landeskunde verortet, so dass auch interkulturelle Kompetenz mit ihren spezifischen Methoden insgesamt noch unzureichend – im Sinne einer integralen Verzahnung mit dem Fremdsprachenlernen – integriert ist, wenn auch Critical Incidents durchaus in einschlägigen Fachdidaktiken als Methode zum interkulturellen Lernen aufgeführt werden (Nieweler, 2017, S. 246; Grünewald u. Küster, 2017, S. 193 f.). Umgekehrt finden sprachliche Faktoren in interkulturellen Kompetenzkonzepten bislang ungenügend Berücksichtigung, auch in vielen Trainingsansätzen mit Critical Incidents.[2] Interkulturelle Kommunikation und Fremdsprachendidaktik stellen so zwei weitgehend voneinander unabhängige Lehr- und Forschungsgebiete dar (Vatter, 2020) – trotz ihrer in vielerlei Hinsicht sehr ähnlichen Zielsetzungen und offensichtlichen Überschneidungsbereiche.[3]

Im Folgenden sollen am Beispiel des Lernens mit Critical Incidents weiterführende Perspektiven für die Verknüpfung zwischen interkultureller Kommunikation und Fremdsprachendidaktik erkundet werden. Ausgehend von Überlegungen zum Einsatz von Critical Incidents und Fallstudien basierten Ansätzen im interkulturellen Training und im Fremdsprachenunterricht sollen Rahmenbedingungen für ein Modell zum interkulturellen Lernen diskutiert werden, das fremdsprachenspezifische Faktoren berücksichtigt und gleichzeitig den Weg für eine Progression von Critical Incidents hin zu komplexen Lernszenarien mit Case Studies / Fallstudien ebnet.

---

[1] Die im Rahmen des GER vorgesehenen Deskriptoren für interkulturelle Kompetenzen finden sich im Begleitband zum GER (Europarat, 2018).

[2] Vgl. aber linguistische Trainingskonzepte, die auf authentische interkulturelle Interaktionssituationen aufbauen und – häufig auf Basis von Transkripten – mit gesprächsanalytischen Methoden arbeiten (Helmolt, 2007).

[3] In diesem Kontext muss jedoch auf den wesentlichen Beitrag der Philologien, insbesondere des Fachs Deutsch als Fremdsprache, zur interkulturellen Kommunikationsforschung im deutschsprachigen Raum verwiesen werden (s. z.B. Wierlacher u. Bogner, 2003; Müller-Jacquier, Bredella u. Christ, 2007). Im Zuge einer zunehmenden Autonomisierung der interkulturellen Kommunikationsforschung seit einigen Jahren sind die Bezüge mittlerweile jedoch weniger stark.

Critical Incidents und Fallstudien in interkulturellen Lernkontexten

Critical Incidents erweisen sich dann als besonders erfolgreiche interkulturelle Trainingsmaterialien, wenn sie, so Heringer, „konfliktreich und zugleich rätselhaft sind, [...] aber trotzdem ziemlich eindeutig interpretiert werden können" (Heringer, 2019, S. 481). Die wohl am weitesten verbreitete Präsentationsform von derartigen kritischen Interaktionsereignissen ist ein *Multiple-Choice*-Format mit mehr oder weniger eindeutigen Lösungsmöglichkeiten, ergänzt durch kulturspezifische Erläuterungen und Hintergrundinformationen. Die didaktische Reduktion einer komplexen Situation auf einen möglichst eindeutigen Erklärungsfaktor, was durch die Motivation, das „Quiz" möglichst schnell zu „lösen", noch verstärkt wird, birgt allerdings die Gefahr der Übervereinfachung und häufig auch kulturessentialistischen Stereotypisierung. Geschlossene Präsentationsformen von Critical Incidents mit relativ eng gefassten Lösungsmöglichkeiten scheinen daher in vielen Fällen vor allem der interkulturellen Sensibilisierung und der Vermittlung von kulturspezifischem Wissen und weniger der Erweiterung der eigenen interkulturellen Handlungskompetenzen zu dienen. Demgegenüber haben sich jedoch auch offenere, auf konstruktivistischen Lernansätzen beruhende Formen des Umgangs mit Critical Incidents (Schumann, 2012, S. 72 ff.) etabliert, mit denen im Sinne einer „interkulturellen Heuristik" (Fetscher, 2015) möglichst vielfältige Deutungsperspektiven entwickelt und diskutiert werden sollen. Dazu gehören u.a. das PSKI-Modell (Person-Situation-Kultur-Institution, Bosse, 2012) oder auch die *Intercultural Anchored Inquiry* (Kammhuber, 2000).

Neuere Entwicklungen greifen diese offenen, konstruktivistischen Lernansätze auf und erweitern diese, u.a. unter Einbeziehung des fallstudienbasierten Lernens *Case Study based Learning*. Diese Methode des problemorientierten Lernens wurde ursprünglich für angehende Jurist*innen entwickelt und dann durch die Harvard Business School seit den 1920er Jahren für die Wirtschaftswissenschaften adaptiert, wo sie sich mittlerweile als weit verbreitetes Instrument in der Lehre etabliert hat. *Case Studies* gehen in der Regel von einem komplexen Problem und tendenziell diffusen Situationen aus, so dass die Lösungen nicht bereits im Text „eingeschrieben" sind und die Lernenden zur Lösung weitere Informationen beschaffen und berücksichtigen müssen. Dabei ist es in der Regel erforderlich, in die Rollen der beteiligten Personen zu schlüpfen und so den Fall aus verschiedenen Perspektiven zu bewerten. Im Bereich des interkulturellen Lernens liegen bislang vor allem *Case Studies* zum interkulturellen Management vor (Barmeyer, 2016); weitere Beiträge verfolgen eine intersektionale Zielsetzung, die neben kulturellen v.a. auch gender- und machtbezogene Faktoren berücksichtigt (Mahadevan, Primecz u. Romani, 2020) und so an Ansätze der kritischen interkulturellen Kommunikationsforschung anschließt (Dervin, 2017).

Auch der schulische und universitäre Fremdsprachenunterricht greifen Impulse aus dem problemorientierten Lernen auf, nicht zuletzt, da diese auch konstruktivistischen Lerntheorien Rechnung tragen und den Anforderungen handlungsorientierter und offener Unterrichtsformen gerecht werden (Nieweler, 2017, S. 102). In unserem Kontext ist neben Rollenspielen vor allem die bereits ab den 1970er Jahren in Frankreich entwickelte *simulation globale* (Yaiche, 1996; Sippel, 2003; Maak, 2011) zu nennen, deren Anspruch durch die Schaffung eines komplexen, mehrdimensionalen Kommunikationsraums deutlich über ein auf fremdsprachliche Produktion reduziertes Rollenspiel hinausgeht. Ausgehend von Entwürfen wie „das Hotel", „die Insel", „das Dorf" etc. werden diese von den Lerner*innen mit Leben gefüllt und weiterentwickelt. Neuere Ansätze schlagen von diesen spezifisch fremdsprachendidaktischen Ansätzen die Brücke zum Lernen mit *Case Studies* (Fischer, Casey, Abrantes, Gigl u. Lešnik, 2008) und zum interkulturellen Lernen (Jaeger, 2017).

Interkulturelles Lernen, v.a. als Vermittlung interkultureller kommunikativer Kompetenz, ist fester Bestandteil des Fremdsprachenunterrichts und auch Critical Incidents haben bisweilen Eingang in Lehrwerke gefunden. Dennoch stehen Lehrer*innen insgesamt noch unzureichend spezifische Materialien[4] dazu zur Verfügung; insbesondere aktuelle Herausforderungen wie eine multiperspektivische Sicht auf Kultur und Interkulturalität, die Reflexion (macht)kritischer und postkolonialer Zusammenhänge sowie ein ressourcenorientiertes Verständnis von Diversität im Fremdsprachenunterricht werden in diesen bislang unzureichend aufgegriffen. Die skizzierten Entwicklungen in der Arbeit mit Critical Incidents von relativ einfachen interkulturellen Interaktionssituationen zur Illustration kulturspezifischer Kommunikationsstile und Praktiken zu Fallstudien / *Case Studies*, die komplexe Konstellationen multiperspektivisch beleuchten und die ggfs. auch ergebnisoffen bearbeitet werden können, eröffnen auch für den Fremdsprachenunterricht fruchtbare Potenziale. Im Folgenden sollen

---

[4] Für den Spanischunterricht s. z.B. Montiel, Vatter und Zapf (2014); für das Französische Vatter und Zapf (2012); in englischer Sprache z.B. Utley (2004).

daher die theoretischen Grundlagen für die Entwicklung eines progressiven Stufenmodells diskutiert werden, das das Potenzial hat, durch Critical Incidents mit steigender Komplexität bis hin zur interkulturellen *Case Study* zum einen nach Lernstand bzw. Sprachkenntnissen und -gruppe (Alter, Schultyp, Ausbildungskontexte etc.) zu differenzieren, zum anderen aber auch eine gezielte Vertiefung von spezifischen Problembereichen interkultureller Kommunikation zu ermöglichen und so interkulturelles Lernen gezielt zu fördern. Dazu werden anschließend beispielhaft Perspektiven zur methodischen Implementierung vorgeschlagen.

Elemente interkultureller Kompetenz für den Fremdsprachenunterricht

Ein Vorteil der Arbeit mit Fallstudien liegt darin, dass sie eine holistische Annäherung an den Erwerb interkultureller Kompetenz ermöglichen. Sie sind dazu in der Lage, komplexe Situationen als Handlungskontexte zu reproduzieren, in denen Lernende Strategien erproben können, welche den Einsatz unterschiedlicher Fertigkeiten erfordern. Da es nicht nur darum geht, einzelne Fähigkeiten zu üben, sondern Kommunikationsfähigkeit in komplexen, unbekannten Situationen zu entwickeln, sind Listenmodelle interkultureller Kompetenz, die verschiedene Teilkompetenzen aufzählen, in diesem Zusammenhang weniger hilfreich, um den Lernprozess zu gestalten. Daher sollen im Folgenden Konzeptionalisierungen interkultureller Kompetenz diskutiert werden, die im Kontext des Fremdsprachenunterrichts als besonders relevant erscheinen, insbesondere Entwicklungs- und Koorientierungsansätze. Hiermit rückt auch ein dynamisches, ko-konstruktives Verständnis von interkultureller Kommunikation und Interaktion in den Fokus, für das die Schaffung einer gemeinsamen Verständnisbasis (*common ground*) und Strategien zum Umgang mit Unsicherheit eine zentrale Rolle spielen. Mit einigen Überlegungen zum Zusammenhang zwischen Sprache und Kultur werden diese theoretischen Vorüberlegungen zur Konzeption und Arbeit mit Critical Incidents und *Case Studies* im Fremdsprachenunterricht abgeschlossen.

Im Kontext des Fremdsprachenlehrens und -lernens besonders relevant erweisen sich Entwicklungs- und Koorientierungsmodelle, die Spitzberg und Changnon (2009) wie folgt charakterisieren:

> (...) developmental models draw attention to the prospect that relationships are capable of becoming more competent through ongoing interaction that produces greater co-orientation, learning, and incorporation of respective cultural perspectives.

Furthermore (...) developmental models often attempt to identify the stages of progression that would mark the achievement of more competent levels of interaction (Spitzberg u. Changnon, 2009, S. 21).

Die von Spitzberg und Changnon (2009) kommentierten Entwicklungsmodelle unterscheiden sich wesentlich voneinander. So sind die von Bennett (1986) vorgeschlagenen Phasen interkultureller Kompetenzentwicklung *denial, defense, minimization, acceptance, adaptation, integration* (vgl. Spitzberg u. Changnon, 2009, S. 23) eher für eine immersive Situation des Kulturkontakts gedacht, die im Kontext des Fremdsprachenunterrichts, insbesondere des schulischen, nur in spezifischen Fällen eine zentrale Rolle spielt. King und Baxter Magolda (2005) schlagen dagegen ein dreistufiges Modell (initial, intermediate und mature) vor, in dem kognitive, intrapersonale und interpersonale Aspekte berücksichtigt werden (vgl. King u. Baxter Magolda, 2005, S. 22). Während die Anfangsstufe noch durch Mängel und Defizite charakterisiert wird, wie z.B. „*resists knowledge challenges*", „*differences viewed as threats*" oder „*lacks awareness of social systems and norms*" (vgl. ebd., 22), stützen sich die beiden anderen Niveaus zum größten Teil auf *can-do*-Deskriptoren wie „*able to conciously shift perspectives*", „*recognizes legitimacy of other cultures*" oder „*willing to work for others' rights*" (vgl. King u. Baxter Magolda, 2005, S. 22). Der Vorteil dieser Perspektive liegt in der Möglichkeit, Deskriptoren der Sprachkompetenz mit solchen der interkulturellen Kompetenz harmonisch zu kombinieren, wie es im vom Europarat 2018 veröffentlichen Begleitband zum Gemeinsamen Europäischen Referenzrahmen für Sprachen (GER) der Fall ist (vgl. Europarat, 2018).[5]

Ergänzend sind Koorientierungsmodelle für die Bearbeitung von *Critical Incidents* im Fremdsprachenunterricht relevant, weil sie auf die kommunikative Interaktion zwischen den Beteiligten in einer interkulturellen Situation und auf deren Verständigung fokussieren:

---

[5] Folgende Beispiele illustrieren dies für verschiedene GER-Kompetenzstufen: "Can recognise and apply basic cultural conventions associated with everyday social exchanges (for example different greetings rituals)" (A2), "Can explain in simple terms how his / her own values and behaviours influence his / her views of other people's values and behaviours" (B1), "Can deal with ambiguity in cross-cultural communication and express his / her reactions constructively and culturally appropriately in order to bring clarity" (C1) (Europarat, 2018, S. 159).

Co-orientation is a term that summarizes several cognate concepts relevant to comprehension outcomes of interactional processes, including understanding, overlapping perspectives, accuracy, directness, and clarity (Spitzberg u. Changnon, 2009, S. 15).

Spitzberg und Changnon (2009) beziehen sich mit dieser Kategorie u.a. auf das einflussreiche Modell von Byram (1997), in dem interkulturelle Kompetenz auf fünf Kategorien von Fertigkeiten aufbaut (*savoir, savoir comprendre, savoir faire, savoir s'engager* und *savoir être*) und in Interdependenz mit Sprachkompetenz, soziolinguistischer Kompetenz und Diskurskompetenz steht (vgl. Spitzberg u. Changnon, 2009, S. 17). Diese Konzeption unterstreicht somit die Notwendigkeit, interkulturelle Kommunikation in Verbindung mit Sprache und kommunikativem Stil zu erlernen.

Damit Koorientierung gelingt und Verständigung entsteht, benötigen die Beteiligten an einer Interaktion eine gemeinsame Interpretationsgrundlage, oder auch *core common ground*, die nach Kecskes aus Gemeinsamkeiten, Konventionen, gemeinsamen Überzeugungen, Normen und gemeinsamem Wissen besteht (vgl. Kecskes, 2015, S. 175). Kulturelle Muster spielen für eine erfolgreiche Kommunikation also eine wesentliche Rolle. Man kann allerdings davon ausgehen, dass in interkulturellen Situationen der *common ground* der Gesprächspartner begrenzt und außerdem ungewiss ist. Deswegen versteht Kecskes (2015) interkulturelles Handeln als aktiven Prozess der Generierung von Gemeinsamkeiten:

> When this core common ground appears to be limited as is the case in intercultural communication interlocutors cannot take them for granted, rather they need to co-construct them, at least temporarily. So what is happening here is that there appears to be a shift in emphasis from the communal to the individual. It is not that the individual becomes more important than the societal. Rather, since there is limited common ground it should be created in the interactional context in which the interlocutors function as core common ground creators rather than just common ground seekers and activators as mostly is the case in intracultural communication (Kecskes, 2015, S. 175).

Individualisierung und Ko-Konstruktion weisen auf eine Charakterisierung interkultureller Interaktion als emergenten, nicht vorherbestimmbaren Prozess hin. Bekannte, besonders eigene kulturelle Konventionen spielen hierbei nur eine untergeordnete Rolle. Dagegen stehen situationsspezifische Elemente und bestimmte kommunikative Fähigkeiten, die zur Koorientierung dienen, im Vordergrund. Kecskes (2015) identifiziert fünf Faktoren, die dazu beitragen können, dass an einer interkulturellen Situation Beteiligte eine Reihe von Fertigkeiten zur Ko-Konstruktion von einem *common ground* entwickeln. Zunächst erlaubt Kompetenz in der verwendeten Sprache, die Aufmerksamkeit auf den Kommunikationsprozess und auf die Entdeckung der Erwartungen des Gesprächspartners zu richten (vgl. S. 180). Zweitens stellen bevorzugte Formen des Sprechens und der Ordnung der Gedanken ein natürliches Streben einer Sprachgemeinschaft dar. Der Autor verweist hierbei einerseits auf die geringe Nutzungsrate von Redewendungen in interkultureller Kommunikation und andererseits, auf die Tendenz von Sprechenden einer *Lingua Franca,* sogar in kurzen Gesprächen eigene gemeinsame Konversationsformeln zu kreieren (vgl. S. 183), was für die Entstehung eigener interkultureller kommunikativer Stile spricht. Als Drittes führt er aus, dass die Sprechenden sich stärker auf einen emergenten, ko-konstruierten, als auf einen erfahrungsbasierten *common ground* verlassen müssen. Konkret können Interkulturen somit als kommunikative Prozesse aufgefasst werden, in denen kulturelle Normen und Modelle, die aus der Vorerfahrung der Gesprächspartner*innen in die Interaktion eingebracht wurden, mit *ad hoc* in der Interaktion geschaffenen Merkmalen synergetisch verschmelzen (vgl. S. 184). Der vierte Faktor bezieht sich auf eine Änderung der Intersubjektivität, die nicht in Bezug auf bestehende Referenzrahmen, sondern durch einen *bottom-up*-Prozess der Bedeutungsaushandlung in Hinblick auf gegenseitige Differenzen aufgebaut wird (vgl. S. 186). Dies betont erneut die inhärente Individualität und Offenheit interkulturellen Handelns. Der fünfte und letzte Faktor besteht schließlich in der Kontextsensitivität. In interkulturellen Situationen kommen nämlich unterschiedliche Kontexte ins Spiel. So verfügt jede Sprache über interpretationssensitive lexikalische Elemente, die kulturspezifisches Wissen erfordern. Daher sind die verbalen Kontexte der Muttersprachen der Kommunikanten (L1) sowie der in der Situation verwendeten Sprache (L2) von Relevanz. Darüber hinaus erweist sich der situativ ko-konstruierte Kontext auch als bedeutsam (vgl. S. 189).[6]

---

[6] Kecskes Verständnis von Interkulturalität als kontextabhängige, synergetische Aushandlung von Differenz steht im Einklang mit kohäsions- und komplementaritätsorientierten Konzepten in der interkulturellen Interaktions- und Kommunikationsforschung, wie z.B. bei Bolten, der einen ressourcenorientierten Ansatz interkulturellen Handelns verfolgt und die Rolle von Synergiebildungsprozessen und kohäsiver Vernetzungen betont (Bolten, 2015, S. 116). Auch Barmeyer beschäftigt sich mit Komplementarität, für die er drei Betrachtungsweisen aufzeigt: (1) als Kombination von Gegensätzen, um Systemdefizite zu kompensieren, (2) als gegenseitige Beeinflussung von ähnlichen Systemelementen, die zur Effektverstärkung führt, und (3) als gegenseitige Ergänzung von Ressourcen, die zur Systemstabilität beiträgt (vgl. Barmeyer, 2018, S. 172 f.).

Bei der bisherigen Charakterisierung interkultureller Kommunikation als ein eher individuelles denn soziales Phänomen, in dem konventionalisiertes Wissen und Handeln nur eine begrenzte Anwendung finden können, und das sich deswegen als emergent und kontingent herausstellt, liegt auf der Hand, dass Fähigkeiten im Hinblick auf den Umgang mit unbekannten Situationen, wie die Bewältigung von Sprachnotsituationen (Diebold, 2005; Beauftragte der Bundesregierung für die Belange von Ausländern, 1997) und das Management von Ungewissheit eine wesentliche Komponente interkultureller Kompetenz darstellen. Aus einer allgemeinen kommunikationswissenschaftlichen Perspektive befasst sich Brashers (2001) mit Strategien für den Umgang mit Ungewissheit. Sie werden umgesetzt, um trotz der erfahrenen Unsicherheit Entscheidungen treffen, Handlungen planen oder mit anderen interagieren zu können. Welche Strategie gewählt wird, hängt davon ab, wie der Einzelne die Unsicherheitssituation wahrnimmt (zum Beispiel als Bedrohung oder Chance), denn „responses to uncertainty are shaped by appraisals and emotional reactions to the experience" (Brashers, 2001, S. 481). Demnach kann eine bestimmte Strategie des Unsicherheitsmanagements an sich nicht als absolut positiv oder negativ, sondern nur in Bezug auf ihre Funktionalität bewertet werden. Die Konsequenzen sollten allerdings auch beachtet werden: Kommunikation zu vermeiden kann beispielsweise eine gangbare Strategie sein, um eine Entscheidung zu treffen, sich aber gleichzeitig negativ auf die soziale Ebene auswirken. Jedenfalls betont Brashers (2001, S. 478), dass die Forschung sich zwar auf das Studium der Unsicherheitsreduktion konzentriert hat, diese jedoch nur eine unter verschiedenen möglichen Reaktionen auf solche Situationen ist. Konkret identifiziert er fünf Ansätze zum Management von Ungewissheit (vgl. Brashers, 2001, S. 482 ff.), die im Unterricht z.B. über die Auswahl verschiedener Reaktionsmöglichkeiten in einer kritischen Interaktionssituation und die Diskussion über mögliche Konsequenzen für den weiteren Interaktionsverlauf berücksichtigt werden könnten:

- Durch die Suche nach Informationen wird versucht, fehlendes Wissen abzudecken oder den aktuellen Glaubensstand zu bestätigen oder zuwiderlegen. Somit kann Unsicherheit reduziert werden (z. B. wenn Optionen unterschieden oder Bedeutungen entwickelt werden) oder abgemindert werden (z. B. durch das Widersprechen von Überzeugungen oder die Erweiterung von Alternativen).

- Die direkte oder indirekte (z. B. mittels Selektion) Vermeidung von Informationen kann dazu dienen, sich vor überwältigenden Tatsachen oder belastender Gewissheit zu schützen. Somit wird Gewissheit oder Ungewissheit „künstlich" aufrechterhalten.
- Durch die Anpassung an chronische Unsicherheit lässt sich eine „Komfortzone" kreieren und Ambiguitätstoleranz entwickeln. Mehrere Vorgänge gehören zu dieser Strategie: eigene Aufgaben neu definieren, Entscheidungen aufgrund unvollständiger Informationen treffen (um zu vermeiden, nur auf mögliche negative Konsequenzen zu fokussieren), mittels einer heuristischen Perspektive eine „ausreichend gute Lösung" suchen und Routinen und Strukturen entwickeln (z.b. Stereotype, wobei in diesem Fall Ambiguität abgelehnt wird).
- Die Suche nach sozialer Unterstützung als assistiertes Unsicherheitsmanagement kann die Erfahrung von Unsicherheit, den Bewertungsprozess und die Strategieauswahl beeinflussen.
- Mit Management von Unsicherheitsmanagement wird schließlich auf die Tatsache hingewiesen, dass Unsicherheitssituationen meistens eine Komplexität aufweisen, die die Anwendung verschiedener Strategien erfordert. Solche Strategien können eventuell inkongruent sein und dadurch Dilemmata verursachen (so kann z. B. die Vermeidung von Informationen im Konflikt mit der Suche nach sozialer Unterstützung geraten). Die Fähigkeit, solche Konflikte zu bewältigen, ist, was diese Kategorie beschreibt (vgl. Brashers, 2001, S. 485).

Über die Grenzen eines erfahrungsbasierten *common ground* in interkultureller Interaktion und über die Existenz interpretationssensitiver lexikalischer Elemente der beteiligten Sprachen wurde bereits oben berichtet. Ein letzter und besonders wichtiger Punkt für interkulturelles Lernen im Fremdsprachenunterricht bezieht sich auf die Natur der Beziehung zwischen Sprache und Kultur. Diesbezüglich hat Agar (1994) das Konzept *languaculture* geprägt. Damit bezeichnet er die enge Relation zwischen Sprache im Sinne von Diskurs und Kultur im Sinne von Bedeutung (jenseits von lexikalischer Bedeutung, vgl. Agar, 1994, S. 96). Im interkulturellen Kontext geht er von der Notwendigkeit aus, Ähnlichkeiten (im Sinne von kulturellen Rahmenkategorien) zu nutzen, um Differenz zu verstehen (vgl. Agar, 1994, S. 86). Unerwartete, nicht einfach interpretierbare Unterschiede bezeichnet er als *rich points* – und mit „*rich*" konnotiert er bewusst Ideen wie „köstlich", „völlig" und „opulent". *Rich points*, zu denen beispielsweise das Duzen / Siezen oder auch das US-amerikanische „date" zählen können, versteht er als relativ, insofern sie in der Interaktion zwischen zwei spezifischen *languacultures* aufgezeigt werden (vgl. Agar, 1994, S. 100). Sie sind außerdem miteinander verbunden und können deswegen mit Hilfe von *frames* (Erwartungen, die kohärente Verknüpfungen zwischen in Sprache manifesten Unterschieden herstellen) verstanden werden:

> When the frames coherently organize several rich points that work with people of a particular social identity, be it nationality, ethnicity, gender, occupation or social style, then you've built a languaculture of the identity, from your point of view. I have to add "your point of view," because culture isn't something that "they" have; it's something that fills the spaces between you and them, and the nature of that space depends on you as well as them (Agar, 1994, S. 135).

Heringer (2017) übernimmt Agars Begriff der *rich points* und schlägt zwei Erweiterungen vor: Auf Erfahrung beruhende und auf Vorrat beschriebene generelle „heiße Stellen" in der interkulturellen Kommunikation nennt er *hotspots* (Heringer, 2017, S. 169). Damit meint er typische Kommunikationssituationen, in die häufig *rich points* involviert sind, wie Kennenlernen, Einladungen, Gesprächsverläufe oder Kritik äußern. Einzelne Wörter, an welchen sich die wesentlichen Aspekte eines *rich point* kondensieren, die also Brennpunkte einer Kultur benennen, die in der Geschichte und im gesellschaftlichen Leben hohe Bedeutung haben und mit Emotionen verbunden sind, bezeichnet er als *hotwords* (vgl. Heringer, 2017, S. 181).

Ein *rich point* im deutsch-spanischen Kontext stellen beispielsweise spezifischen Ausprägungen der Gesprächskultur dar, die sich in bestimmten sozialen Praktiken, pragmalinguistischen Vorgängen und medialen Formaten manifestieren, und auf die *hotwords* wie „Stammtisch" oder „tertulia" verweisen. Beide Begriffe bezeichnen zwar ähnliche Phänomene, deren semantisches Profil sich aber jeweils kulturspezifisch deutlich unterscheidet. Während „Stammtisch" eher eine u.U. veraltete Tradition bezeichnet und bisweilen negativ konnotiert wird („Stammtischparolen"), bezieht sich das spanische „tertulia" auf die Tradition der Salonkonversation seit dem 19. Jahrhundert, die heute in der Regel kulturelle Themen wie Literatur oder Kunst umfasst und auch festen Eingang in Radio- und Fernsehgesprächsrunden gefunden hat, die sich durch eine große Lebendigkeit im Kommunikationsverhalten auszeichnen. Dieser *rich point* kann also dazu beitragen, interkulturelle Phänomene zwischen deutsch- und spanischsprachigen Personen in Bezug auf Gesprächsdynamiken, *turn-taking* oder simultanes Sprechen zu erklären.

Rich points, *hotspots* und *hotwords* erweisen sich als nützliche Quellen für die Erarbeitung von Critical Incidents, wie im nächsten Abschnitt argumentiert wird. Strategien, die das Entstehen eines *common ground* begünstigen, für den Umgang mit Ungewissheit hilfreich sind und die Generierung von Synergie und Komplementarität fördern, bilden wichtige Anhaltspunkte für die Erweiterung von Critical Incidents zu Fallstudien als Form des interkulturellen Lernens.

Methodische Überlegungen zum interkulturellen Lernen mit Critical Incidents und Fallstudien: Erkennen, Verstehen, Handeln

Abschließend sollen im Folgenden drei methodische Aspekte diskutiert werden, die im Zusammenhang mit der Entwicklung einer Didaktik des interkulturellen Lernens mit Critical Incidents stehen: erstens die Konstruktion von Critical Incidents, zweitens ein didaktisches Rahmenkonzept zur Bearbeitung von Critical Incidents und drittens einige mögliche Erweiterungen von Critical Incidents hin zu komplexeren Fallstudien.

Die Gewinnung von Materialien für die Konstruktion von Critical Incidents wird in der Literatur als ein empirisches Vorgehen beschrieben. Flanagan (1954) führt vier Methoden an – Interviews, Gruppeninterviews, Umfragen und Erhebungsformulare (vgl. Flanagan, 1954, S. 342-345) – und weist auf die Notwendigkeit hin, durch die Festlegung eines gemeinsamen Regelwerks sowie durch die korrekte Auswahl und das Training der beobachtenden Personen Objektivität zu sichern (vgl. ebd., 339f.). Dies stellt indes eine Herausforderung dar, da Critical Incidents, wie Heringer (2017) bemerkt, Texte sind, die aus Erzählungen oder Nacherzählungen bestehen. Als solche werden sie aus der Perspektive einer erzählenden Person und mit einer gewissen Intention in einer konventionalisierten und kulturspezifischen Form erzählt (vgl. Heringer, 2017, S. 240). Darüber hinaus sind auch inhaltliche Filter zu vermuten, da Narrationen, damit sie „erzählbar" sind, sich mit kulturrelevanten („culturally salient", Robinson, 1981, S. 64 f.) Themen beschäftigen müssen. Für die Konstruktion und Didaktisierung von Critical Incidents hat dies mehrere praktische Konsequenzen. Eine vermeintlich objektive Form (z. B. in der dritten Person) ist erstens nicht unbedingt vorteilhaft, weil sie die Perspektive der erzählenden Person verschleiern kann. Wenn die Sichtweise, die Sprache und der Diskurs der handelnden Person dagegen sichtbar sind, erweist es sich als einfacher, einen *rich point* zu identifizieren, ihn als *hotspot* zu klassifizieren sowie ggfs. *hotwords* zu erkennen und eine Rollenreflexion anzuleiten. Da im Fremdsprachenunterricht meistens Beziehungen zwischen zwei Kulturräumen im Fokus stehen, empfiehlt es sich darüber hinaus, Critical Incidents aus den Perspektiven von Mitgliedern beider Kulturgruppen vorzubereiten, um auf vielfältige Sichtweisen sowie auf die Kontextabhängigkeit der *rich points* aufmerksam zu machen. Schließlich kann versucht werden, Erzählungen zu sammeln, die thematisch nicht nur misslungene, sondern auch erfolgreiche Kommunikationsabläufe und die Entstehung von Synergien abbilden.[7]

Als methodisches Rahmenkonzept zur didaktischen Bearbeitung von Critical Incidents im Fremdsprachenunterricht wird hier ein dreischrittiges Verfahren interkulturellen Lernens vorgeschlagen: *Erkennen, Verstehen, Handeln*.[8] Es knüpft einerseits an Deardorffs (2006) Idee einer „Lernspirale" interkultureller Kompetenz an, die von Spitzberg und Changnon (2009, S. 33) als Kausalpfadmodell klassifiziert wird, da es aus einer Forschungsperspektive auf die internen Abhängigkeiten des Systems fokussiert. Die vier Elemente dieses Modells sind Einstellungen (*attitudes* – als Voraussetzung, z. B. Offenheit), Wissen und Verständnis (*knowledge and comprehension* – als Handlungskompetenz, z. B. soziolinguistische Sensibilität), interne Wirkung (*desired internal outcome* – als Reflexionskompetenz, z. B. Empathie) und externe Wirkung (*desired external outcome* – als konstruktive Interaktion, z. B. effektive und angemessene Kommunikation). Da das von uns an dieser Stelle vorgeschlagene Konzept eher die Perspektive des interkulturellen Lernens als die interkulturelle Kompetenzforschung adressiert, ist die Trennung zwischen Handlungskompetenz und tatsächlicher Interaktion weniger gewinnbringend, so dass die Komplexität auf drei Bestandteile reduziert werden kann. So besteht ein Bezug zwischen *Erkennen* und Einstellungen, *Verstehen* und interner Wirkung und *Handeln* und Wissen, Verständnis sowie externer Wirkung. Das dreistufige Konzept ist darüber hinaus mit der klassischen Unterscheidung zwischen affektiven, kognitiven und konativen Kompetenzen (vgl. Bolten, 2015, S. 189) konsistent und auch vom im interkulturellen Lernen

---

[7] Im Kontext des schulischen Fremdsprachenunterrichts könnten beispielsweise Austausch- und Begegnungsprogramme oder auch Studienreisen dazu genutzt werden, um zielgruppengerechte Critical Incidents zu erheben, z.B. über individuelle Methoden wie Reisetagebücher oder schriftliche Erhebungen oder auch über Gruppendiskussionen, Partnerinterviews etc.
[8] Vgl. die Umsetzung des Konzepts und seine methodische Erprobung für den schulischen Fremdsprachenunterricht Französisch (Vatter u. Zapf, 2012) bzw. Spanisch (Montiel, Vatter u. Zapf, 2014).

weitverbreiteten Anspruch inspiriert, kulturgeladene Urteile zunächst auszusetzen, um sich auf das Wahrgenommene und auf seine mögliche Interpretation zu konzentrieren, wie es beispielsweise in der *DIE*-Übung (*describe, interprete, evaluate*) bzw. deren Neuformulierung als *DAE*-Übung (*describe, analyze, evaluate*, vgl. Nam u. Condon, 2010) praktiziert wird.

Die Phase *Erkennen* besteht folglich in der möglichst wertfreien, beschreibenden Auseinandersetzung mit dem Inhalt, mit den Rollen der beteiligten Personen und mit den kontextuellen Faktoren des Critical Incident. Dies sorgt für eine informierte Wahrnehmung der Situation und der Interaktion. Im zweiten Schritt *Verstehen* geht es primär um die Identifizierung möglicher *rich points* in der Erzählung. Ein zentrales Instrument dafür bildet die Offenlegung und Interpretation von *hotwords* in den beteiligten Sprachen, wobei sich natürlich auch non-verbale Kommunikationsprozesse als aufschlussreich erweisen können. Außerdem wird die Diskursivität der Erzählung analysiert und, nicht zuletzt, mögliche, für die Interaktion relevante soziohistorische Faktoren betrachtet. Basierend auf dieser Analyse lassen sich alternative Erklärungsmuster für das Critical Incident entwickeln. Dabei sollten die unterschiedlichen Perspektiven der Beteiligten, aber auch eigene Interpretationsansätze, berücksichtigt werden. *Handeln*, die letzte Phase, ist schließlich der Erarbeitung von Strategien zum Umgang mit den möglichen Kommunikationsstörungen, Missverständnissen oder Ambiguitätssituationen gewidmet, die im Zusammenhang mit dem *rich point* stehen. Da Critical Incidents mit monokausalen Erklärungen meistens nur unzureichend ausgelegt werden können, stehen Fähigkeiten zum Umgang mit Unsicherheit, zur Koorientierung in der Kommunikation und zur Schaffung von Komplementarität in Zentrum dieses Schritts im Lernprozess.

Im Fremdsprachenunterricht wird interkulturelles Lernen in den sprachlichen Lernprozess integriert. Demzufolge sollte die Didaktisierung eines Critical Incident auch diese Variable berücksichtigen und alternative Aufgabenstellungen anbieten, welche verschiedenen Kompetenzniveaus in der Zielsprache gerecht werden. Die Abstimmung kann in Hinblick auf ein und denselben Critical Incident durch die Wahl von Aufgaben erfolgen, die ein mehr oder minder detailliertes Verständnis des Textes und breite oder eingeschränkte eigene Textproduktion seitens der Lernenden erfordern. So bietet sich beispielsweise an, ausgehend von einer Erstkontakt- / Begrüßungssituation das verbale, paraverbale und nonverbale

Repertoire für verschiedene Personenkonstellationen und Begegnungskontexte über sprachliche Register, Gesten etc. zu erweitern, z.b. im Spanischunterricht (Montiel, Vatter u. Zapf, 2014, S. 31 ff.). Andere Möglichkeiten wären zum Beispiel die Stellungnahme zu möglichen Erklärungen eines Critical Incident, z.b. als Multiple Choice, bis hin zu Aufgaben zur schriftlichen Textproduktion in der Fremdsprache, die der Reflexion der kritischen Interaktionssituation dienen (vgl. Montiel et al., 2014, S. 102 ff.; Vatter u. Zapf, 2012, S. 99 ff.).

Critical Incidents können schließlich durch verschiedene Verfahren erweitert werden, um somit ein Komplexitätsniveau zu erreichen, das nah an das des *Case Study*-basierten Lernens heranreicht. Auf diese Weise wird die Lernerfahrung vertieft und kontextualisiert, so dass die Gefahr stereotypen, kulturspezifischen Wissens und unreflektierter Kommunikationsstrategien minimiert werden kann. Dagegen lässt sich auf diese Weise ein holistischer Lernprozess initiieren, der der inhärenten Komplexität interkultureller Kommunikationssituationen sowie dem Prozesscharakter und Koorientierungs- bzw. Komplementaritätsansätzen Rechnung trägt. Vier Methoden zur Erweiterung interkultureller Critical Incidents werden im Folgenden beispielhaft dargestellt.

a) *Kulturkontrastive Nachstellung*: Die Lernenden erarbeiten den möglichen Verlauf einer vergleichbaren Situation des Critical Incident in ihrem eigenen kulturellen bzw. sprachlichen Kontext. Die Aufgabe beruht auf Agars erwähntem Vorschlag, Ähnlichkeiten zu nutzen, um Differenz zu verstehen (vgl. Agar, 1994, S. 86). Diese Aktivität ist in erster Linie für die Phase *Erkennen* geeignet, da so *rich points* besonders sichtbar gemacht werden können.

b) *Kultur- und sprachspezifische Analyse*: In Arbeitsgruppen recherchieren Teilnehmende über soziale, historische, pragmalinguistische und kontextuelle Faktoren, die für die Interpretation des Critical Incident in Erwägung gezogen werden können. Mit dieser Methode lassen sich stereotype Erklärungsmuster vermeiden und die Ergebnisse bilden eine geeignete Basis für die Herausbildung von *common ground*. Diese Aktivität passt demzufolge zur Phase *Verstehen*.

c) *Interaktionsfortführung*: In der Phase *Handeln*, nachdem die Teilnehmenden eine Handlungsstrategie gewählt haben, erhalten sie die Aufgabe, den Critical Incident „weiterzuschreiben". Sie sollen beschreiben, wie diese Strategie konkret umgesetzt werden könnte, und sich vorstellen, wie die einzelnen Akteure reagieren und welche Konsequenzen sich aus dieser Strategie für ihre Beziehung ergeben könnten. Diese Methode fördert eine reflektierte Handlungsorientierung, unterstützt die Auseinandersetzung mit Ungewissheit - von der Suche nach Information oder sozialer Unterstützung über Anpassung an chronische Unsicherheit bis zum Management von Unsicherheitsmanagement –, gibt Anhaltspunkte, um Komplementaritäts- und Synergieprozesse zu begünstigen, und ermöglicht das Erlernen sprachlicher Ressourcen, die für die Umsetzung der gewählten Lösungsstrategien notwendig sind.

d) *Vernetzung*: Agar beschreibt *languacultures* als organisierte Vernetzung von *rich points* (vgl. Agar, 1994, S. 135). Von diesem Konzept ausgehend erscheint es didaktisch vorteilhaft, mehrere Critical Incidents in einer vorbestimmten Ordnung mit dem Ziel zu bearbeiten, dass Teilnehmende diese ganzheitlich analysieren, um mögliche Verbindungen zwischen den dazugehörigen *richt points* zu erkennen und zu diskutieren. In diesem Sinne könnte beispielsweise ein erster Critical Incident das Thema Vertrauen, ein zweiter den Umgang mit Autorität und ein dritter Aspekte von Höflichkeit behandeln.

Neben diesen vom einzelnen Critical Incident ausgehenden Erweiterungsmöglichkeiten bleibt perspektivisch das Desiderat einer vertiefenden Weiterführung und damit steigenden Komplexität durch die Verknüpfung von Critical Incidents mit fallstudienbasierten Szenarien zum interkulturellen Lernen. Für den schulischen und universitären Fremdsprachenunterricht könnte eine auf *rich points* aufbauende, strukturierte Sammlung von Critical Incidents, die jeweils zu komplexeren Case Studies erweitert werden, als wertvolle Basis zur integrierten Vermittlung von sprachlichen und interkulturellen Kompetenzen dienen. Bestehende Methoden wie die oben beschriebene *simulation globale* könnten durch die gezielte Einbeziehung von *rich points* bereichert und damit Anlass für interkulturelle Lernprozesse bieten, die das Erproben von Koorientierung, das Schaffen von *common ground* etc. unterstützen und damit dem aktuellen Stand der interkulturellen Kommunikations- und Interaktionsforschung gerecht werden. Erste Ansätze in diesem Sinne wurden bereits vorgelegt, z.B. von Jäger (2017), die in einer explorativen Studie komplexe Fallstudien mit interkultureller Zielrichtung („études de cas à visée interculturelle") für den universitären Französischunterricht entwickelt und erprobt hat. Damit schlägt die interkulturelle Fremdsprachendidaktik auch eine Brücke zu aktuellen Ansätzen der interkulturellen Kompetenzentwicklung, die mit Planspielen und Simulationen komplexe Szenarien zum interkulturellen Lernen vorsehen (vgl. Bolten, 2002; Stang u. Zhao, 2020; Rebane u. Arnold, 2021).

Literatur

Agar, Michael H. (1994). Language shock. Understanding the culture of conversation. New York: William Morrow.

Barmeyer, Christoph; Franklin, Peter (Hrsg.) (2016). Intercultural management: A case-based approach to achieving complementarity and synergy. London: Palgrave.

Barmeyer, Christoph (2018). Konstruktives interkulturelles Management. Göttingen: Vandenhoeck & Ruprecht.

Beauftragte der Bundesregierung für die Belange von Ausländern (1997). Deutsch lernen – (k)ein Problem? Sprache und Sprachkompetenz als Instrument der Integration. Bonn.

Bennett, Milton (1986). A developmental approach to training for intercultural sensitivity. International Journal of Intercultural Relations, 10 (2), 179-196.

Bolten, Jürgen (2002). InterAct – Zur Konzeption eines interkulturellen Unternehmensplanspiels. In Bettina Kluth Cothran; Anne-Katrin Gramber (Hrsg.), The Global Connection: Issues in Business German (S. 195-201). Waldsteinberg: Heidrun Popp.

Bolten, Jürgen (2015). Einführung in die interkulturelle Wirtschaftskommunikation (2. Aufl.). Göttingen: Vandenhoeck & Ruprecht.

Bosse, Elke (2011). Qualifizierung für interkulturelle Kommunikation. Trainingskonzeption und -evaluation. München: Iudicum.

Brashers, Dale (2001). Communication and uncertainty management. Journal of Communication, 51 (3), 477-497.

Bredella, Lothar; Christ, Herbert (Hrsg.) (2007). Fremdverstehen und interkulturelle Kompetenz. Tübingen: Narr.

Byram, Michael (1997). Teaching and assessing intercultural communication competence. New York: Multilingual Matters.

Deardorff, Darla (2006). Identification and assessment of intercultural competence as a student outcome of internationalization. Journal of Studies in Intercultural Education, 10 (3), 241-266.

Dervin, Fred (2017). Critical interculturality: Lectures and notes. Newcastle upon Tyne: Cambridge Scholars Publishing.

Diebold, Karin (2005). Neuzugewanderte Jugendliche – Migrationshintergründe und Hilfen zur Integration. In Katja Feld; Josef Freise; Annette Müller (Hrsg.), Mehrkulturelle Identität im Jugendalter. Die Bedeutung des Migrationshintergrunds in der sozialen Arbeit (S. 32-62). Münster: Lit Verlag.

Europarat (2018). Common European framework of reference for languages: learning, teaching, assessment. Companion volume with new descriptors. unter https://rm.coe.int/cefr-companion-volume-with-new-descriptors-2018/1680787989 (01.07.2019).

Fetscher, Doris (2015). Critical Incidents in der interkulturellen Lehre. In Mohammed Elbah; Redoine Hasbane; Martina Möller; Rachid Moursli; Naima Tahiri; Raja Tazi (Hrsg.), Interkulturalität in Theorie und Praxis (S. 108-123). Rabat: Faculté des Lettres et des Sciences Humaines.

Fiedler, Fred E.; Mitchell, Terence; Triandis, Harry C. (1971). The culture assimilator. An approach to cross-cultural training. Journal of Applied Psychology, 55 (2), 95-102.

Fischer, Johann; Casey, Etain; Abrantes, Ana Margarida; Gigl, Elke; Lešnik, Marija (Hrsg.) (2008). LCaS – Language case studies. Teacher training modules on the use of case studies in language teaching at secondary and university level. A handbook. Strasbourg: Council of Europe.

Flanagan, John C. (1954). The critical incident technique. Psychological Bulletin, 51 (7), 327-358.

Grünewald, Andreas; Küster, Lutz (Hrsg.) (2018). Fachdidaktik Spanisch. Handbuch für Theorie und Praxis. Stuttgart: Klett.

Helmolt, Katharina von (2007). Interkulturelles Training: Linguistische Ansätze. In Jürgen Straub; Doris Weidemann; Arne Weidemann (Hrsg.), Handbuch interkulturelle Kommunikation und Kompetenz: Grundbegriffe, Theorien, Anwendungsfelder (S. 736-772). Stuttgart: Metzler.

Helmolt, Katharina von; Berkenbusch, Gabriele; Jia, Wenjian (Hrsg.) (2013). Interkulturelle Lernsettings. Konzepte – Formate – Verfahren. Stuttgart: Ibidem.

Heringer, Hans-Jürgen (2010). Interkulturelle Kommunikation. Tübingen u. Basel: A. Francke.

Heringer, Hans Jürgen (2017). Interkulturelle Kommunikation (5. Auflage). Tübingen: Narr Francke Attempto.

Heringer, Hans-Jürgen (2019). Critical Incidents. In Christiane Fäcke; Franz-Joseph Meißner (Hrsg.), Handbuch Mehrsprachigkeits- und Mehrkulturalitätsdidaktik (S. 480-484). Tübingen: Narr.

Jaeger, Catherine (2017). Les études de cas comme vecteur de compétences interculturelles dans l'enseignement des langues. Paris: Université Paris Nanterre (unveröffentl. Dissertation).

Kammhuber, Stefan (2000). Interkulturelles Lernen und Lehren. Wiesbaden: DUV.

Kecskes, Istvan (2015). Intracultural communication and intercultural communication: Are they different? International Review of Pragmatics, 7, 171–194.

King, Patricia; Baxter Magolda, Marcia (2005). A developmental model of intercultural maturity. Journal of College Student Development, 46 (6), 571–592.

Maak, Diana (2011). »Geschützt im Mantel eines Anderen« – Die »globale Simulation« als Methode im DaF-Unterricht. InfoDaf, 5, 551-565.

Mahadevan, Jasmin, Primecz, Henriett, Romani, Laurence (Hrsg.) (2020). Cases in critical cross-cultural management. An intersectional approach to culture. New York, London: Routledge.

Montiel, Francisco Javier; Vatter, Christoph; Zapf, Elke C. (2014). Interkulturelle Kompetenz – Spanisch. Erkennen – Verstehen – Handeln. Stuttgart: Klett.

Müller-Jacquier, Bernd (2000). Linguistic Awareness of Cultures: Grundlagen eines Trainingsmoduls. In Jürgen Bolten (Hrsg.), Studien zur internationalen Unternehmenskommunikation (S. 20-51). Leipzig: Popp.

Nam, Kyoung-Ah; Condon, John (2010). The DIE is cast: The continuing evolution of intercultural communication's favorite classroom exercise. International Journal of Intercultural Relations, 34 (1), 81–87.

Nieweler, Andreas (Hrsg.) (2017). Fachdidaktik Französisch. Das Handbuch für Theorie und Praxis. Stuttgart: Klett.

Rebane, Gala; Arnold, Maik (2021). „Experiment D" – Planspiel zur Förderung interkultureller Kompetenz. Konzept, Inhalte und Erfahrungen. Interculture-Journal, 20 (34), 99-108.

Robinson, John (1981). Personal narratives reconsidered. The Journal of American Folklore, 94 (371), 58-85.

Schumann, Adelheid (2012). Critical Incidents als Forschungsinstrument und als Trainingsgrundlage. In Adelheid Schumann (Hrsg.), Interkulturelle Kommunikation in der Hochschule. Zur Integration internationaler Studierender und Förderung interkultureller Kompetenz (S. 55-79). Bielefeld: transcript.

Sippel, Vera A. (2003). Ganzheitliches Lernen im Rahmen der *Simulation globale*. Grundlagen – Erfahrungen – Anregungen. Tübingen: Narr.

Spitzberg, Brian; Changnon, Gabrielle (2009). Conceptualizing intercultural competence. In Darla Deardorff (Hrsg.), The SAGE handbook of intercultural competence (S. 2-52). Thousand Oaks: SAGE.

Stang, Alexandra; Zhao, Quian (2020). Gestaltung virtueller kollaborativer Teamarbeit am Beispiel des Planspiels Megacities. Konsequenzen für die Moderation aus deutsch-chinesischer Perspektive. Interculture-Journal, 19 (33), 27-43.

Utley, Derek (2004). Intercultural resource pack. Intercultural communication for language teachers. Cambridge: Cambridge University Press.

Vatter, Christoph; Zapf, Elke C. (2012). Interkulturelle Kompetenz – Französisch. Erkennen – Verstehen – Handeln. Stuttgart: Klett.

Vatter, Christoph; Otterpohl, Maja; Robichon, Julien; Schäfer, Kathrin (2013). Interkulturelle Herausforderungen im Auslandspraktikum – methodische Ansätze und Materialien zur Arbeit mit deutsch-französischen Critical Incidents im Unterricht. In Christoph Vatter (Hrsg., unter Mitarbeit von Hans-Jürgen Lüsebrink und Joachim Mohr), Praktikum / Stage. Interkulturelle Herausforderungen, praktische Umsetzung und didaktische Begleitung von schulischen Praktika im Partnerland (S. 175-288). St. Ingbert: Röhrig Universitätsverlag.

Vatter, Christoph (2020). Interkulturelle Kompetenz und Fremdsprachenunterricht: Von der Konstruktion kultureller Differenz zur Verantwortung in der Migrationsgesellschaft? In Alois Moosmüller (Hrsg.), Interkulturelle Kompetenz. Kritische Perspektiven (S. 365-382). Münster: Waxmann.

Wierlacher, Alois; Bogner, Andrea (Hrsg.) (2003). Handbuch Interkulturelle Germanistik. Stuttgart: Metzler.

Yaiche, Francis (1996). Les simulations globales. Mode d'emploi. Paris: Hachette.

Kirsten Nazarkiewicz

Was ist das Kritische an Kritischen Interaktionssituationen? – Critical Incidents aus kulturreflexiver Sicht

Das kritische Ereignis und die Methode der Critical Incidents (CI) sind aus der Interkulturellen Kommunikation und Kompetenzentwicklung ebenso wenig wegzudenken wie naiv einzusetzen. Spätestens seit der Dynamisierung des Kulturbegriffs stehen CIs unter dem Verdacht, Kulturalismus zu reproduzieren. Das ist bedauerlich, ist doch das fallbasierte Lernen eine hilfreiche pädagogische Form und CIs von prominenter Bedeutung hinsichtlich der Perspektivenerweiterung im Interkulturellen Lernen (Groß u. Leenen, 2019). Trotz dieser Kritiken betrachte ich CIs weiterhin als wichtige und keineswegs überholte Übung, zumal das Lernen am Exempel eine lange pädagogische Tradition und hohe Güte hat (vgl. Groß in diesem Band). Erlebte, weitergegebene – in jedem Fall (re-)konstruierte – Ereignisse werden als Ausschnitt aus der undurchdringlichen Vielfalt und Komplexität der Lebenswirklichkeit in einem handlungsentlastenden Rahmen (z.B. einer Veranstaltung) näher betrachtet. So können Herausforderungen für die interkulturelle Kompetenzentwicklung veranschaulicht, verdeutlicht und besprochen werden. Die erzeugte Lebensnähe des erzählten Geschehens in Form von CIs stellt Bezug oder Betroffenheit her und erzeugt bestenfalls ein Staunen und damit die Aufnahmebereitschaft für neues Wissen oder andere Perspektiven. Vor dem Hintergrund des vorhandenen Potenzials können so „Ereignisse", seien sie erlebt, berichtet oder auch pädagogisch konstruiert, weiterhin für das Interkulturelle Lernen fruchtbar gemacht werden.

Ich werde im Folgenden an einem Fallbeispiel eine kulturreflexive Herangehensweise an CIs darlegen, die sich ihren Gegenständen mit drei auf unterschiedlichen Kulturbegriffen basierenden methodologischen Herangehensweisen nähert. Zugleich verändert sich mit jeder dieser Metaperspektiven u.a. der Blick auf die Situation, das Verständnis vom eingesetzten und zu lernenden Wissen und legt dabei potenziell andere Lern- und

Lösungsschritte nahe.[1] Dabei vertrete ich die These, dass „das Kritische" in CIs höchst verschieden sein kann und folgere daraus schließlich, dass jegliches Material kulturreflexiv analysiert, behandelt und zum Interkulturellen Lernen genutzt werden kann.

Kulturreflexivität am Beispiel des CIs „Der Taschenträger"

Die kulturreflexive Frage bezieht sich darauf, mit welchem Kulturbegriff wir uns ein Ereignis, sei es erlebt oder erzählt, sei es ein Bild oder eine Kommunikationssequenz, erschließen und welche Qualität wir dem damit verbundenen Wissen zuschreiben. Es handelt sich daher um einen Ansatz, bei dem man – alltagsweltlich ausgedrückt – unterschiedliche Brillen aufsetzt, mit denen man auf den Fall blickt. Erläutert wird die kulturreflexive Herangehensweise der *Metaperspektiven* am Beispiel des zur Verfügung gestellten CIs „Der Taschenträger" (vgl. „Die CI-Werkstatt" in diesem Band).[2]

Der „Taschenträger"

Ich bin da in einer Klasse, da ist irgendwie der Wurm drin. Besonders schlimm ist, dass in der Klasse immer ziemlich großes Chaos herrscht. Ich glaub mittlerweile, ich muss da wirklich mal hart durchgreifen, obwohl ich das überhaupt nicht so regeln will! Aber die nehmen mich manchmal einfach nicht ernst, vielleicht, weil ich noch jung bin, da gibt's so ein paar türkische Jungs, so eine richtige Clique, die provozieren mich, wo sie nur können! Dabei versuche ich immer, alle fair und vernünftig zu behandeln, die Schüler zu beteiligen, wo immer es geht, meine Entscheidungen zu begründen... Aber irgendwie verstehen die mich manchmal gar nicht, hab ich das Gefühl, und ich weiß nicht, ob das nur an der Sprache liegt. Ganz besonders hab' ich Ärger mit einem aus dem türkischen Clan, der ist gerade mal 13, aber der ist schon jetzt sowas wie ein Rädelsführer. Der schafft es immer wieder, mich aus dem Konzept zu bringen; er ist vorlaut, stellt nur Unsinn an und macht sich vor seinen Kumpels wichtig – dann wiederum zieht er seine Strippen im Hintergrund, stachelt die anderen auf, ich krieg das ja alles nicht so wirklich mit, weil da viel auf türkisch läuft – der ist da wie so ein kleiner Mafia-Boss, und naja, er legt's halt eben so richtig drauf an, mich vor der Klasse lächerlich zu machen. All meine Versuche, mit ihm vernünftig

---

[1] Unter methodologischen Herangehensweisen, bildlich „Metaperspektiven", werden Bündelungen wissenschaftlicher Theorien und Erkenntnisse verstanden, welche ein bestimmtes Wissen in Bezug auf Kultur bevorzugen und die folglich auch im Training methodische Herangehensweisen nahelegen. Beispielhaft an CIs kann man diese an einer einzigen Methode darstellen.

[2] Im Beitrag „Kulturreflexivität im Umgang mit dem Critical Incident" in diesem Band habe ich argumentiert, dass ich den Text für den Einsatz in einem Trainingskontext aus didaktischen Gründen umschreiben würde, weil die mit der sprachlichen Konstruktion des Falls entstehenden Moraldynamiken schwer(er) zu moderieren sind. In diesem Beitrag verfolge ich den Gedankengang, dass sich jegliches Ereignis oder Material für die kulturreflexive Herangehensweise eignet und arbeite daher mit dem uns zur Verfügung gestellten Originaltext.

zu reden, sind bisher ohne Erfolg geblieben. Die älteren Kollegen haben mir schon geraten, den musst Du eben richtig anpacken, wenn der nicht spurt, ziehst Du es durch bis zur Klassenkonferenz, das ganze Programm. Aber das ist doch Pädagogik von vorgestern!

Und dann war da dieser Vorfall letzte Woche...

Ich war sowieso schon ziemlich gestresst, und just in dieser Stunde hat es mein spezieller Freund mal wieder ganz besonders drauf angelegt, bis mir der Kragen geplatzt ist und ich wütend zu ihm gesagt habe: ‚So, mein Freund, jetzt reicht's, Du bleibst nach der Stunde hier, mit Dir hab ich ein Wörtchen zu reden!' Er hat nur gegrinst und Faxen gemacht.

Als es dann später zur Pause klingelte, will sich der Kerl doch einfach mit den anderen aus dem Klassenzimmer verdrücken! Da bin ich wirklich ausgerastet – bin hinter ihm her, hab ihn mir gegriffen, ihn am Kragen gepackt und festgehalten. Das war einfach so ein Reflex, und ich hab natürlich sofort wieder losgelassen. Aber es war passiert...Ich bin in der Pause zum Direktor gegangen, und hab ihm das gebeichtet – Ich hab die Kontrolle verloren und den Schüler angepackt, und das als angehende Religionslehrerin! Ich war fix und fertig...

Aber das Schlimmste kommt noch: Als ich am nächsten Morgen mit dem Wagen zur Schule kam, steht doch der Junge tatsächlich auf dem Parkplatz – und scheint auf mich zu warten!

Ich wusste nicht, was da jetzt wieder auf mich zukommt und wie ich reagieren soll. Als ich dann die Wagentür aufmache, sagt er doch zu mir: „Frau ..., darf ich Ihnen die Tasche tragen?" Das war wirklich voll schlimm – da waren ja auch noch Kollegen in der Nähe, die auch gerade auf dem Parkplatz waren, die haben das natürlich alles mitgekriegt!

Ergänzende Informationen

Der Text ist in einer offen ausgeschriebenen interkulturellen Fortbildung entstanden. Die Teilnehmer*innen hatten die Aufgabe, ein kritisches Ereignis aus ihrem Berufsalltag in einer für sie geeigneten Form zu beschreiben.

Die Autorin war zum damaligen Zeitpunkt Referendarin mit der Fächerkombination Evangelische Religionslehre und Deutsch an einer Gesamtschule in einem urbanen Stadtteil mit „besonderem Entwicklungsbedarf". Die Klasse, von der im Fall die Rede ist, gehörte zur Jahrgangsstufe 7; die Verfasserin unterrichtete die Klasse in Deutsch und sollte in dieser Klasse auch eine Lehrprobe durchführen. Die Klasse zeichnete sich nach Angaben der Verfasserin durch einen für die Schule vergleichsweise hohen Anteil an Schüler*innen mit Migrationshintergrund aus und galt im Kollegium als „schwierig".

Die im Folgenden systematisch an den drei kulturreflexiven Metaperspektiven ausgerichteten Erläuterungen orientieren sich im Beitrag hier vor allem an der Frage des Lernens, in dessen Kontext CIs oft eingebettet sind und damit an der Triade Kulturbegriff – Wissen – Lernen.[3] Da Qualität

---

[3] Die Darstellung der Metaperspektiven ließe sich u.a. auch am Beispiel des Verständnisses von Identität, dem Körper oder der Interaktions- und Beziehungsqualität erläutern.

und Geltungsanspruch von Wissen mit jeder Metaperspektive wechselt, verändern sich auch Theoriesprache und Begrifflichkeiten bei ihrer Erläuterung. Um das Besondere der Herangehensweisen hervorzuheben, wird jeweils eine sie verdeutlichende Methodologie beschrieben, wobei eine interaktionistische Orientierung beibehalten wird. Die Metaperspektiven sind bezüglich eines konkreten Falls weder stets in dieser Reihenfolge noch in der so erscheinenden Trennschärfe zu vollziehen, sondern sollen Fragen und Vorgehensweisen inspirieren. Die Darstellung dient der durch eine idealtypische Ordnung entstehenden leichteren Erfassbarkeit.[4]

Metaperspektive: „Quasi-natürliche Weltanschauung"
Die erste Metaperspektive dürfte eine vertraute sein. Sie begreift Kultur als die lebendigen, dynamischen und mehrdimensionalen Sozialisations- und Handlungskontexte, welche den selbstverständlichen und unhinterfragten Boden alltäglichen Interpretierens und Handelns bilden. Die Vollzugswirklichkeit, in die wir über relevante Bezugspersonen enkulturiert werden, stellt eine symbolische Praxis dar. Diese stellt Routinen und Normen bereit, die wir erfahren, mit denen wir uns individuell lebensgeschichtlich auseinandersetzen und die wir verhandeln, hinsichtlich derer wir dennoch vieles unhinterfragt übernehmen. Das Essen beendet haben z.B., kann unterschiedlich signalisiert werden, das Besteck wird parallel oder kreuzweise auf dem Teller platziert oder die Hand auf den Bauch gelegt, usw. Wer die Bedeutung kennt, kann die Geste erkennen und sie praktizieren. Im Alltag greifen wir ständig auf vorbewusste Handlungsorientierungen zurück, und nur, wenn es nicht gelingt, sich problemlos zu verständigen, wenn Zeichen gar nicht oder falsch gedeutet werden, wird die Vertrautheit mit dem Gegenüber und die Reichweite der eigenen Grundannahmen in Frage gestellt. Mit diesem Kulturverständnis wird davon ausgegangen, dass es *ein Deutungsreservoir an Wissen gibt*, das man erfahren, erlernen und anwenden kann, um den Sinn von Handlungen oder Situationen zu erschließen und sich kompetent in einer Gruppe zu verhalten.

---

[4] Jede Metaperspektive umfasst jeweils ganze Debattenstränge in der interkulturellen Kommunikationsforschung. Dabei lassen sich beispielhaft zitierte Autor*innen nicht immer eindeutig zuordnen, zumal ich nicht zwischen Mikro- und Makroansätzen unterscheide. Bezogen auf den Umgang mit Wissen beim Interkulturellen Lernen jedoch, können einige idealtypisch gemeinsam gedacht werden, um die Metaperspektive zu illustrieren.

Im Zuge der Entstehung des „Interkulturellen Paradigmas" (Haas, 2009) in verschiedenen Disziplinen, wird die gruppenbezogene Kulturgebundenheit von Herangehensweisen und Vorverständnissen zunehmend reflektiert und diese Relativierung der eigenen Weltanschauung nenne ich als kulturreflexive Metaperspektive die *quasi-natürliche Weltanschauung*.[5] Hierzu zähle ich auch die Ergebnisse der interkulturellen Kommunikationsforschung, die insbesondere in der Phase entstanden sind, die Piller (2009, S. 318) „Intercultural Communication 1.0" nennt. Obwohl auf Studien basierend, werden inzwischen auch Konzepte zweiter Ordnung (z.B. „Hierarchieorientierung" oder „indirekte Kommunikation") zur Interpretation und zum gelingenden Perspektivenwechsel eingesetzt. Als Bezugsgrößen stehen meist nationalstaatlich konzipierte oder an Sprachen und Sprachgebrauch festgemachte kulturelle Differenzen im Vordergrund.[6] Diese Tradition von Theorien, Studien und Modellen, die sich daran orientiert, musterhafte Orientierungs- oder Motivationsbeschreibungen im Verhalten sowie Regelmäßigkeiten zu erschließen, wird auch in Zeiten eines dynamisierten Kulturverständnisses weiter fortgesetzt (z.B. Franzke, 2017; Gelfand, 2018). Mit Hilfe von Deutungsressourcen wie Werteorientierungen oder Kulturstandards soll das ggf. ungewöhnlich erscheinende Handeln von Menschen mit erlernten Deutungsmustern interpretierbar werden.

Das Deutungswissen kann der Erfahrung oder Studien der Interkulturellen Kommunikationsforschung entstammen, erfragt oder über Erfahrungsweitergabe gelernt sein. Stets bezieht es sich auf kulturelle Praktiken aller Art, die „identifiziert" werden, seien es angenommene „Landeskulturen", Wissen über Milieu- oder Peergroupverhalten, kurz auf Lebens-

---

[5] Schütz nennt den Boden unserer alltäglichen Lebenswelt, den wir als fraglos gegeben annehmen „natürliche Weltanschauung" (hierzu gehört beispielsweise, dass wir annehmen, dass andere Menschen über ein ähnliches Bewusstsein verfügen wie ich). Schütz u. Luckmann, (1979, S. 47) gehen im Anschluss daran wissenssoziologisch von einem kollektiven „kommunikativen Haushalt" aus, in dem unser Wissen und die Formen, es zu kommunizieren gespeichert sind. Ich nenne dieses Deutungsreservoir quasi-natürliche Weltanschauung, weil es nur solange natürlich ist, bis es von jemandem problematisiert wird. Zu diesem können auch die insbesondere im interkulturellen Bezug inzwischen bereits alltagsweltlich bekannten Studienergebnisse über Kulturdimensionen gehören, eben alles, was als gegebene Sinndeutungen angenommen wird.

[6] Zu nennen sind hier die Klassiker der Ethnologie, Kulturanthropologie und Interkulturellen Psychologie wie Edward T. Hall, Geert Hofstede oder Alexander Thomas und die aus der Regensburger Schule hervorgegangenen Bücher zu Kulturstandards verschiedener Landeskulturen und mehr praxisorientierte Autor*innen wie Lewis (When cultures collide, 1996), Storti (Cross-cultural Dialogues, 2006) oder Meyer (The Culture map, 2016).

welten aller Art.[7] „Wissen ist Macht", das inzwischen als geflügeltes Wort in die Alltagssprache eingegangene Zitat von Bacon meint hier Kenntnisse (im Unterschied zu Unkenntnis), ein Wissen, das wir über Verstehen aneignen, das wir nutzen oder erfragen, um etwas zutreffender zu interpretieren oder Perspektiven nachvollziehen zu können. Ein großer, wenn nicht der größte Anteil der in der Pädagogik eingesetzten CIs und deren methodische Erschließung, setzt dieses Vorgehen ein.[8] Gelernt werden neben Interpretationen und dem Einnehmen verschiedener Perspektiven, auch Awareness, Selbstregulation sowie Verhandlungen und Vermittlungen zwischen verschiedenen Perspektiven, um zu Lösungen zu kommen.

Wenn Personen aus verschiedenen Lebenswelten sich mit entsprechenden Vorannahmen begegnen, kann es zu Fehlinterpretationen und Missverständnissen kommen. Kultur erscheint als Herausforderung für das interkulturelle Lernen auf allen Ebenen enkulturalisierten Wissens. Metaperspektivisch ist zu reflektieren, dass beim Interpretieren selbst der Kulturbegriff tendenziell geschlossen ist und man kulturspezifisches oder kulturallgemeines Wissen erwerben kann, um es Sinn deutend anzuwenden. Man nähert sich dem Fall also als „Wissende*r" und analysiert das Verhalten mit Erfahrungswissen, Kulturstandards oder kulturellen Werten, um es nachzuvollziehen.

Anwendung der 1. Metaperspektive auf den „Taschenträger"
Für die erste Metaperspektive wird im Fallbeispiel eine Reihe von Punkten angesprochen, die man mit (inter-)kulturellen Wissensbeständen deuten kann. Die Erzählende spricht über ihre eigenen Orientierungen, die darin bestehen „alle fair und vernünftig zu behandeln, die Schüler zu beteiligen" und die eigenen Entscheidungen zu begründen und „vernünftig zu reden". Die genannten handlungsleitenden Werte geben Auskunft über ihr mögliches Autoritäts- und Regelverständnis, das man mit aus der interkulturellen Forschung bekannten Konzepten deuten kann. Sie praktiziert – z.B. mit Hofstede gesprochen – eine tendenziell niedrigere Machtdistanz, indem sie sich beteiligt und argumentiert und daher die Schüler über

---

[7] Zum Zusammenhang von Lebenswelt und Kultur mit interkulturellem Bezug vgl. Fetscher (2021).
[8] Auch hier haben sich im Verlauf der zunehmenden Kritik aufgrund geschlossener Kulturbegriffe, Erweiterungen und Ergänzungen im Umgang mit CIs entwickelt, wie z.B. das KPSI-Modell (Bosse, 2011; Hiller, 2016) oder Vorgehensweisen mit vielen offenen Fragen (z.B. Plaister-Ten, 2016). In diesen Herangehensweisen deutet sich die Komplexität, welche bei der zweiten Metaperspektive im Zentrum steht, schon an.

Überzeugung und Einsicht zu gewinnen versucht. Zugleich ist hier (in Anlehnung an Trompenaars und Hampden-Turner, 1997) auch ein Regelverständnis formuliert, das Orientierungen an einem übersituativen Prinzip von Gerechtigkeit enthält, sicher eher an Konzepten als an Beziehungen orientiert. Mit diesen Erwartungen an sich und die anderen Beteiligten hat sie bislang nach eigener Annahme ihr Handlungsziel der Kooperation allerdings nicht erreicht. Nach ihrem Empfinden wird sie durch verschiedenes unkooperatives Verhalten (ein Schüler „stellt nur Unsinn an") aus „dem Konzept" gebracht. Den Rat der älteren und erfahreneren Kollegen, dann müsse sie „eben richtig anpacken" – und damit ein anderes Konzept – verwirft sie, weil sie dies für eine überholte Pädagogik hält. In diese Interpretationslinie passt auch das Verhalten des Schülers am Auto. Zunächst hatte die Erzählerin vergeblich ein Machtwort gesprochen („jetzt reicht's, Du bleibst nach der Stunde hier") und ihn („aus einem Reflex heraus") am Kragen gepackt und festgehalten. Sie praktiziert damit eine höhere Machtdistanz, in Form von körperlich umgesetzten Grenzen und sich durchsetzender Autorität. Nimmt man interpretierend den türkischen Kulturstandard der „Hierarchieorientierung" (Appl u. Koytek, 2016) hinzu, wird das Verhalten des Schülers auf dem Parkplatz sinnhaft erklärbar. Vorgesetzte aller Art genießen in dieser Logik eine Autorität, die nicht in Frage gestellt oder begründet werden muss. Dies drückt sich auch sprachlich aus, indem z.B. Menschen im Lehrberuf im Alltag mit „Hocam" (mein Lehrer) angesprochen werden. Im Gegenteil, argumentative Beteiligung kann als Schwäche oder Kompetenzmangel ausgelegt werden. Dies könnte die Perspektive des Schülers am nächsten Tag erklären, als er sie auf dem Parkplatz erwartet (Warten auf die ranghöhere Person) und ihr anbietet, ihre Tasche zu tragen. Diese Geste könnte dann als Wiedergutmachung sowie Wiederherstellung und Anerkennung ihrer Respektsrolle interpretiert werden.

Man könnte hier also von einem klassischen interkulturellen Missverständnis sprechen, das konflikthaft verläuft und das man herausarbeiten kann. Die Geschichte enthält auch dafür typische Indikatoren, wie das Gefühl, nicht verstanden zu werden, die eigenen Handlungsziele nicht zu erreichen, sich zu ärgern und rat- und hilflos zu werden, ob des Verlusts des Erfolgs der kulturell gewohnten eigenen Strategien. Wir lesen hier vor allem die Perspektive der Lehrperson, welche bestimmte Werte und Erziehungsideale bevorzugt. Dazu gehört, Kindern keinerlei körperliche Übergriffe und Ohnmachtssituationen zuzumuten (Festhalten am Kragen, auch

Lautwerden und Schreien) und diese als „Gewalt" aufzufassen und zu ächten. Sie erwartet von sich – insbesondere als angehende Religionslehrerin – ein anderes, von ihren Werten kontrolliertes Verhalten. Dafür spräche auch die Schuldreaktion, sie „beichtet" ihr als Kontrollverlust gerahmtes Verhalten bei ihrem Vorgesetzten, dem Direktor. Die aus dem Katholizismus stammende Beichte, die es im Protestantismus nicht gibt und die sie als Redewendung alltagsweltlich eingesetzt hat, könnte man hier so deuten, dass sie sich über das Mitteilen bei ihrem Vorgesetzten entlastet hat, um wieder in ihre gewollte und gewünschte Wertehaltung zu gelangen: Einbeziehung der Schüler*innen und regelorientierte partizipative Führung. Diese Deutung wird gestützt durch ihre Schamreaktion auf dem Parkplatz, wo ihre Kolleg*innen das Verhalten des Schülers (Warten und Tasche tragen wollen als Zeichen von Respekt und Wiedergutmachung) „mitgekriegt" haben. Dies alles ergibt aus ihrer Perspektive nur Sinn, wenn sie nicht als Autorität wahrgenommen werden will, welche Schüler*innen zu „Taschenträgern" degradiert. Diese interkulturellen Deutungsressourcen scheinen der Autorin nicht bekannt zu sein, sonst wären die Aussagen anders gerahmt. Davon zeugt auch, dass sie nicht wusste, was das Warten bedeuten und wie sie sonst noch hätte reagieren könnte als der Schüler auf dem Parkplatz stand. Allerdings markiert sie gleich zu Anfang, dass ihr schon die Idee des Durchgreifens in der von ihr als chaotisch erlebten Klasse kam und man erfährt die Verhaltensnorm, dass sie es anders – und wie oben beschrieben – regeln will. Sie stellt bei allem keine reflexiven Überlegungen über eigene oder andere Werteorientierungen an.

Neben den genannten (sprach- oder landes-)kulturellen Kollektivzugehörigkeiten, gibt es noch weitere, die genannt werden und welche bei dieser alleinigen Kategorisierung unterschlagen würden. Dazu gehören Altersgruppierungen, der Schüler, seiner Freunde und Klassenkamerad*innen; sie sind in der 7. Klasse und ca. 13 Jahre alt. Sie ist als angehende Lehrerin, noch jung, jünger als die „älteren Kollegen" und Referendarin, hat also einen Interimsstatus. Auch diese Hinweise im Fall ermöglichen Interpretationen. Das beschriebene Verhalten (Teil einer Clique sein, sich darin stark machen und „wichtigmachen", Grinsen, Faxen machen, provozieren, vorlaut sein) ist möglicherweise durch die Pubertät erklärbar, einer Phase, die für manche Kulturen – und sicherlich aus deutscher Perspektive – Relevanz hat und in der die Suche jenseits der gelernten Grenzen im Umgang mit sich, mit anderen und den anderen Geschlechtern, aber vor allem hierarchisch höheren Personen zwischen Unsicherheit und Konfrontation schwankt. Vor diesem Hintergrund kann die angebotene Geste des Taschetragens auch ein Friedensangebot sein – oder eine erneute Provokation (dafür fehlen im Erzähltext jedoch Hinweise). Die artikulierte Unsicherheit der Referendarin kann nicht allein auf fehlendes Kulturwissen, sondern auch auf fehlende Erfahrungen sowohl mit Schüler*innen überhaupt, als auch an der Organisation Schule zurückzuführen sein sowie auf die Aufgabe der anstehenden Lehrprobe. Was ihr als „Chaos" erscheint, mag eine ihr unbekannte Dynamik sein, die sie noch nicht zu steuern oder einzuschätzen vermag. Hier erreichen wir schon den Bereich, wo immer mehr Nicht-Wissen hervortritt, was die zweite kulturreflexive Perspektive kennzeichnet. Die Zusatzinformation, es handele sich um eine Gesamtschule in einem Stadtteil mit „besonderem Entwicklungsbedarf" und der „hohe Anteil an Schüler*innen mit Migrationshintergrund" lässt aus der ersten Metaperspektive an Fremdheit und Verständigungsschwierigkeiten denken. Aus der dritten Metaperspektive wird uns dieser Hinweis aber auch noch beschäftigen.

Für die erste Metaperspektive sind also mit (Gruppen-)Kategorien verbundene kulturelle Hintergründe als Wissen nötig. Wir nutzen Interpretationen und erschließen uns über Verstehen und Perspektivenwechsel die Intentionen und Orientierungen der Beteiligten. Wenn wir das Verhalten nicht erklären können, befremdet uns deren Handeln. Fremdheit ist entsprechend das Unvertraute oder Unbekannte, das wir noch näher kennenlernen und verstehen müssen. Folgerichtig setzt diese Herangehensweise u.a. auf Wissensvermittlung und Aufklärung, insbesondere der durch die eigenkulturelle Brille entstehenden Fehlinterpretationen oder Stereotypen. Die Risiken dieser Herangehensweise sind hinlänglich diskutiert: Gefahr des Essentialismus, Überschätzung kultureller Einflussfaktoren, (andere) stereotype Interpretationen. Doch aller Kritik zum Trotz, muss die Leistung dieser Metaperspektive hervorgehoben werden: die Anerkennung und Berücksichtigung differierender kultureller Orientierungen.

Metaperspektive: systemisch-konstruktivistische Perspektivenvielfalt
Sogenannte „Landeskulturen" sind nicht die einzigen, wenn auch die am meisten genannten Kollektive in Bezug auf potenzielle Missverständnisse in der interkulturellen Kommunikation. Darüber hinaus haben wir im Lebensverlauf eine Vielzahl von Reziprozitätserfahrungen in verschiedenen Gruppierungen gemacht (wie z.B. beim Durchlaufen einer bestimmten Schule, in einer Berufsausbildung, in einem Sportverein, in einer Partei

u.v.m.), denen wir je individuell zugehörig waren oder sind und deren kulturelle Praktiken und Werte wir gelernt haben. Auch sie fließen in unsere Motive und Handlungsorientierungen ein. Mit dieser individuellen Multikollektivität argumentiert Rathje (2010) gegen essentialistisch geschlossene Kulturbegriffe und Verstehen suchende Deutungen durch „Dachkollektive" (Hansen, 2009) wie Nationen. Der Gedanke, den sie damit entwickelt, hat weitreichende Konsequenzen. Aufgrund der individuellen vielfältigen Kollektivzugehörigkeiten navigieren wir uns durch die Interaktionen, finden ggf. Gemeinsamkeiten mit anderen und bleiben einander doch punktuell fremd. Eine geteilte Zugehörigkeit und Kultur mit ihren wiedererkennbaren Praktiken ist erst in der Begegnung auszuhandeln und herzustellen (jugendliche Peergroups z.b. erfinden, konstruieren und distinguieren sich mit eigens entwickelten Begrüßungsritualen)[9]. Alle Interpretationen aufgrund des Geltungsanspruches dieser Form von Wissen wären der ersten Metaperspektive zuzuordnen. Hier kommt es auf den Ansatz an, dass die Akteur*innen letztlich *nicht wissen können*, woran in dieser Vielfalt das Gegenüber sich in der Begegnung orientiert oder was andere Interaktionsteilnehmende bewegt. Stets bleibt eine Unvertrautheit und die Frage, was überhaupt geteilt werden kann (Missing-Link-Paradigma).[10] Es ist diese „Lücke", welche die zweite systemtheoretisch inspirierte Metaperspektive fruchtbar zu machen sucht. Sie geht davon aus, dass Fremdheit konstruiert ist und der Weg des Zueinanderfindens über die Antizipation und Anerkennung von Nichtwissen und Nicht-Verstehen führt. Menschen sind aus Sicht der Systemtheorie Beobachtende und für andere als auch für sich selbst intransparent im Zusammenspiel ihrer biologisch-organismischen (Stoffwechsel und Zellprozesse), psychischen (Bewusstsein) und sozialen Systemzusammenhänge (Kommunikation) – in wechselseitiger Abhängigkeit, also struktureller Kopplung.[11] Sie sind nicht-

---

[9] Der Gedanke ist auch dem interkulturellen Kommunikationsverständnis der ersten Perspektive nicht fremd, indem z.b. im sogenannten Dritten Raum (Bhaba, 1994) eine „Interkultur" ausgehandelt wird. Der Unterschied liegt allerdings darin, dass hier meist von zwei Dachkollektiven ausgegangen wird und der Aushandlungsraum als Gedanke nicht in jegliche Interaktion eingeführt wird, wie es die Systemtheorie macht.

[10] Rathje argumentiert hier konstruktivistisch, Interkulturalität ist nicht gegeben, sondern wird hergestellt: "What makes a situation intercultural is rather the perceived missing link between the involved. An interaction can thus be labelled intercultural if the involved attribute their experience of foreignness to a lack of belonging to a shared collective." (Rathje, 2010, S. 108).

[11] Es gibt in dieser ökologischen Betrachtungsweise unüberschaubar viele (Ordnungs-) Systeme, und die Suche nach Mustern endet in einer permanenten Unabgeschlossenheit: dem Nicht-Wissen. Im berühmt gewordenen Metalog „Warum fuchteln die Franzosen?"

triviale, komplexe Systeme, und haben einen großen Spielraum des Operierens, also verschiedene Entscheidungsmöglichkeiten. Ihr Verhalten ist potenziell nicht berechenbar, sie können von außen nicht gesteuert, aber angeregt werden. Systemtheoretisch gedacht und beobachtet „gibt" es dann keine Fremden, sondern es wird eine Unterscheidung zwischen Vertrautem und Unvertrautem konstruiert.[12] Die wechselseitigen Verstehensleistungen sind inkommensurabel, d.h. Sinnhorizonte sind füreinander schlechterdings gar nicht übersetzbar, was zu Störungen von routinierten Abläufen und Selbstbezügen führt. Das Unvertraute ist demgegenüber „kontingent". Kommunikativ besteht eine basale Anschluss-Unfähigkeit mit den Konsequenzen Irritation, Ambivalenz, Ratlosigkeit und der Notwendigkeit von Neuorientierung.

Der Gedanke der Unübersetzbarkeit vom einen in das andere System führt in der Konstruktivistischen Erwachsenenbildung zur These „daß jede Erwachsenenbildung per se interkulturelle Bildung ist" (Arnold u. Siebert, 1997, S. 1). Verstehen ist demnach eine Illusion, man muss grundsätzlich davon ausgehen, nicht zu wissen und nicht zu verstehen, was den anderen bewegt. Damit argumentieren Arnold und Siebert radikal konstruktivistisch im Sinne einer erweiterten Kybernetik 2. Ordnung, in der Systeme operationell geschlossen sind und sich prozesshaft selbst organisieren und erhalten (Autopoiesis). Im Alltag können wir die starke Eigenlogik im Dienste der Selbsterhaltung von Systemen ständig (er)kennen. Eine Äußerung wie „ich bin satt", kann bei den Gastgeber*innen folglich sehr unterschiedlich aufgefasst werden. Von der Akzeptanz dieser Ich-Aussage bis zur Annahme, es habe nicht geschmeckt, ist je nach selbstreferentiellem Interpretationssystem (mit der die Person sich ihre Stabilität erhält) alles möglich. Wenn die Person, die gekocht hat, das Anbieten und Annehmen der Speise als „Liebesgeste" deutet, ist mit der Verweigerung der Annahme eines Nachschlags auch die Liebe zurückgewiesen und die gastgebende Person nicht oder schwer von anderen Bedürfnissen zu überzeugen. Das psychische System selektiert Wahrnehmungen und Deutungen und reproduziert die eigenen (systemerhaltenden) Interpretationen. Ähnliches

---

in Batesons Buch „Ökologie des Geistes" (1985) führt er in einem der fiktiven Gespräche mit seiner Tochter ein strukturelles Nichtverstehen von Mitteilungen vor. Selbst wenn man die Information versteht, kann die Art der Mitteilung irritieren – immer fehlt eine Anschlussfähigkeit.

[12] Eine ausführliche Übersicht zu einem systemtheoretischen Verständnis von Fremdheit legt z.B. Hellmann dar (1997).

ist auch beim (Interkulturellen) Lernen zu beobachten. Auf die in einer Veranstaltung zur Verfügung gestellten Inhalte oder geschilderten Erfahrungen reagieren die Teilnehmenden sehr unterschiedlich und ungleichzeitig. Einige erleben eine starke Störung ihrer Erlebens- und Deutungsweisen, sie geraten an die Grenze ihrer aktuellen Lernfähigkeit, andere integrieren Elemente rascher und lernen. Die Herausforderungen für das Lernen liegen auf der Hand: wie offen, also irritationsbereit ist man bei „Störungen" aller Art.

Anwendung der 2. Metaperspektive auf den CI „Der Taschenträger"
Irritationen als „Störungen" in der Interaktion und fehlendes Wissen werden im Fallbeispiel explizit beschrieben. Das psychische System der Referendarin wird als aufgewühlt dargestellt. Stress, Ratlosigkeit und Hilflosigkeit, Scham (sie fühlt sich lächerlich gemacht), Wut („da bin ich wirklich ausgerastet") und Erschöpfung („ich war fix und fertig"). Ihr fehlen z.T. hilfreiche Deutungen, sie erlebt ein „Chaos" in der Klasse, es findet also etwas statt, das nicht musterhaft interpretiert werden kann und es mangelt dadurch an der unterstützenden Reduktion von Komplexität, die Kategorien oder Interpretationen geben können. Es bleibt nur die Vermutung, da sei „irgendwie der Wurm drin", also nicht ermittelte Wechselwirkungen und Dynamiken, die sich nur noch metaphorisch beschreiben lassen, wenn man nach einem Grund („Wurm") sucht. Weiterhin artikuliert sie Nicht-Wissen bezüglich der Frage, ob verschiedene Sprachen dazu beitragen und Nicht-Nachvollziehbarkeit („ich krieg das alles nicht so wirklich mit"), weil sie kein Türkisch spricht und die Schüler sich untereinander auf Türkisch verständigen. Auch als der Junge sie auf dem Parkplatz erwartet, artikuliert sie Nicht-Wissen: „ich wusste nicht, was da jetzt wieder auf mich zukommt und wie ich reagieren soll", eine Frage, die aus der zweiten Metaperspektive als Ressource dienen kann.

Neben dem, was wir an Hinweisen der Erzählerin aufgreifen können, gibt es sehr viel, was die Protagonistin selbst nicht weiß und wir Lesende auch nicht wissen können. Es ist hilfreich für das Interkulturelle Lernen, sich diese Komplexität bewusst zu machen. Aus welchen Familiensystemen und -kulturen kommt der Schüler, der sie besonders herausfordert, aber auch alle anderen? Hat ein Elternteil vielleicht eine deutsche und nicht türkisch geprägte Biographie? Gehen die angenommenen Migrationshintergründe wirklich auf die – zwar naheliegende – Annahme zurück, die Familien kämen aus der Türkei? Ausgehend von Multikollektivität sind die Zugehörigkeiten und Einflüsse auf das Handeln komplexer. Auch auf Zypern ist Türkisch Amtssprache, auch in Nordmazedonien wird zu 3,5% Türkisch als Muttersprache gesprochen, vielleicht wurde die Sprache auch in einer bilingualen Schule in Berlin gelernt und die Jungen sind in der dritten Generation in Deutschland. In jedem Fall sind sie mehrsprachig. Was ist die Familiensprache, ist der Codeswitch vom Deutschen ins Türkische vielleicht gewohnt und hat gar nichts mit der Referendarin zu tun? Wie ist das Leben in der Familie des Hauptprotagonisten? Hat er jüngere oder ältere Geschwister und was könnte das ausmachen? Leben beide Eltern im Haushalt oder fehlt ein Elternteil? Lebt er überhaupt bei seinen Eltern oder vielleicht den Großeltern? Wie sind Lebensgewohnheiten und Erziehungsmethoden? Was sind die Erziehungsziele derjenigen, bei und mit denen er lebt? Wie geht es dem Schüler eigentlich in dieser Situation? Was sind die Gründe seines Handelns, des Codeswitches, seiner Provokationen, was sind seine Stärken und wo braucht er Unterstützung. Bräuchte es Zuwendung oder Aufmerksamkeit? Wie erlebt und deutet er, was passiert? Hat er am Ende der Stunde vielleicht vergessen, dass er bleiben sollte und ist in üblicher Gewohnheit aus dem Klassenzimmer gegangen? Wie wäre sein Angebot, die Tasche zu tragen, noch zu lesen: Anpassung und Unterwerfung, erneute Provokation und ein Streich, ein Vermittlungsversuch? So könnte man weiterfragen, um vermeintliche naheliegende Ursachendeutungen zugunsten von verschiedenen Einflussgrößen und Wechselwirkungen aufzulösen und dem „Missing Link" auf die Spur zu kommen.

Auch erfahren wir wenig über die Schule, ihre Werte, ihr Integrationskonzept, ihre Leitlinien. Der situative Kontext der Organisation und Institution wird in seinem großen Einfluss auf die Situation häufig unterschätzt (Otten, Hertlein u. Teekens, 2013). Es gibt offenkundig Erfahrungswerte und Ratschläge aus dem Kollegium, denen zu folgen eine Herangehensweise aus der ersten Metaperspektive wäre. In dieser hier ausgeführten systemisch-konstruktivistischen Metaperspektive gibt es nicht eine Ursache und entsprechend auch nicht eine „richtige" Lösung. Die Suche der Referendarin gilt gleichwohl möglichen Auswegen. Wir erfahren von ihren Überlegungen oder Ratschlägen von außen („mal hart durchgreifen", „richtig anpacken"). Einmal angenommen, das Packen am Kragen hätte tatsächlich zur Kooperation des Schülers geführt, die er im Tragen der Tasche ausdrückt, was würde das bedeuten? Und wie würde es weitergehen? Es erscheint außerdem schwer vorstellbar, dass „hartes

Durchgreifen" und Handgreiflichkeiten für die Referendarin auf Dauer ein gewünschter Teil des Handlungsrepertoires werden würde – geschweige denn für das Kollegium und die Schule.

Die zweite Metaperspektive arbeitet offensiv und konstruktiv mit dem Nicht-Verstehen und Nichtwissen in Richtung möglicher Lösungen von komplexen Zusammenhängen, deren Logik wir (noch) nicht durchschauen[13] Dafür geht der Blick weg vom sich aufdrängenden „Problem" hin auf das System, dass die Störung erlebt, in diesem Fall zunächst das der Referendarin (es kämen aber auch die Systeme Schulklasse oder Schule und weitere in Frage). Interessant wäre zu erfragen, was die beschriebenen Protagonist*innen schon alles ausprobiert haben, um mit der Situation umzugehen. Und was davon ist gelungen und wie genau? Wenn man systemisch herangeht, ist zu bedenken, dass es mehrere richtige Beschreibungsperspektiven und keine endgültigen Handlungsanleitungen gibt. Man hat viele Möglichkeiten, etwas zu bewegen und es ist oft entscheidend, dass die Beteiligten ihre Beobachtungen und Beschreibungen miteinander teilen und zusammenarbeiten im Versuch, etwas konstruktiv zu bewegen (Lindemann, 2018, S. 59 ff.). Der Blick ist also zu weiten. Interessant wäre z.B. zu fragen, wie Mehrsprachigkeit und Integration in der Schule, der Klasse, der Gesellschaft gelebt werden. Störungsgefühl und Ursachen können weit auseinanderliegen, ursprüngliche Gründe können nicht ermittelt werden. Gesucht wird der kreative Ausweg aus den sich oft musterhaft verstärkenden Wechselwirkungen. Das in Erwägung gezogene „Durchgreifen" wirkt demgegenüber einseitig, werden doch viele weitere Faktoren dabei nicht berücksichtigt und möglicherweise ungewollt beeinflusst. Unter Multikollektivitätsgesichtspunkten stellt sich die Frage, was den Missing Link überbrücken könnte, wie eine gemeinsame und gemeinschaftliche Lösung entstehen und konsolidiert werden könnte unter Mitwirkung der relevanten Beteiligten.

Die Stärken dieser Metaperspektive liegen in ihrer Offenheit, Allparteilichkeit und der Vervielfältigung von Lösungsansätzen sowie dem Fördern dessen, was schon gemeinsam gelingt. Mehr von dem zu machen,

---

[13] Nichtwissen ist z.B. in der sozialen Arbeit und vielen Begleitungsformaten (z.B. Coaching, Therapie, Organisationsentwicklung) professionelle Haltung und Interventionsgrundlage (Kleve, 2011). Es geht jedoch weniger um eine Kompetenz in spezifischen Handlungsfeldern, sondern um eine Beschreibungsform der Veränderungsdynamik der modernen Gesellschaft. Sie basiert auf dem wachsenden Wissen, mit dem das Nichtwissen und die Lücken ebenso anwachsen. Entsprechend wird Nichtwissen als Methodik zur Lösungsfindung herangezogen.

was „funktioniert" (warum auch immer) statt Perspektivenwechsel, ist hier die Linie. Für sich betrachtet – das sind ihre Grenzen – könnte diese Herangehensweise naiv und machtunkritisch und interkulturell unaufgeklärt eingeschätzt werden, deshalb ist sie ja im Verbund mit den anderen Metaperspektiven zu sehen.

Metaperspektive: „Machtreflexive Praxis"
Wenn Menschen miteinander kommunizieren, kann es von hoher Bedeutung sein, welchen Gruppen sie zugeordnet werden und welche Ressourcen dadurch gegeben sind oder fehlen. Bevor man nach verschiedenen Kulturmustern sucht, so Auernheimer (2008), ist es sinnvoll, machtvolle Einflussfaktoren zu berücksichtigen: Machtasymmetrien und Diskriminierungserfahrungen, Kollektiverfahrungen und Fremdbilder. Ungleichheiten bezüglich des rechtlichen oder sozialen Status, hinsichtlich der Handlungsressourcen und des sozialen Kapitals (z.B. in Form von Netzwerken) und in der Verteilung von Privilegien. Mit Fremdbildern ist mehr gemeint als eine verengte stereotypische Zuschreibung, sie wirken als self fulfilling prophecy – auch bei den Betroffenen selbst. Entsprechend können die einem Kollektiv zugeschlagenen Menschen Erfahrungen und Abwertungen übernehmen, welche sie (noch) nicht selbst erlebt haben.

Die kritische Theorietradition in der interkulturellen Kommunikation pflegt einen ideologiekritischen Kulturbegriff. „The talk of culture serves to obscure inequality and injustice" konstatiert Piller (2007, S. 218), die hier stellvertretend für viele Autor*innen zitiert wird. In dieser methodologischen Tradition greift das Arbeiten mit Perspektivenunterschieden allein aufgrund unterschiedlicher kultureller Orientierungen zu kurz und verfehlt den Kern von Divergenzen und Konflikten, die in Strukturen, Institutionen und Diskursen verortet werden. Hervorgehoben werden die Machtasymmetrien zwischen den Beteiligten, welche Voraussetzungen und Beteiligungschancen, Ungleichheiten und Diskriminierungen, (fehlende) Privilegien und (mangelnde) Teilhabe im Blick haben. Die Ressourcen des sozialen Kapitals bedingen letztlich, wie stark die einzelnen Sprechpositionen im Diskurs gehört werden. Kultur ist aus dieser Perspektive v.a. eine politische Kampfarena, in der wir immer schon sozial positioniert sind als Schwarze oder Weiße Person, als Migrant*in oder Angehörige*r der Dominanzgesellschaft, als Frau, Mann, LGTBQIA+. Machtreflexiv und diskurskritisch betrachtet, bringt die Ordnung der Praxis des Sprechens eine Wirklichkeit hervor, in der bestimmte Deutungen favorisiert und andere ausgeschlossen werden. Mehr noch, die Diskurse wirken normativ und normierend bis in die Körper hinein, sie geben vor, was wahr sein kann und falsch sein muss, was als gut oder minderwertig gilt.[14]

Entsprechend ist jeglichem Wissen zu misstrauen und es als prinzipiell voreingenommen und vorbelastet zu betrachten, als ein Reservoir von Geschichte und Geschichten, die auf der Basis von machtvollen Ungleichheitsverhältnissen entstanden sind, in denen manche Perspektiven systematisch ausgeklammert wurden oder – wenn repräsentiert – als weniger „wert" und damit vernachlässigbar erachtet werden.

Kurz, Wissen und die Rede von der kulturellen Vielfalt ist Ideologie. Diese gilt es zu erkennen und zu dekonstruieren, um Inklusion und soziale Gerechtigkeit zu ermöglichen.

Anwendung der 3. Metaperspektive auf den CI „Der Taschenträger"
Auch aus macht- und ideologiekritischer Perspektive bietet der Text viele Anhaltspunkte. So sind u.a. folgende Voraussetzungen zu bedenken: Es handelt sich laut Zusatzinformation um einen Stadtteil mit „besonderem Entwicklungsbedarf", was bedeutet, dass Bewohner*innen und deren Kinder sich mutmaßlich in multiplen sozialen Problemlagen befinden. Dazu können gehören z.B. städtebauliche Missstände, Segregation bis Isolation, einkommensschwache Haushalte, Armut mit Gefahr der Verelendung, Bildungsferne und Perspektivlosigkeit, Gewaltbereitschaft und Kriminalität. Einige Schüler*innen in der Klasse, so vermutlich auch der im Fokus stehende Junge, haben eine internationale Lebens- und Herkunftsgeschichte und vielleicht Kollektiverfahrungen in Form von strukturellen und organisationssystemischen Diskriminierungen. Sie bringen als Individuen viele Ressourcen mit, müssen sich in der Dominanzgesellschaft jedoch zunächst behaupten, wenn nicht gar beweisen und haben aufgrund der „sozialen Herkunft", welche die seit 2021 eingeführte siebte Diversitydimension ist, schlechtere Startchancen.[15] Die Lehrperson lehrt Deutsch,

---

[14] Die hier verwendete klassische diskurskritische Argumentation kann an Foucault angeschlossen werden.

[15] Als sog. Diversitydimensionen werden neben der sozialen Herkunft in der Regel Alter, Geschlecht, sexuelle Orientierung / Identität, physische und psychische Fähigkeiten, Kultur / Herkunft sowie Religion und Weltanschauung genannt. Innerhalb jeder Dimension gibt es privilegiertere Zugehörigkeiten und Lebensweisen. Hinzugenommen werden können weitere Faktoren wie (Aus-)Bildung, Sprachkenntnisse u.v.m. Was Vor- und Nachteil ist, ergibt sich aus der Normalitätsvorstellung. Heterosexuelle Menschen z.B.

hat also muttersprachliches Sprachniveau, demgegenüber die mehrsprachigen Schüler*innen mit Migrationsgeschichte insofern benachteiligt sein könnten, als der monolinguale Habitus des Deutsch als Bildungssprache vorherrscht (Gogolin u. Lange, 2011) und als wertvoller angesehen wird als ihre Mehrsprachigkeit (Busch, 2017), zumal Fremdsprachen unterschiedlich bewertet werden (Französisch wird an vielen Schulen als Fremdsprache gelehrt, Türkisch ist weniger angesehen oder etabliert). Dass sprachliches (Nicht-)Verstehen eine Rolle spielen könnte, deutet die Erzählerin selbst an, ohne die Benachteiligung zu erwähnen. Das Gefühl der situativen Ausgrenzung, wenn die Jugendlichen auf Türkisch sprechen, beschäftigt sie mehr. Es ist Kennzeichen von privilegierten Personen, dass Benachteiligungen anderer weniger wahrgenommen werden, weil man sie selbst nicht erfährt.

Auffällig in der rekonstruierten Geschichte sind die genannten Fremdbilder, die rasch im Erzählfluss zu Feindbildern werden. Aus den „paar türkischen Jungs" wird in der Geschichte kurz darauf der „türkische Clan" und der betreffende Schüler zum „Rädelsführer". Dieser Begriff hat eine abwertende Konnotation, denn er beschreibt Personen, die Menschen zu gesetzeswidrigen Handlungen anstiften bzw. anführen; er „zieht aus ihrer Sicht die Strippen und stachelt auf". Damit hat das Wort „Clan" einen weiteren Assoziationshof als die harmlose Übersetzung „Familienverband" und er wird – wie auch häufig in den Medien – als Teil einer kriminellen Gemeinschaft markiert, was in der folgenden Kategorie vom „kleinen Mafia-Boss" gipfelt, der strategisch handelt („andere aufstacheln", „es darauf anlegen"). Mit diesen Diskursfragmenten hergestellt, erlebt die Lehrperson einen für sie undurchsichtigen Gegner hinter der Wand der türkischen Sprache, der Ungutes, Widerrechtliches bis Rechtswidriges im Schilde führt. Aller Unsicherheit zum Trotz hat sie eine Kampfperspektive („mein Freund" ist hier nur als ironische Spitze zu verstehen), wo sie sich zum Durchgreifen genötigt sieht und schließlich handgreiflich wird als sie den Jungen – zu ihrem eigenen Erschrecken – reflexhaft am Kragen packt. Es geht hier nicht darum, die Referendarin zu „überführen", vielmehr zeigt sich unwillkürliches und unbewusstes Handeln und der Kampfmodus in Diskursen darin. Allein, dass sie – vermutlich aufgrund ihrer übergeordneten Stellung – den Jungen „am Kragen packen" konnte, zeigt eine

---

müssen sich nicht „outen", eine weiße Hautfarbe hindert nicht bei der Wohnungssuche, Menschen, die nicht im Rollstuhl sitzen, kommen im Fahrstuhl leicht an die Knöpfe für höhere Stockwerke usw.

weitere Asymmetrie. Der Junge hätte das weder gekonnt, noch gedurft oder gekonnt (wobei das Fallbeispiel unklar lässt, wie die körperlichen Kräfteverhältnisse sind). Hätte der Junge dies getan, wären die Konsequenzen fataler gewesen, als jetzt für die Lehrerin, die vielleicht sogar noch Anerkennung erfahren könnte, dass „sie mal durchgreift". Sie hat deutlich mehr Privilegien als Mitglied des Kollegiums, als Muttersprachlerin, als Teil der Dominanzgesellschaft. Einzig bezüglich des sozialen Geschlechts (Gender) ist sie – gesellschaftspolitisch gesehen – in der schwächeren Position, daher gehört Gender auch zu den Diversitykategorien. Die Religionszugehörigkeit wird im Zusammenhang mit der Konfrontation nicht erwähnt, diese könnte bezüglich der benannten Personen jedoch unterschiedlich sein und implizit zum Nachteil der Muslime gewichtet werden[16].

Der Text gibt darauf keinen Hinweis, aber vielleicht ist es nicht unerheblich, dass die Referendarin Evangelische Religionslehre lehrt und der Handlungsort christlich dominiert ist. Auch vom Aussehen der Referendarin und des Jungen erfahren wir nichts, zumindest werden also Hautfarben nicht thematisiert. Dagegen macht sie Alter relevant bzw. ihr vergleichsweises junges Alter. Auch hier sind die Privilegien nicht im Blick, gegenüber den minderjährigen Schülern hat sie – bei einer machtkritischen Betrachtungsweise als ältere und volljährige Person – in jedem Fall mehr Handlungsfreiheiten. Obwohl es nicht explizit thematisiert wird, könnte auch das Genderverhältnis eine Rolle spielen. Die geschlechtsspezifische Sozialisation fördert nach wie vor (und kulturübergreifend) Rollenbilder, in denen das Männliche höher bewertet wird und damit eine „hegemoniale Männlichkeit" (Connell, 1999), gegenüber der sich die weibliche Protagonistin schwächer fühlen könnte, zumal es sich um eine Gruppe von Jungen handelt. Diese wissen sich durch Verbündung und den Wechsel in die der Lehrerin unvertraute Sprache durchaus zu helfen und bleiben handlungsfähig. So erzeugen sie ihrerseits bei ihr punktuell Machtlosigkeitserfahrungen. Opfer- und Täter*innenpositionen sind nicht eindeutig verteilt, sondern wechseln. Denn während die Jungenclique ihre Strategien einsetzt, ist auf der anderen Seite der Handlungsspielraum der Referendarin aus professionellen wie bürokratischen Gründen durchaus auch begrenzt.

---

[16] Das in Deutschland existierende und schon früh beschriebene „Feindbild Islam" (Heine, 1996) wird in Studien immer wieder bestätigt, so z.B. im wiederkehrenden Religionsmonitor der Bertelsmann-Stiftung. 2019 sahen mehr als die Hälfte der Deutschen den Islam als Bedrohung (El-Menouar, 2019).

In ihrer prekären beruflichen Situation und Rolle ist die angehende Lehrerin zudem, wenn sie sich an Fairness orientiert, auf die Kooperation ihrer Schüler*innen angewiesen, die wiederum diesen Machthebel bemerken und sich behaupten – es mündet in einen Kampf ohne Gewinner*innen. Es ist diese unübersichtliche Gemengelage, welche die mikropolitische Brisanz der Situation ausmacht und es ist offen, wie die strukturelle Misere von Organisation und Gesellschaft verändert werden könnte.

Asymmetrische Machtverhältnisse erkennt man u.a. daran, dass Privilegien nicht thematisiert und damit unterschlagen werden und die Handlungsfreiräume situativ nicht reziprok austauschbar sind. Dies gilt für den organisationalen Handlungskontext ebenso wie für die gesellschaftlichen Positionen. Beide, makrostrukturelle wie lokale kontextuelle Sprechpositionen, bieten unterschiedliche Durchsetzungschancen. Vor diesem Hintergrund stellen sich aus der dritten Perspektive nicht Fragen nach möglichen Missverständnissen, sondern nach Interkultureller Öffnung allgemein und Organisationsentwicklung im Besonderen, insbesondere im institutionellen schulischen Bereich, nach Chancengleichheit und Empowerment für v.a. Benachteiligte, nach Teilhabe und Integration. So besehen ist die Eskalation kein individuelles Versagen. Die Suche der machtreflexiven Praxis gilt den strukturellen Diskriminierungs- und Ausschlussmechanismen sowie der herzustellenden Gerechtigkeit. Die zentrale Frage lautet: wie sind die Beteiligungschancen und Privilegien vorverteilt und wie können Benachteiligungen im Konkreten berücksichtigt werden. Wie bei der ersten Metaperspektive ist hier zur Betrachtung einer Situation analytisches Wissen hinzuzuziehen, wobei vor allem zu untersuchen ist, was im Fundus der Deutungsschemata asymmetrische Bewertungen enthält oder Lebensweisen ausgrenzt.[17] Entsprechend sind Kenntnisse über gesellschaftliche Konfliktlagen, Diversitätstheorien, Critical Whiteness, Postcolonial Studies, Antirassismustheorien, Intersektionalität, Kritische Interkulturelle Kommunikation u.v.m. nützlich, um Normalitätsvorstellungen und Asymmetrien zu berücksichtigen und zu dekonstruieren sowie situativ zu intervenieren.

---

[17] In seinem Artikel „Kultur, Lebenswelt, Diskurs – drei konkurrierende Konzepte" argumentiert Auernheimer dafür, Kultur begrifflich als Diskursfeld zu konzipieren und Diskurs als eine bestimmte machtvolle Art von kulturellen Praktiken zu bestimmen, aber sie nicht von den Praktiken der Lebenswelt zu trennen (Auernheimer, 2002, S. 99).

Diese Metaperspektive hat mit ihrer kritischen Herangehensweise eine genuin politische Dimension in Richtung Social Justice. Wer trifft wo mit welchen Machtressourcen ausgestattet aufeinander? Lösungen liegen nicht einfach auf der Hand, handelt es sich doch oft um strukturelle Ungleichheiten, insofern hat man in der konkreten Handlungspraxis nur einen begrenzten Einfluss, aber eine Verantwortung, denn jede*r ist zu jedem Moment Mitgestalter*in und kann aus der jeweiligen Position heraus ausgleichend wirken: Privilegien eingestehen und abgeben bzw. Teilhabe einfordern und beanspruchen, Bedeutungen verschieben (z.B. durch sprachliche Praktiken). Die Grenzen dieser Metaperspektive bestehen in ihrem ideologischen Generalverdacht, aus dem sich quasi niemand befreien kann und der unauflösbaren Differenzorientierung. Ihre Stärken jedoch liegen in der Reflexion der Prämissen und der radikalen Gleichheits- und Gerechtigkeitsorientierung.

Zusammenfassende Übersicht der Handlungsressourcen im CI
Eine kulturreflexive Herangehensweise nutzt mehrere Methodologien hinsichtlich des Kulturbegriffs und im Verständnis von Wissen, um kulturalistische und ideologiekritische Verengungen zu überwinden. Abb. 1 zeigt eine Übersicht.

Kulturreflexive Metaperspektiven	Deuten mit der quasi-natürlichen Weltanschauung	Systemisch- Konstruktivistische Perspektivenvielfalt	Machtreflexive Praxis
Besonderer Fokus	Interpretatives Paradigma:	Wechselwirkungen:	Kritisches Paradigma:
	Berücksichtigung von kulturübergreifendem und kulturspezifischem, gruppenbezogenem Wissen	Mulltikollektivität und Missing-Link-Paradigma (Nicht-Verstehen als Ausgangspunkt); mehrperspektivische lösungsorientierte Suche	Berücksichtigung von machtvollen strukturellen Voraussetzungen und Einflüssen auf das Wissen und die Begegnungssituation
Kulturbegriff	essentialistisch: Lebensweisen, Lebenswelten, „Landeskulturen"	systemisch / kohäsiv: autopoietische Selektion; Muster, Sinnattraktoren	ideologie- und machtkritisch: Diskurs-, Differenz- und Diversityorientiert
Herangehensweise	mit Interpretationen Deuten, Perspektivwechsel, Wissen erwerben und anwenden	mit Nichtwissen Selbstreflektiert und lösungsorientiert, Erkunden mit offenen systemischen Fragen	mit Diskurskritik Wer spricht wo zu wem? Dekonstruktion und (Re-)Konstruktion von Positionierungen
Fremdheit	Das Unbekannte, Unvertraute	Das Kontingente	Das Ausgeschlossene
Interkulturelle Kommunikation	„Missverständnisse" in der Interaktion	„Störungen" im Verständigungsprozess	„Kämpfe" in Diskursfeldern

Abbildung 1: Übersicht kulturreflexive Metaperspektiven (eigene Darstellung)

Nach der kulturreflexiven Betrachtung des Falls „Der Taschenträger" ergibt sich ein komplexes Bild hinsichtlich der Handlungsressourcen der Hauptprotagonist*innen, das nicht einmal vollständig ist. Es zeigt aber die Tendenz, dass die von der Referendarin erlebte Übermacht durch die

Schülergruppe nicht ihren deutlich umfänglicheren Handlungsspielräumen entspricht.

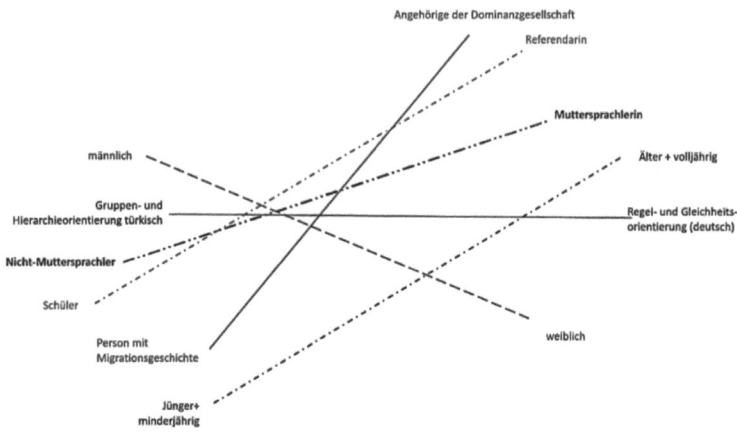

Abbildung 2: Machtasymmetrische Gesamtkonstellation (eigene Darstellung)

Die dargestellten Kategorien, von denen wir durch den CI erfahren haben, wurden in den einzelnen Abschnitten 2.1 bis 2.3 angesprochen und sind hier in ihrer machtasymmetrischen Gesamtkonstellation zu sehen. Wenn man jeweils betrachtet, welche Zugehörigkeit in der gegebenen Situation eine machtvolle Ressource darstellt (die Winkelgrößen der Achsen haben keine Bedeutung), fällt auf, dass eine volljährige, muttersprachliche angehende Lehrerin (Referendarin), die der Dominanzgesellschaft angehört einem minderjährigen, nicht muttersprachlichen Schüler mit Migrationsgeschichte begegnet und beide möglicherweise unterschiedliche kulturelle Orientierungen in Bezug auf ihr Beziehungsverhältnis haben. Einzig das Genderverhältnis ist invers, qua Geschlecht stehen männlich sozialisierten Personen in der Regel z.B. mehr Handlungsräume zur Verfügung. Die Orientierung an den Kategorien ist nicht identitätslogisch zu verkürzen, die Metaperspektiven werden jeweils als Heuristiken eingesetzt, um Deutungsperspektiven und situative Privilegien, Kollektiverfahrungen und Machtressourcen sichtbar zu machen, und um die Handlungsziele und -optionen zu erweitern.[18] Wer nun zum Schluss Hinweise auf Handlungs-

---

[18] Ein aktuelles Beispiel, wie Mehrperspektivität gepflegt, Konflikte und identitätspolitische Verengungen zu überwinden gesucht werden, ist die Lösung, die der deutsche Verlag bei der Übersetzung des Gedichts von Amanda Gorman „The hill we climb" gewählt

anweisungen erwartet, muss enttäuscht werden. „Musterlösungen" führen in die Irre. Nur in einem konkreten Handlungskontext mit echten Akteur*innen, z.B. in einer Veranstaltung, in welcher der CI besprochen wird, könnten individuelle Optionen generiert werden.

Alle Ereignisse können „kritisch" sein

Wenn wir etwas als „kritisch" bezeichnen, ist damit ein instabiler Zustand gemeint. In CIs dargestellte Situationen enthalten beim Interkulturellen Lernen, meist die Aufgabe, diese nach Leitfragen differenziert daraufhin zu untersuchen. Da Kultur(en) aktuell hohe Relevanz zugeschrieben wird, ist diese Prüfung aus meiner Sicht keineswegs auf CIs beschränkt. Aus kulturreflexiver Sicht kann das „Kritische" an allen Interaktionsereignissen auf mindestens den folgenden drei Friktionen beruhen:

- Auf Erwartungsbrüchen: eingeschränktes kulturelles Wissen und damit der fehlende Perspektivenwechsel
- Auf Nicht-Verstehen und die damit einhergehende Unsicherheit hinsichtlich gegebener Mehrfachzugehörigkeiten und Kontexte, Übergehen von Nichtwissen und der Co-Kreation in der Interaktion, mangelnde Kreativität und fehlende Lösungsorientierung
- Auf Machtasymmetrien als unsichtbare Voraussetzungen: unterschiedliche und zumeist unbemerkte soziale Positionierungen, Kollektiverfahrungen, sowie Reaktionen auf diese Konstellationen, bei fehlenden Diskursinterventionen

Hinsichtlich dieser Phänomene müssen Critical Incidents nicht notwendig pädagogisch konstruiert werden. Jegliches Ereignis, erinnerte Situationen der Anwesenden, z. B. in einem Seminar oder von Gesprächspartner*innen in einer Alltagskommunikation, Bilder und andere mediale Produkte u.v.m. können auf diese Weise betrachtet werden. Entsprechende

---

hat. Sie hatte das Gedicht bei der Vereidigung des 46. Amerikanischen Präsidenten vorgetragen und dessen Übersetzung in verschiedene Sprachen hatte zu Kritik und teilweisen Auftragsrücknahmen geführt. Der deutsche Verlag hatte sich schon früh entschieden, eine zweisprachige Ausgabe zu planen und drei Autorinnen den Auftrag für die Übersetzung zu geben: Kübra Gümüsay, Uda Strätling und Hadija Haruna-Oelker. In Kategorien gesprochen: So haben eine politikwissenschaftliche Redakteurin des Hessischen Rundfunks und Person of Color, die sich insbesondere mit der Perspektive von Schwarzen Deutschen auseinandersetzt, eine professionelle Übersetzerin für Literatur und Lyrik sowie eine Netz-Aktivistin und Politikwissenschaftlerin, die einen Bestseller geschrieben („Sprache und Sein", 2020), viele antirassistische Kampagnen initiiert hat und sich mit dem Tragen eines Kopftuchs zum Islam bekennt, die Übersetzung vorgenommen.

Überlegungen sind auch nicht pädagogischen und interkulturellen Kontexten vorbehalten. Kulturreflexivität kann eine alltägliche Herangehensweise sein, fehlende Anschlussmöglichkeiten zu ermitteln. Sie dient dem Herstellen von Verbindungen zwischen Menschen und damit der Verbindung von Differenzen, die wir gelernt haben, Kultur zu nennen.

Literatur

Appl, Claudia; Koytek, Annalena; Schmid, Stefan (2016). Beruflich in der Türkei. Trainingsprogramm für Manager, Fach- und Führungskräfte. Göttingen: Vandenhoeck & Ruprecht.

Arnold, Rolf; Siebert, Horst (1997). Konstruktivistische Erwachsenenbildung. Von der Deutung zur Konstruktion von Wirklichkeit. Baltmannsweiler: Schneider.

Auernheimer, Georg (2002). Kultur, Lebenswelt, Diskurs – drei konkurrierende Konzepte. Tertium comparationis, 8 (2), 93-103.

Auernheimer, Georg (2008). Interkulturelle Kompetenz und pädagogische Professionalität (2. Auflage). Wiesbaden: VS Verlag für Sozialwissenschaften.

Bateson, Gregory (1985). Ökologie des Geistes. Anthropologische, psychologische, biologische und epistemologische Perspektiven. Frankfurt / M.: Suhrkamp.

Bhaba, Homi K. (1994). Die Verortung der Kultur. Tübingen: Stauffenburg.

Bosse, Elke (2011). Qualifizierung für interkulturelle Kommunikation. Trainingskonzeption und –evaluation. München: Iudicium.

Busch, Brigitta (2017). Mehrsprachigkeit (2. Auflage). Stuttgart: UTB.

Connell, Raewyn (1999). Der gemachte Mann. Konstruktion und Krise von Männlichkeiten. Opladen: Leske + Budrich.

El-Menouar, Yasemin (2019). Religiöse Toleranz weit verbreitet – aber der Islam wird nicht einbezogen. Gütersloh: Bertelsmann Stiftung.

Fetscher, Doris (2021). Zur (Re-)Konstruktion pluraler Lebenswelten. Eine experimentelle Fokusgruppe. In Kirsten Nazarkiewicz; Norbert Schröer (Hrsg.), Verständigung in pluralen Welten (S. 133-153). Stuttgart: Ibidem.

Franzke, Bettina (2017). Interkulturelle Kompetenz und verantwortungsvolles Handeln in der Flüchtlingshilfe: Ein Praxisbuch für ehrenamtlich Engagierte. Mannheim: Wellhöfer.

Gelfand, Michele (2018). Rule makers, rule breakers. Tight and loose cultures and the secret signals that direct our lives. New York: Scribner.

Gogolin, Ingrid; Lange, Imke (2011). Bildungssprache und durchgängige Sprachbildung. In Sara Fürstenau; Mechtild Gomolla (Hrsg.), Migration und schulischer Wandel. Mehrsprachigkeit (S. 107-127). Wiesbaden: VS Verlag für Sozialwissenschaften.

Groß, Andreas; Leenen, Wolf Rainer (2019). Fallbasiertes Lernen. Einsatz von Critical Incidents. In Wolf Rainer Leenen (Hrsg.), Handbuch Methoden interkultureller Weiterbildung. Göttingen: Vandenhoeck & Ruprecht, 325-386.

Haas, Helene (2009). Das interkulturelle Paradigma. Passau: Verlag Karl Stutz.

Hansen, Klaus P. (2009). Die Problematik des Pauschalurteils. In Helene Haas (Hrsg.), Probleme empirischer Kulturforschung. Interculture Journal, 8 (10), 10-17.

Heine, Peter (1996). Konflikt der Kulturen oder Feindbild Islam. Freiburg im Breisgau: Herder.

Hellmann, Kai-Uwe (1997). Fremdheit als soziale Konstruktion. Eine Studie zur Systemtheorie des Fremden. In Herfried Münkler (Hrsg.), Die Herausforderung durch das Fremde (S. 401-459). Berlin: Akademie Verlag.

Hiller, Gwenn (2016). Eine Frage der Perspektive. Critical Incidents aus Studentenwerken und Hochschulverwaltung. Berlin: Deutsches Studentenwerk.

Kleve, Heiko (2011). Das Wunder des Nicht-Wissens. Vom Paradigma der professionellen Lösungsabstinenz in der Sozialen Arbeit. Kontext – Zeitschrift für systemische Perspektiven, 42 (4), 338-355.

Lewis, Richard D. (1996). When cultures collide. Managing successfully across cultures. London: Nicholas Brealey.

Lindemann, Holger (2018). Systemisch-lösungsorientierte Gesprächsführung in Beratung, Coaching, Supervision und Therapie: Ein Lehr-, Lern- und Arbeitsbuch für Ausbildung und Praxis. Göttingen: Vandenhoeck & Ruprecht.

Meyer, Erin (2016) The culture map. Decoding how people think, lead, and get things done across cultures. New York: PublicAffairs.

Otten, Matthias; Hertlein, Sandra; Teekens, Hanneke (2013). Hochschullehre als interkulturelles Lernsetting. In Gabriele Berkenbusch; Katharina von Helmolt; Jia Wenjian (Hrsg.), Interkulturelle Lernsettings. Konzepte – Formate – Verfahren (S. 243-266). Stuttgart: ibidem.

Piller, Ingrid (2007). Linguistics and intercultural communication. Language and Linguistic Compass, 1 (3), 208–226.

Piller, Ingrid (2009). Intercultural communication. In Francesca Bargiela-Chiappini (Hrsg.), The handbook of business discourse (S. 317-329). Edinburgh: Edinburgh University Press.

Plaister-Ten, Jennifer (2016). The cross-cultural coaching kaleidoscope. A systems approach to coaching amongst different cultural influences. London: Karnac.

Rathje, Stefanie (2010). The cohesion approach of culture and its implications for the training of intercultural competence. Journal Advances in Higher Education, 3 (1), 158-177.

Schütz, Alfred; Luckmann, Thomas (1979). Strukturen der Lebenswelt (Band 1). Frankfurt / M.: Suhrkamp.

Storti, Craig (2006). Cross-cultural dialogues. 74 brief encounters with cultural difference. Bosten, Massachusetts: Intercultural Press.

Trompenaars, Fons; Hampden-Turner, Charles (1997). Riding the waves of culture (2. Aufl.). London, Naperville: Nicholas Brealey.

Agata Puspitasari Ranjabar

Critical Incident Method as a Research Tool: Dealing with Administrative Rules and Procedures in Germany - A Case Study[1]

Introduction

International students in Germany face challenges in particular when dealing with administrative rules. To deal with those rules requires particular knowledge. People who are routinely familiar with the rules tend to know how to handle administrative matters. But what kind of knowledge is required or has to be achieved in order to deal with administrative rules and procedures in Germany successfully? So the question is one of 'hows': How can such knowledge be achieved and how can procedures of such a knowledge gain be reconstructed?

Knowledge necessary for everyday activities can be divided in practical knowledge, knowing how to do things to achieve what one wants, and theoretical knowledge, knowing why things are to be done. The latter might include formulating procedural steps or even theories. These two levels of knowledge can, of course, only heuristically be separated. These two kinds of knowledge may be relative to the degree to how people can articulate their knowledge. A trivial example: one can steer a bicycle into a curve, but one cannot necessarily formulate the presupposition of knowledge for this. Polanyi, who spoke of "tacit knowledge" tells us that "we can know more than we can tell" (Polanyi, 2009, p. 4), whereas knowledge can be made explicit when it is "capable of being clearly stated" (p. 22).

International students in the host society will somehow experience differences in rules, but identifying them in which way they are different and learning how to deal with them will be a complex process of practical knowledge retrieval. As a matter of fact, there is no zero knowledge, on whatever level. International students bring knowledge from ways of

---

[1] The author acknowledges with gratitude and appreciation the assistance provided by Volker Hinnenkamp for his very thoughtful, constructive, and insightful feedbacks on previous drafts of this paper.

doing things from their socialization in their home country, which will function as a first reference point of comprehension. Such brought-along knowledge, however, may come into conflict with challenges met in their new environment. Thus, misunderstanding and conflict will surely be part of the process of adequate knowledge retrieval.

So how do international students manage to gain the required knowledge to handle administrative matters appropriately and come to terms with them? Since there is no detailed study of how students as newcomers achieve such knowledge towards administrative matters in their day-to-day activities, it is significant to gain their perspectives by studying their experiences.

The challenge for the researcher is to get insight into students' experiences when being confronted with such situations. An attempt to gain insight into this learning process is to obtain respective critical incidents, i.e., narratives of situations, which can be regarded as 'critical' in the sense of dealing with challenges, in the sense of handling unfamiliar situations, in the sense of being confronted with misunderstandings or miscommunication and the like.

Critical Incident Method

Working with critical incidents as a method has a long tradition in qualitative social science research in which conflictual communication and interaction are at stake. In intercultural studies it's in particular the paper by Flanagan (1954) which got the ball rolling. Although "Critical Incident" is used and also understood in various ways, in the field of interculturality the method became one of the most popular tools hence often referred to as "Critical Incident Method" (CIM) or "Critical Incident Technique" (CIT) (Brislin, Cushner, Craig u. Yong, 1986) in intercultural training:

> "Critical incidents consist of short stories that involve the interaction of people from different cultures. Incidents have characters with names, a plot line, and an ending that involves some sort of problem and / or misunderstanding. In analyzing reasons for the problems and misunderstandings, trainees begin to learn about culturally influenced knowledge that can have major impacts on people's intercultural interactions" (Brislin u. Yoshida, 1994, p. 120).

As critics of this method have emphasized, CIM is often confined to those intercultural conflicts which are regarded as typical on the basis of a priori parameters of cultural difference. That is, CIM is inclined directing its trainees to an awareness of what is regarded as typical, as to what is to be expected between parties from different cultures, which in most cases are so called national cultures (Hinnenkamp, 2000). Moreover, although critical incidents are usually drawn from narratives of experiences, they are subsequently didactically edited to be represented in condensed little stories (see Brislin u. Yoshida, 1994, p. 120). David Tripp had already tried to clarify in his 1993 book that "critical incidents" are artifacts, "like all data, critical incidents are created." (p. 8). Tripp makes clear that

> "[i]ncidents happen, but critical incidents are produced by the way we look at a situation: a critical incident is an interpretation of the significance of an event. To take something as a critical incident is a value judgement we make, and the basis of that judgement is the significance we attach to the meaning of the incident. (Tripp, 1993, p. 8).

Hinnenkamp (2000) and Fetscher (2015) suggest that the method should rely more on unfiltered authentic materials and could be represented even as transcripts of dialogical situations, for a method that reproduces the actual dialogues or negotiations can embrace more of the authenticity of a narrated incident. This of course may also mean to handle contextually complex critical incidents in which there is no direct focus on just one problematical issue. Also, the aim of the analysis is less focused on typical culturally influenced behavior but rather on the whole process of the narrated incident, which embraces many more aspects, including also the dynamics of the situation in which the critical incidents are elicited and told.

Data Acquisition

In order to obtain data from international students' experiences and problems in dealing with administrative matters one of my approaches was collecting stories from such situations experienced. Hoping to obtain critical incidents (CIs), I decided to interview international students either individually or in pairs or as a group.

I made use of an open interview method which brings the interviewer closer to the subject and which gives the interviewee considerable room to tell subjectively what s/he perceives as relevant, significant, and worth to tell (cf. Robinson, Barron u. Pottinger, 2021). As such, a narrated CI will ideally be a self-determined reconstruction of the critical moments as experienced by the interviewees. My method thus follows the path of an informal and minimally structured interview, hopefully not too distant from an everyday conversation but with a specific research agenda. The focus of the interviews is the students' experiences in Germany with administrative regulations in everyday life. The interviews are initiated by a stimulating question as to interviewees' subjective perceptions about regulations in Germany, e.g., "what do you think about the regulations in Germany?" The interviewees were afterward encouraged to provide corresponding examples, which then often turned out to be critical incidents. The informality of the interview allows the back and forth asking between the interviewer and interviewees.

The data for this paper were collected through an interview with a group of three international students who pursue a Master Degree in Germany. In the following, I will make use of Hinnenkamp's suggestion to reproduce the narrative situation as authentically and unadulteratedly as possible. Therefore, I will reproduce those episodes of the interview as a transcript which I regard as the critical incident proper.

Some topics of the CIs in the interview are the result of an interactive sequence of asking questions back and forth like in a conversation; hence such a sequence might involve trigger points for an interviewee to remember particular incidents. Also the CI discussed below is the result of talking about visa extension processes in which one of the topics revolved around monthly fee payment of the health insurance: "If you don't pa::y monthly you have problems extending your visa at the ehm Ausländerbehörde." This statement brought the narration of the previous topic to an end. For the CI to be discussed below, the CI as a narrative begins with "and the the other issue I had with the procedure was ..."

The narrative segment, which I regard as the CI proper, begins with a prelude which consists of some relevant background information as an orientation to establish a common ground with me as listener, i.e., the type of the encounter, the main issue, time sequence, the involved parties and institutions, plus the irritation occurred. The next part covers the resolution attempts, seeking the root cause, including cultural perspectives and its impact on everyday life. However, this part is conjointly constructed by interviewees and interviewer in an interactive sequence. Thus, this part is the most unstructured part of the story.

The discussants or interviewees, respectively, are students from X-country in Africa. For reasons of anonymity, I call them Joe (the one who is directly involved and the applicant of the visa), Jack (the applicant's friend), and Marc (another friend). They pursue the same Master's Degree at the same German university. It's mainly Joe's experience which is subject of the critical incident.

Critical Incident Method as a Research Tool 217

Joe has arrived in Germany only recently. Marc and Jack are Joe's seniors who support him in settling into everyday life in Germany. This CI consists of the narrative segments of the administrative issue of Joe's visa extension. When Joe submitted all the required documents, the officer in the *Ausländerbehörde* (Immigration Office) asked for an additional document to get evidence about Joe's temporary stay with friends before he found his own accommodation. As told by the interviewees this additional demand confuses Joe and triggers panic and fear. The three friends tell how their own perspective differs from the immigration officer's one. What follows is a debate that discloses the issue about Jack and Marc's accommodations. The confusion initiated by the officer's demand is eventually clarified. As they tell, the process the students are going through is strongly influenced by the knowledge they bring with them when confronted with the demand of the *Ausländerbehörde*.

The analysis of the CI will be presented in the subsequent part in more detail.

Analysis

Joe is an international student studying in Fulda. He intends to extend his visa at the *Ausländerbehörde*. He is in the process of accomplishing all documents required. From the official website of the Fulda's *Ausländerbehörde*, the list of the required documents Joe has to submit is as follows:

- "Antragsformular
- gültiger Nationalpass
- biometrietaugliches Passfoto
- Nachweise über gesicherten Lebensunterhalt (z.B. Gehaltsabrechnungen, Verpflichtungserklärung, Sperrkonto, etc.)
- ausreichender Wohnraum (z.B. Mietvertrag, ggf. Mietbescheinigung, etc.)
- Krankenversicherungsschutz
- Nachweis über den Aufenthaltszweck, z.B. Arbeitsvertrag, Immatrikulation, etc." (Landratsamt Fulda)

This list fulfills different functions: (1) It can be read as the source of information for Joe for what he must provide to extend his visa at the

Ausländerbehörde. (2) It can serve as a precise source of gaining explicit knowledge, as it offers a special terminology and paths to get further details to be researched.

In Joe's narrative, see excerpt 1, he introduces his initial situation in terms of accommodation matters which at that point of time allowed him to provide it at the *Ausländerbehörde* for his visa extension – cf. the point "ausreichender Wohnraum (z.b. Mietvertrag, ggf. Mietbescheinigung, etc.)" from the list of the *Ausländerbehörde*.

Before getting the *Mietvertrag*, he stayed for a couple of months with Jack and Marc. In his third month in Germany, he eventually found a place to rent, and he moved there.

Excerpt 1

1404	Joe	Okay, just get your Vertrag,
1405		was getting a Vertrag
1406	I	Vertrag- Mietver[trag? Or-
1407	Joe	[The contract for the accommodation
1408	I	Okay
1409	Joe	that okay, you're secured one, and then with that I can get
1410		my visa extended at the uhm- Ausländerbehörde, ya?
1411		The city authority

Joe seems to be aware of the document's (the "Mietvertrag") significance, what he should do and what will follow from that. He mentions that the "Vertrag" plays a decisive role in that it puts Joe into a "secured" (1409) position. The significance of this contract lies in the fact that it is the prerequisite for his visa extension at the *Ausländerbehörde* (1409 f.) which indicates that Joe is no longer in danger having his visa extension pending.

The mentioning of the "Ausländerbehörde" (1410) implies a significant relation to Joe in that he as an international student is institutionally obliged to adhere to administrative regulations to get his visa extended. One such regulation is submitting the rental contract. Concomitantly, he acknowledges this institution as one with the authority to grant him the visa extension. Hence, it implies he may not get his visa extended.

The "Vertrag" or the rental contract as one required document rests on Joe's initial orientation for applying for a visa extension. Joe believes that he will get his visa extended once he submits the rental contract to the

Ausländerbehörde. However, the "imposed relevances"[2] of this situation disturb Joe's expectation of what should happen. This disturbance is hence the beginning of an irritating situation. As Joe explains:

Excerpt 2

1425	Joe	Yeah, I went to the Ausländerbehörde with the
1426		Vertrag and I met a lady there who demanded that
1427		I should send the bills that I paid
1428	I	What?
1429	Joe	while I stayed with him ((Jack)) and if I don't
1430		nothing else will be done

His mention of "the bills that I paid [...] while I stayed with him" (1427, 1429) seem to refer to costs (like rent) while staying with his friends, and Joe adds that this demand immediately opened up a menacing situation, because "if I don't, nothing else will be done" (1429 f.), meaning the visa extension process will come to a halt.

Apart from the irritation or fear caused by the officer's (the lady) demand, Joe's friends present the temporary housing as a matter of course, which they believe needs no legitimation

Excerpt 3

1440	Marc	which in x-country is actually normal
1441		he can stay in my place without paying
1442		any[thing
1443	Jack	[YEAH
1444	Marc	I feed you, I give you food, you can eat what you
1445		want, I still buy food for you, but here they ask
1446		him to give evidence that he stays

---

[2] The "imposed relevances" concept developed by Alfred Schütz refers to "situations and events which are not connected with interests chosen by us, [...] which we have to take just as they are, without any power to modify them by our spontaneous activities." (Schütz, 1976, p. 127) The "imposed relevances" thus remain "unclarified and rather incomprehensible" (p. 127).

It's in particular Marc's last statement "but here, they ask him to give evidence that he stays" (1445 f.) which opens up a contrastive perspective of the perceived normalcy in one's own country or familiar environment, where all the things Marc is enumerating are taken for granted, perhaps to be grasped as a form of normal hospitality vis-à-vis friends.

From this perspective, charging the guests and asking for bills may sound impolite and distant. As the officer asks for the bills of Joe's stay, Marc obviously fails making sense of the administrative relevance to present a "bill" in the course of Joe's visa process. Consequently, Marc generates this polarization between his home country (1440) and "here" (1445), referring to Germany.

The reason behind the officer's demand is not discussed, what it triggers is a moral argumentation on the background of what one considers normal and legitimate in one's own environment at home. The employee of the *Ausländerbehörde,* on the other hand, probably considers the relevance of Joe's temporary accommodation with reference to a visa extension as administratively normal, as something that is desired as proof of an identifiable and verifiable accommodation. In contrast to this expectation, as Marc puts forward, there is no necessity to give evidence of such matters of course, which might just be named as routine hospitality.

The officer probably simply follows her administrative guidelines to get proof of the expenses incurred during Joe's stay in his temporary accommodation for the sake of uninterrupted evidence. The officer needs proof of Joe's accommodation expenses as evidence of Joe's previous temporary accommodation, while the rental contract is for his current accommodation. The students, however, view expenses made for a friend as part of their culture, in which charging friends with the costs incurred for such favors would not even be taken into account.

The following exchange between the three friends illustrates their complete lack of understanding. Although the question "Why?" was probably asked by the interviewer in order to obtain a justification, which would then be introduced with the conjunction "because", the statements evoke an objectivity of incomprehensible complexity so far removed from their imagined knowledge that "only God knows" (1454) what lies behind the official's demand.

Excerpt 4

1450	I	why?
1451	Joe	AND
1452	Jack	so complex for us
1453		((Jack and Marc laughing))
1454	Joe	AND AND only God knows
1455		((Marc laughing))
1456	Marc	We couldn't understand
1457		((Jack and Joe laughing))
1458	Jack	((laughing)) We couldn't understand

The knowledge gap of the students demonstrates that there is an awareness of difference but it does not lead the students to ask any question as to possible motives. Instead, they accept that it is something beyond their ability to understand. As the students cannot in any way figure out the "imposed relevances" of Joe's temporary stay for the administrative process at hand, they regard them as 'naturally' unreasonable. That is, this demand cannot even be located in the sphere of their implicit knowledge, let alone comprehend the rationality of administrative action. It is beyond this comprehension the students attempt to resolve the situation.

In Joe's further narrative, the officer requires an email from Jack where he should give evidence of the cost incurred by accommodating his friend Joe which raises the question of how this email should be written: "we sat down together, like okay, should we draft it like this, should we make it like this" (1465 ff.).

Excerpt 5

1465	Joe	we ((with Jack)) sat down together, like okay
1466		should we draft it like this, should we do it
1467		[like this, what ( )
1468	Jack	[BECAUSE SHE DON'T KNOW
1469		our mindset
1470	Joe	[what
1471	Jack	[WE WERE SO: SCARED [THAT THAT-
1472	Joe	[we were trying to-
1473	Jack	[okay
1474	Joe	[we're trying to-
1475	Jack	[WHAT IF I WRITE A MAIL THAT HE
1476		PAID ME [AND IT COME UP WITH

1477	Joe	[and then
1478	Jack	ANOTHER THING [BUT
1479	Joe	[I hope
1480		((Marc laughing))
1481	Jack	IF I SEND HER THE MAIL THAT **HE:RE**
1482		THAT PART IS DIFFERENT PROCEDURE FROM US

This uncertainty hits the students how the mail should be written, because now they feel trapped that whatever they write could have unforeseen consequences. Jack's reasoning for their fear is expressed in his statement, "because she don't know our mindset" (1468 f.). This statement is in particular interesting as it refers to the officer's nonunderstanding of the students' situation. What we see as a result is an imputed mutual non-comprehension: The students can't understand the demand of the officer; she on the other hand can't understand the students' 'mindset'. So not writing the right thing, the officer might "COME UP WITH ANOTHER THING" (1476, 1478), unforeseeable in its consequence for the extension of the visa. Mutual non-comprehension at the same time opens up a chance for solutions beyond matters to be understood in the wake of the issue at hand (cf. Nazarkiewicz, 2021).

Jack, in the same breath suggests an interesting solution approach in that he puts up the question "BUT IF I SEND HER THE MAIL THAT **HE:RE** THAT PART IS DIFFERENT PROCEDURE FROM US" (1478, 1481 f.), which could mean writing a mail in which he could somehow try to explain why they cannot respond to the proof of expenditure in the wanted way. This, indeed, could be thought of as a 'third way' approach, in that the person of the officer becomes disembedded from her pure administrative function.

However realistic or unrealistic Jack's idea of the 'mindset appeal', in Joe's subsequent narrative, he takes a different perspective on solutions, expressed with the verb "readjust" (1493), which is picked up by the interviewer as a clarification question (1496).

Whereas in the lines before the drastic consequences of not providing the proof were evoked ("And the lady kept on insisting, she was so: insisting that, No! if you don't bring this, nothing will happen", 1493 ff.), Joe now jumps directly to the resolution of the problem when asked back and he lets the officer speak in her own voice: "okay, if you tell me that you don't pay anything. I just want a confirmation from him that you don't pay or you did not pay anything." (1497-1500).

Excerpt 6

1492	Joe	So we looked at that, even we were going to do
1493		we tried to readjust it, and the lady kept on insisting,
1494		she was **so:** insisting that- **No!** If you don't bring
1495		this, nothing will happen
1496	I	How did you readjust it?
1497	Joe	What what she did later was that- okay, if you tell
1498		me that you don't pay anything, I just want
1499		a confirmation from him that you don't pay or you
1500		did not pay anything

A narrative of course is not matching the real pattern of events. So a dramatic twist in the narrative can be turned into a sober solution by an intervening question. Narrators do not reconstruct a past event, they rather perform it and it is up to them to direct the listener through the story at hand, while at the same time being conjointly produced, listener's intervention can have various effects on the narrative production format. As the storyteller already knows the end of the story, it is up to him when to refer to the outcome of the story.

The outcome reaffirms at the same time the officer's authority to decide which evidence is sufficient, when she is quoted "if you tell me that you don't pay anything. I just want a confirmation from him that you don't pay" (1497 ff.). A confirmation of this kind will have been a written statement which in a bureaucratic system can be accepted as sufficient evidence.

The end and solution of Joe's trouble thus is just a short preemption, actually triggered by I's question. As for the story itself, now with the end known, Jack (cf. excerpt 7 below, 1613 ff.) reflects the "what ifs" in case he would have written that Joe had stayed with him.

Excerpt 7

1613	Jack	You know what make it so complex? It's
1614		because of this scare we had for the system.
1615		I live in eleven point something quadrat meters
1616		and it's not even enough for a person to
1617		live in by the law. I was supposed to live
1618		in twelve. And to get another person into
1619		that room you are supposed to get a bigger
1620		place. So that's a force fear, the force
1621		hmm scares that what if we wrote that this
1622		person stayed with me without paying anything
1623		in a small apartment? [What will happen?
1624	Marc	[It's a boomerang
1625	Jack	What will come up?
1626	Joe	Will a lawyer coming [and said ( )
1627	Jack	[Will a lawyer
1628		coming and will I receive a letter?
1629		So I [was so scared
1630	Joe	[These are these are these are these are too
1631	I	Who will come?
1632	Joe	law law [breaker
1633	Jack	[will a lawyer-
1634	I	[I see
1635	Jack	[will there- will be a letter from the
1636		Ausländerbehörde, so we don't know
1637		their mind

Jack's long contribution is an analytical reflection about possible consequences when being honest: He himself lives in an apartment, the size of which does not meet the legal minimum square meters size. So accommodating a friend for some time would make him a "lawbreaker", as Joe puts it (1632). The whole procedure would have turned out as a "boomerang", as Marc comments (1624). When Jack introduces his speaking turn with a rhetorical question "You know what make it so complex?" (1613) he provides the answer "It's because of this scare we had for the system." (1613 f.). The choice of his terminology is interesting here, as he uses the notion of "system". In retrospect all the imagined trouble was due to the officer's position as a representative of "the system". In the end, as we know, the officer offered a solution both sides could live with. However, Joe was concerned that "the system" had put him and his friends in a "boomerang" situation, in the sense of "you can't do the right thing" unless you comply

Critical Incident Method as a Research Tool 225

with what the system asks of you. The *Ausländerbehörde* is thus seen as a powerful institution within "the system" even in control of conditions of private square meter availabilities.

The last exchange quoted is not the end of the narrated CI, which for reasons of space cannot be discussed here in full length. It is just that in the end the three friends boast themselves of having done the right thing. The process how the solution was eventually reached in negotiating with the lady officer of the *Ausländerbehörde* is not part of the narrative.

Conclusion

Critical Incidents can either be represented as condensed little stories with a clear didactical plot or they can be represented in their originally voiced way, as suggested by Hinnenkamp or Fetscher. The elicitation of CIs through an open interview and its presentation through a transcription is an attempt to grasp the originality and authenticity of the narrators of the CI. Interview sequences are often long and sometimes complex in particular when discussed in a group. But they allow for more than just the cultural backdrop of a misunderstanding, in that they focus on the narrated process and the narrators' mindset. Thus, CIs presented as authentic narratives may also disclose a reflection process or even a jointly reconstructed engagement with the incident.

The CI narrated by the three students can be taken as a typical example of the challenges faced with administrative rules, which for international students as being less or not at all familiar with such "systemic procedures" is an even larger challenge.

The CI is likewise an example of an intercultural challenge which is partly responded to by retreating to known patterns of what is 'normal' in their home country (excerpt 3). But it is also intercultural as the students are forced to find a solution, which is approached with different strategy attempts discussed of which none seem to have been realized, because of systemic constraints: The boomerang effect meaning that whatever solution they attempt will not lead to a solution but to more problems.

One well-known strategy for compensating lack of procedural knowledge is to rely on the expertise of the experienced ones. Joe is a newcomer, Jack and Marc are regarded as more familiar with administrative issues because they have been studying in Germany for some more time. But in the narrative it is less the reliance on their expertise that seems to play a role but rather the common reconstruction of the whole systemic process which of course is due to the interview situation and its rather colloquial character.

As a narrative presentation *after* the problem discussed has been solved, what is discussed among the three friends on behalf of the interviewer's elicitation is both, a recapitulation of the irritating process, and an analytic attempt of ascribing "complexity" and "boomerang"-effects to what Jack labelled as the "system", with its power of "imposed relevances", to which in the end they had to yield to, or in their own words, to which they had "to readjust".

So my initial research interest in reconstructing how international students manage to gain the required knowledge to handle administrative matters appropriately and how to come to terms with them, can at least partly be understood by the various steps discussed as suggestions by the three friends. These suggestions were ranging from mindset appeals to readjustment deliberations. The knowledge process did not emerge in a step by step reconstruction of the critical issue reported, but by a reflexive process of various considerations, personal ones as well as systemic ones. In the end, the problem is solved, but at what point of negotiation with the officer of the *Ausländerbehörde,* the officer finally offered a practical solution is not reconstructed in the story. Thus, in terms of learning of how to go about with future problems with the "system", of reconstructing steps of practical knowledge, the CI does not offer a clear perspective. It may be due to a group interview situation plus the open interview method but first and foremost it is due to the dynamics of a narrative (Walsh, 2021).

Working with CIs by participants' own representation is risky and rich at the same time. The risk is always that it's not 'to the point', but such risk is inherent to all authentic materials. It is rich because it offers participants' own perspectives and ways to cope with problems, misunderstandings or other imponderables of administrative encounters. In the end, knowledge, be it practical, 'implicit' or theoretical is reflected in experience, because there is always an inextricable connection between knowledge and experience.

References

Brislin, Richard W.; Cushner, Kenneth; Cherrie, Craig; Yong, Mahealani (1986). Intercultural Interactions. A Practical Guide. London: Sage.

Brislin, Richard W.; Yoshida, Tomoko (1994). Intercultural Communication Training: An Introduction. Thousand Oaks, CA: Sage.

Fetscher, Doris (2015). Critical Incidents in der interkulturellen Lehre. In Mohammed Elbah; Redoine Hasbane; Martina Möller; Rachid Moursli; Naima Tahiri; Raja Tazi (Hrsg.), Interkulturalität in Theorie und Praxis. (p. 108-123). Rabat: Faculté des Lettres et des Sciences Humaines.

Flanagan, John C. (1954). The Critical Incident Technique. Psychological Bulletin, Vol. 51 (4), 327-358.

Hinnenkamp, Volker (2000). Critical Incidents in der Interkulturellen Kommunikation – eine kritische Bestandsaufnahme / La comunicazione interculturale. Aspetti dei suoi sviluppi in Germania. In Federica Ricci Garotti; Maurizio Rosanelli (eds.), Programmi di scambio con i paesi di lingua tedesca e dimensione interculturale (p. 128-143). Milano: Franco Angeli.

Landratsamt Fulda. Einreise und Aufenthalt in Deutschland. https://www.landkreis-fulda.de/buergerservice/auslaendische-mitbuerger/einreise-und-aufenthalt-in-deutschland (20.08.2021).

Nazarkiewicz, Kirsten (2021). Von misslingender zu gelingender Verständigung: Nicht-Verstehen als kommunikative Ressource. In: Kirsten Nazarkiewicz; Norbert Schröer (eds.), Verständigung in pluralen Welten (p. 73-101). Stuttgart: ibidem.

Polanyi, Michael (2009). The Tacit Dimension. Chicago: University of Chicago Press.

Robinson, Jude; Barron, Amy; Pottinger, Laura (2021). Open Interviews. In Amy Barron; Alison L. Browne; Ulrike Ehgartner; Sarah M. Hall; Laura Pottinger; Jonathan Ritson (eds.), Methods for Change: Impactful social science methodologies for 21st century problems. (p. 85-93). Manchester: Manchester University Press.

Schütz, Alfred (1976). The well-informed citizen. In Alfred Schütz, Collected Papers II. (p. 120-134). Dordrecht: Springer.

Tripp, David (1993). Critical Incidents in Teaching. Developing Professional Judgement. London: Routledge.

Walsh, Richard (2021). Narrative Dynamics and Narrative Theory. Style 55 (1), 78-83.

Transcription legend

The transcription follows first and foremost what is said, and less how it is said. Commas and full stops have a purely structuring function. Besides that, the following conventions apply:

AND	loud voice
Behörde	emphasized
HE:RE	loud voice, emphasized and lengthened
No!	Exclamation
Mietvertrag?	question contour
Vertrag-	Abort
((laughter))	Comment
( )	non-identifiable text
What [will happen? 　　　[It's a boomerang	overlap and point of overlap

CI-Werkstatt

Die CI-Werkstatt

Zur Idee der CI-Werkstatt
Während unseres Symposiums „CIs neu gedacht" im März 2020 hatte Kirsten Nazarkiewicz folgende Idee: Es könnte spannend sein, wenn alle am Symposium Beteiligten ihre spezifischen forschungsmethodischen und didaktischen Ansätze am Beispiel derselben Fallgeschichte konkretisieren würden. Diese Idee wurde von allen Teilnehmenden gerne aufgegriffen, weil offensichtlich ein großer Bedarf bestand, das Thema praxisorientiert und transparent zu diskutieren. Um für diesen in der Forschung eigentlich eher ungewöhnlichen Vorschlag eine auch für die Publikation geeignete Form zu finden, griffen wir auf die Idee einer *Werkstatt* zurück: Sie soll Arbeiten im Prozess zeigen, also keinen Anspruch auf Vollständigkeit und Perfektion erheben, sondern die Konkretisierung abstrakter Überlegungen bewerkstelligen. Es gehörte weiterhin zu unserer Werkstattidee, dass nach dem Erstellen der ersten Versionen eine gemeinsame „Werkschau" und virtuelle Diskussion dazu stattfinden sollte.

Zur Textauswahl: Der Taschenträger
Bei der Auswahl eines geeigneten CIs für die Werkstatt stellten sich uns sofort viele grundlegende Fragen, allen voran zur Textsorte oder zu Aspekten wie der Qualität des Materials. Viele dieser Fragen und Überlegungen werden auch in den folgenden Artikeln in diesem Band immer wieder aufgegriffen und ausführlich diskutiert. Wir entschieden uns dann dafür, diese Fragen für die Werkstatt offen zu lassen, um den Teilnehmenden die Möglichkeit zu geben, auf diese aus ihrer Perspektive einzugehen. Auf diesem Hintergrund hielten wir anschließend nach einer Geschichte Ausschau, die nach unserer Erfahrung typisch für eine berufsspezifische Problemlage ist und häufig in ähnlicher Weise von Teilnehmenden an interkulturellen Trainings erfahren und aufgeschrieben wird. Der Fall sollte außerdem komplex sein, um möglichst vielperspektivische Zugänge zu ermöglichen. Vor allem aber sollte er heikel und herausfordernd sein. Vor dem Hintergrund aktueller Debatten zum diskriminierungssensiblen Lehren und Lernen bietet gerade der schließlich gewählte Fall „Der Taschenträger" viel Potenzial: Er verdeutlicht die Brisanz des Themas und die daraus resultierenden Herausforderungen für die Gestaltung interkultureller Lehre und Trainings; zugleich kann an diesem Beispiel gezeigt werden,

welche Möglichkeiten der kritischen, sensitiven und konstruktiven Auseinandersetzung sich hier bieten. Die Bearbeitung der Geschichte in Lehr- und Trainingssettings erfordert ein wie auch immer geartetes Umgehen mit dem Risiko, dass wir durch die Arbeit mit CIs Stereotypisierungen, Vorurteile und Kulturalisierungen verfestigen bzw. reproduzieren. Die vielfältigen Zugänge, die die Autor*innen sowohl theoretisch als auch methodisch didaktisch gewählt haben, machen gerade in der Zusammenschau deutlich, dass der Text aufgrund seiner Komplexität sehr differenzierte Auseinandersetzungen erfordert und ermöglicht.

Zum Weiterdenken

Um anzuregen, dass die Debatte um die Verwendung von CIs auf theoretischer und didaktisch-methodischer Ebene kritisch und differenziert weitergeführt wird, haben wir in den Kästchen unter den jeweiligen Beiträgen Reflexionsimpulse gesetzt. Wir können uns vorstellen, dass die Werkstattdiskussion auf diese Weise Eingang in die Trainer*innenausbildung, Hochschullehre und Forschungsdebatte findet. Die Anordnung der Werkstattbeiträge erfolgt alphabetisch, denn wir möchten keine „Leseordnung" vorgeben.

Die Fallgeschichte

Die Fallgeschichte wurde im folgenden Format (Geschichte und ergänzende Informationen) den Teilnehmenden vorgelegt.

Der „Taschenträger"

Ich bin da in einer Klasse, da ist irgendwie der Wurm drin. Besonders schlimm ist, dass in der Klasse immer ziemlich großes Chaos herrscht. Ich glaub mittlerweile, ich muss da wirklich mal hart durchgreifen, obwohl ich das überhaupt nicht so regeln will! Aber die nehmen mich manchmal einfach nicht ernst, vielleicht, weil ich noch jung bin, da gibt's so ein paar türkische Jungs, so eine richtige Clique, die provozieren mich, wo sie nur können! Dabei versuche ich immer, alle fair und vernünftig zu behandeln, die Schüler zu beteiligen, wo immer es geht, meine Entscheidungen zu begründen... Aber irgendwie verstehen die mich manchmal gar nicht, hab ich das Gefühl, und ich weiß nicht, ob das nur an der Sprache liegt. Ganz besonders hab' ich Ärger mit einem aus dem türkischen Clan, der ist gerade mal 13, aber der ist schon jetzt sowas wie ein Rädelsführer. Der schafft es immer wieder, mich aus dem Konzept zu bringen; er ist vorlaut, stellt nur Unsinn an und macht sich vor seinen Kumpels wichtig – dann wiederum zieht er seine Strippen im Hintergrund, stachelt die anderen auf, ich krieg das ja alles nicht so wirklich mit, weil da viel auf türkisch läuft – der ist da wie so ein kleiner Mafia-Boss, und naja, er legt's halt eben so richtig drauf an, mich vor der Klasse lächerlich zu machen. All meine Versuche, mit ihm vernünftig zu reden, sind bisher ohne Erfolg geblieben. Die älteren Kollegen haben mir schon geraten, den musst Du eben richtig anpacken, wenn der nicht spurt, ziehst Du es durch bis zur Klassenkonferenz, das ganze Programm. Aber das ist doch Pädagogik von vorgestern!
Und dann war da dieser Vorfall letzte Woche...
Ich war sowieso schon ziemlich gestresst, und just in dieser Stunde hat es mein spezieller Freund mal wieder ganz besonders drauf angelegt, bis mir der Kragen geplatzt ist und ich wütend zu ihm gesagt habe: ‚So, mein Freund, jetzt reicht's, Du bleibst nach der Stunde hier, mit Dir hab ich ein Wörtchen zu reden!' Er hat nur gegrinst und Faxen gemacht.
Als es dann später zur Pause klingelte, will sich der Kerl doch einfach mit den anderen aus dem Klassenzimmer verdrücken! Da bin ich wirklich ausgerastet – bin hinter ihm her, hab ihn mir gegriffen, ihn am Kragen gepackt und festgehalten. Das war einfach so ein Reflex, und ich hab natürlich sofort wieder losgelassen. Aber es war passiert... Ich bin in der Pause zum Direktor gegangen, und hab ihm das gebeichtet – Ich hab die Kontrolle verloren und den Schüler angepackt, und das als angehende Religionslehrerin! Ich war fix und fertig...

Aber das Schlimmste kommt noch: Als ich am nächsten Morgen mit dem Wagen zur Schule kam, steht doch der Junge tatsächlich auf dem Parkplatz - und scheint auf mich zu warten! Ich wusste nicht, was da jetzt wieder auf mich zukommt und wie ich reagieren soll. Als ich dann die Wagentür aufmache, sagt er doch zu mir: „Frau ..., darf ich Ihnen die Tasche tragen?" Das war wirklich voll schlimm – da waren ja auch noch Kollegen in der Nähe, die auch gerade auf dem Parkplatz waren, die haben das natürlich alles mitgekriegt!

Ergänzende Informationen

Der Text ist in einer offen ausgeschriebenen interkulturellen Fortbildung entstanden. Die Teilnehmer*innen hatten die Aufgabe, ein kritisches Ereignis aus ihrem Berufsalltag in einer für sie geeigneten Form zu beschreiben.

Die Autorin war zum damaligen Zeitpunkt Referendarin mit der Fächerkombination Evangelische Religionslehre und Deutsch an einer Gesamtschule in einem urbanen Stadtteil mit „besonderem Entwicklungsbedarf". Die Klasse, von der im Fall die Rede ist, gehörte zur Jahrgangsstufe 7; die Verfasserin unterrichtete die Klasse in Deutsch und sollte in dieser Klasse auch eine Lehrprobe durchführen. Die Klasse zeichnete sich nach Angaben der Verfasserin durch einen für die Schule vergleichsweise hohen Anteil an Schüler*innen mit Migrationshintergrund aus und galt im Kollegium als „schwierig".

Doris Fetscher

Wie man drüber spricht –
Das Kurzinterview als Methode

Der „Taschenträger" ist eine Erzählung, die viele Ähnlichkeiten mit Critical Incidents aufweist, die mir in Interkulturellen Trainings mit Lehrkräften in den letzten 20 Jahren erzählt wurden. Eine Erzählung in ihrer ungefilterten Rohfassung, überfrachtet mit Kulturalisierungen und Stereotypisierungen aus der Perspektive einer Beteiligten aber auch aufgeladen mit dem Stress der Erzählerin, verbunden mit der Suche nach Hilfe.

Mein Beitrag stellt ein Konzept vor, das aus der Not geboren wurde und welches ich im Laufe der Jahre weiterentwickelt habe: Als junge Trainerin sah ich mich Ende der 90er Jahre damit konfrontiert, dass ich für Interkulturelle Trainings in Berufsfeldern angefragt wurde, die ich kaum kannte. Um von den Teilnehmenden ernst genommen zu werden, schien es mir notwendig, mir einen minimalen Einblick in die entsprechenden Felder und Diskurse zu verschaffen. Ich führte also problemzentrierte Interviews (Witzel, 2000) mit Expert*innen oder Teilhabenden des Feldes durch, idealerweise mit Personen, die das Feld aus unterschiedlichen Perspektiven kannten. Später entwickelte ich aus diesen Erfahrungen verschiedene, weniger aufwändige Kurzformate, die den offenen Interviewprozess ebenfalls grundsätzlich als einen interaktiven Erkenntnisprozess verstehen und auch ins Training integriert werden können.

Zur Illustration der Methode im Rahmen dieser „Werkstatt" führte ich zum „Taschenträger" drei spontane Kurzinterviews[1] (jeweils ca. 6 Minuten) mit B., Hochschullehrerin im Ruhestand mit Lehrerfahrung in Interkultureller Kommunikation, F., Schulsozialarbeiterin und A., Erzieher und Leiter eines Jugendhauses. Ich bat die drei Personen darum, sich den CI durchzulesen und dann ganz spontan ihre Eindrücke zu äußern. Aus Platzgründen finden sich hier nur kurze Zusammenfassungen der Interviews, die sich möglichst nah am Wortlaut der Interviewten orientieren und die sich vor allem auf die Herausarbeitung der unterschiedlichen

---

[1] Gwenn Hiller geht in „Eine Frage der Perspektive" (2016) ähnlich vor. Sie arbeitet aber mit einem Leitfaden und mit nachbearbeiteten Fallgeschichten und stellt den Perspektivenwechsel und nicht den Feldzugang in den Vordergrund.

Perspektiven konzentrieren. Im Unterricht oder in Trainings werden die Interviews in Transkriptform oder im Audioformat in voller Länge vorgestellt und bearbeitet.

Die Betrachtung von B. findet auf drei verschiedenen Ebenen statt: Sie versucht, Erklärungen für die Situation zu finden, stellt diese aber immer wieder metareflexiv in Frage: „Ich hab Angst bei der Interpretation in Stereotypen reinzulaufen. Ich kenne keine Türken" und identifiziert die negativen Zuschreibungen der Erzählerin als kulturalisierend. Ihre Interpretation basiert auf der Vermutung, dass in türkischen Familien Konflikte anders angegangen werden und die Lehrerin insofern ein kulturbedingtes Autoritätsproblem hat. Viel Platz nehmen die Überlegungen zur Geste des Taschetragens ein, die für sie das überraschendste Moment in der Geschichte darstellt: „Taschetragen ist voll übers Ziel hinausgeschossen, eine Demutsgeste, voll schlimm, 19. Jahrhundert."

F. identifiziert die Situation als typisch und ihr vertraut. Ihrem beruflichen Auftrag entsprechend versetzt sie sich empathisch in die Rolle aller Beteiligten. An ihrer Schule gibt es viele Schüler, die in muslimischen Wohngruppen leben, in denen es sehr strikte Regeln gibt. In der Schule kann man dann einfach mal „alles rauslassen". Das geht aber nur bei einem bestimmten Typ von Lehrer, unabhängig ob Mann oder Frau, und trifft genauso auf deutsche Schüler zu. F. versteht die Betroffenheit der Lehrkraft. Einer Lehrkraft darf so etwas nicht passieren, auch wenn das Verhalten Wirkung zeigte und in einer anderen Kultur zum Beispiel eine Ohrfeige auch durchaus ganz anders bewertet werden kann. Aus der Perspektive des Jungen wundert sie sich darüber, dass er, anstatt sich einfach zu entschuldigen, eine solch „unterwürfige" Geste wie das Taschetragen wählt.

A. sieht die Situation ebenfalls als typisch: Es ist normal, dass gerade türkische Jungs solche Cliquen bilden und dann einer den Chef oder das Oberhaupt spielt, wobei Kinder immer „querbeet" sind und es auch türkische Kinder gibt, die dieses Verhalten nicht haben. In der türkischen Kultur ist es so, dass man dann eben mal kurz „ein bisschen softe Gewalt anwendet und klar macht, ich bin hier der Boss und nicht Du". Deshalb hat der Übergriff der Lehrerin leider auch Wirkung gezeigt, was aber an der Schule nicht passieren darf. A. fokussiert die Situation der jungen Lehrerin, für die er sich mehr Rückhalt aus dem Kollegium und durch das Rektorat gewünscht hätte. „Es geht hier um Macht", und manche Lehrer werden nicht ernst genommen, weil sie nicht konsequent sind. Das „Taschetragen" erwähnt A. nicht.

Das Verfahren „spontanes Kurzinterview" kann in einem längeren Training auch mit den Teilnehmenden selbst (entweder intern bei beruflich heterogenen Gruppen oder extern) durchgeführt werden. In der Hochschullehre können Studierende in die Methode ebenfalls gut eingeführt werden. Aktives Zuhören, das Identifizieren von Diskurstypen sowie spezifischen beruflichen Diskursen, Perspektivenwechsel und viele andere abstrahierende und analytische Kompetenzen können gefördert werden. Durch die Bearbeitung im Transkript- oder Audioformat kann zudem aufgezeigt werden, wie die Inhalte relevant gemacht werden. Die Angaben zu den interviewten Personen können je nach didaktischem Setting weggelassen oder ergänzt werden. So kann ebenfalls diskutiert werden, wie ethnisierende oder berufsspezifische Zuschreibungen die Wahrnehmung der Texte verändert. Zur Illustration habe ich hier auf ethnisierende Angaben zu den Interviewten verzichtet.

What's the point?
Besonders wichtig an meiner Methode ist für mich, dass die Lernenden in Kontakt zu verschiedenen Personen im Feld treten und sich durch das Führen der Interviews mit den Personen und ihren Perspektiven persönlich auseinandersetzen, nach dem Motto: Besser mit- als übereinander sprechen!

Literatur

Fetscher, Doris (2012). Wie manifestiert sich die interkulturelle Kommunikation im virtuellen Raum? Das problemzentrierte Interview als Zugang zum mehrsprachigen virtuellen Feld. In Ursula Reutner (Hrsg.), Von der digitalen zur interkulturellen Revolution (S. 127-144). Baden-Baden: Nomos.

Hiller, Gundula Gwenn (2016). Eine Frage der Perspektive. Critical Incidents aus Studentenwerken und Hochschulverwaltung. Berlin: Deutsches Studentenwerk.

Witzel, Andreas (2000). Das problemzentrierte Interview. In: Forum Qualitative Sozialforschung 1(1), Art. 22. https://www.researchgate.net/publication/228581012_Das_problemzentrierte_Interview. (04.10.2020).

Andreas Groß

Didaktisch-methodische Überlegungen zum „Taschenträger"

Grundsätzliche Einschätzung

Der „Taschenträger" beschreibt eine kritische Situation aus Sicht einer angehenden Lehrerin, erweist sich aber auch in der didaktischen Verwendung als CI als „kritisch": Er kann in der vorliegenden Form auf Teilnehmende verstörend oder gar verletzend wirken; andere könnten sich wiederum in ihren stereotypen Einstellungen bestätigt fühlen. Daher stellt sich die Frage, ob eine „Entschärfung" der Erzählung (durch Tilgung kultureller Kategorisierungen und abwertender Begriffe) nicht geraten wäre. Dagegen spricht, dass gerade die „kritische Form" auch beträchtliches Lernpotential bietet. So könnte man argumentieren, dass problemorientiertes Lernen am ehesten anhand von möglichst authentischem Material - hier: der ungeschönten Erzählung aus dem „harten Schulalltag" - möglich ist. Zudem bietet sich der Text nicht zuletzt wegen seiner problematischen Formulierungen dafür an, um anhand des Beispiels Zusammenhänge von institutionellem Rassismus und individueller Stereotypen und Ressentiments zu thematisieren. Jenseits solcher Fragen erweist sich die Schilderung aber auch insofern als „kritisch", als sie sich der eindeutigen Interpretation entzieht und zu kontroversen Auslegungen einlädt: Geht es hier primär um (individuellen oder strukturellen) Rassismus, oder zeigt sich hier eher, wie die „Entfremdungszone Schule" (Beljahn, 2017) durchgängig von „stummen" oder „feindlichen" Beziehungen geprägt ist? Kann eine Deutung des Geschehens unter kulturtheoretischer Perspektive zur Aufklärung und damit zur Entlastung bzw. zur Problemlösung beitragen (Buchwald u. Ringeisen, 2007), oder sind gerade solche Kategorisierungen problemverursachend? Liegt die Lösung in der Beseitigung individueller Kompetenzdefizite im Bereich *Classroom Management*, oder hat man es hier mit unvermeidbaren Grundwidersprüchen (Antinomien) in pädagogischen Kontexten zu tun, die sich solchen „technologischen Zugriffen" entziehen? Gerade bei der Diskussion brisanter Schilderungen wird deutlich, dass die mehrperspektivische Annäherung und das Einführen neuer Lesarten keineswegs nur kognitive Herausforderungen darstellen, zumal man sich bei der Interpretation der Fallerzählung im diffusen Zwischenfeld von Wissen und Nichtwissen bewegt. Die Widerfahrnisse der Referendarin und ihre Antwort darauf können damit nicht mehr aus der sicheren Entfernung der „didaktischen Schutzzone" begutachtet und bewertet werden: Vielmehr werden Lernende, die sich mit dem CI befassen, selbst in *Widerfahrnisse* verwickelt, weil sich die Erzählung einer einfachen und eindeutigen Auslegung entzieht und damit zugrundeliegende Ordnungen fragwürdig werden – dies wird gerade dann spürbar, wenn der Versuch, sich mit Anderen über die „richtige" Deutung zu verständigen, als beschwerlich erweist oder gar scheitert.

Die hier angerissenen inhaltlichen und methodischen Fragen wird man auf der Grundlage unterschiedlicher fach- und lerntheoretischer Positionierungen jeweils anders beantworten. Für das konkrete Einsatzszenario sind darüber hinaus weitergehende didaktische Überlegungen unter Berücksichtigung von Zielen, thematischen Schwerpunktsetzungen, Lernvoraussetzungen und Lernanliegen der Teilnehmenden und Rahmenbedingungen der Lehr- / Lernsituation anzustellen. Auf dieser Grundlage ist dann zu entscheiden, welche Modifikationen am Material sinnvoll sind und wie mit dem Text gearbeitet werden soll.

Didaktisch-methodische Einsatzszenarien für den „Taschenträger"

Vor dem Hintergrund dieser Überlegungen sind unterschiedliche didaktische Einsatzszenarien denkbar, wie die folgenden Beispiele belegen:

a) *Führungskräfteschulung:* Im Rahmen eines Fortbildungstages zum Thema „Diskriminierungsfreie Schule" wird auf Grundlage des Textes ein CI als neutral formulierter Bericht erstellt, der das Gespräch der Referendarin mit dem Schulleiter zusammenfasst und dabei auch (brisante) Formulierungen der Lehrerin zitiert. Teilnehmende der Schulung bekommen die Aufgabe, am Beispiel sachgerechte Vorgehensweisen und Strategien im Hinblick auf den Vorfall zu entwickeln und zu erproben.

b) *Lehramtsausbildung:* Studierenden wird im Seminar *Classroom Management* als Modulprüfung eine auf dem Text basierende umfangreichere *Fallstudie* vorgelegt. Auf Grundlage im Seminar erarbeiteter Theorien sollen mehrperspektivische Analysen und Strategien zur Bewältigung im Sinne eines *kultursensiblen Classroom Management* (*Cultural Responsive CM,* Steins, 2016) entwickelt werden.

c) *Hochschulseminar:* Im Modul „Rassismuskritisches Handeln in der Migrationsgesellschaft" wird der Text in unveränderter Form vorgelegt, um institutionelle Dimensionen des Rassismus anhand einer *rassismuskritischen Kasuistik* (Doğmuş u. Geier, 2020) zu thematisieren. Ziel ist, die Schilderung der Referendarin nicht als zu skandalisierenden Einzelfall zu verstehen, sondern „institutionelle Formen der (Re-) Produktion sozialer Ungleichheit einerseits zu rekonstruieren, wie andererseits Alternativen möglicher Verschiebungen zu eruieren" (Doğmuş u. Geier, 2020, S. 132).

d) *Community of Practice*: In einer virtuellen Lerngruppe sollen Lehrer*innen eigene Problemfälle aus der Praxis selbstgesteuert und kollaborativ bearbeiten. Als Vorbereitung wird die mehrperspektivische Fallbearbeitung unter Einbezug gemeinsam vorhandenen Erfahrungs- und Theoriewissens anhand des „Taschenträgers" geübt. Dazu sollen die Teilnehmenden sich mit folgenden Fragen auseinandersetzen: Sind ähnliche Situationen aus der eigenen Praxis bekannt? Inwieweit sind kulturelle, genderbezogene, sozialpsychologische Wissensbestände für das Verständnis des Falles hilfreich? Wie stellt sich die Situation aus Sicht des Schülers dar? Welche Rollen spielen Machtverhältnisse? Wie würde sich die Situation darstellen, wenn keine Hinweise auf den Migrationshintergrund des Schülers gegeben werden? Wie könnte die Referendarin agieren?

e) *Trainer*innenfortbildung:* In einem Workshop zum Thema CI-Arbeit dient der „Taschenträger" dazu, einen reflektierten Erfahrungsaustausch anzuleiten. Dazu werden folgende Leitfragen gestellt: (Wie) würden Sie mit dem Fall arbeiten? Kennen Sie ähnliche Fallschilderungen von Teilnehmenden? Welche Potentiale und Probleme bieten solche „brisanten" CIs? Haben Sie selbst „schwierige Erfahrungen" beim Einsatz solcher CIs gemacht? (Wie) lassen sich rassismuskritische und kulturtheoretische Sichtweisen miteinander vereinbaren?

What's the point?
- Was spricht für oder gegen eine „didaktische Glättung" des CI?
- Welche Vorstellungen vom Lernen, von CIs und dem „Kritischen" liegen den didaktischen Varianten jeweils zugrunde?

Literatur

Beljan, Jens (2017). Schule als Resonanzraum und Entfremdungszone. Eine neue Perspektive auf Bildung. Weinheim u. Basel: Beltz.

Buchwald, Petra; Ringeisen, Tobias (2007). Wie bewältigen Lehrer interkulturelle Konflikte in der Schule? Eine Wirksamkeitsanalyse im Kontext des multiaxialen Coping-Modells. interculture journal: Online-Zeitschrift für interkulturelle Studien, 6(5), 71-9.

Doğmuş, Aysun; Geier, Thomas (2020). Rassismus als Fall? Zu den Möglichkeiten rassismuskritischer Kasuistik und reflexiver Inklusion in der Lehrer*innenbildung. In Melanie Fabel-Lamla; Katharina Kunze; Anna Moldenhauer; Kerstin Rabenstein (Hrsg.), Kasuistik – Lehrer*innenbildung – Inklusion. Empirische und theoretische Verhältnisbestimmungen (S. 120-135). Bad Heilbrunn: Julius Klinkhardt.

Steins, Gisela (2016). Classroom Management an Schulen in sozialräumlich deprivierter Lage unter besonderer Berücksichtigung des Lehrer-Schüler-Verhältnisses. DDS – Die Deutsche Schule, (108) 4, 340-353.

Katharina von Helmolt

Interkulturalität als Deutungsperspektive

Die folgende Skizze zur Arbeit mit dem Critical Incident „Der Taschenträger" bezieht sich auf Zielgruppen im Hochschulkontext. Sie setzt folgende Vorkenntnisse voraus: Die Studierenden sind mit einem konstruktivistischen Kulturbegriff vertraut, sie kennen Beschreibungskriterien für kulturelle Differenzen und haben sich mit der Problematik sprachlicher Kategorisierung und Zuschreibung auseinandergesetzt.

Die Zielsetzung des skizzierten Vorgehens ist die Erweiterung von Perspektivenreflexivität und Interpretationsflexibilität. Durch das Erarbeiten variierender Fallanalysen wird angestrebt, das Bewusstsein der Studierenden für die Perspektivenabhängigkeit von Deutungen zu vertiefen und ihre Offenheit für mehrwertige Denk- und Lösungsansätze zu fördern.

Die Bearbeitung des Critical Incidents erfolgt in drei Schritten: 1. Offene Interpretation, 2. Interpretation unter der Perspektive Interkulturalität, 3. Reflexion von Implikationen der Deutungsperspektive Interkulturalität.

Für die offene Interpretation erhalten die Studierenden eine modifizierte Textvariante, aus der Kategorienbezeichnungen mit nationalkulturellem Bezug, wie „türkische Jungs" oder „türkischer Clan", entfernt werden. Die Interpretation des Falles in Kleingruppen kann frei erfolgen oder durch eine systematische Übersicht über Konfliktfelder und -ursachen[1] gelenkt werden.

Nach der Präsentation der Ergebnisse im Plenum erhalten die Kleingruppen den Arbeitsauftrag, den Critical Incident gezielt unter der Deutungsperspektive *Interkulturalität* zu analysieren. Für diese Gruppenarbeit wird der Originaltext mit den nationalkulturellen Kategorien („türkische Jungs", „türkischer Clan") zugrunde gelegt. Die Studierenden werden angeregt, auf ihnen bekannte Modelle kultureller Strukturmerkmale oder Beschreibungskriterien für kulturspezifische kommunikative Praktiken[2] sowie auf ihr Wissen über Prozesse sprachlicher Kategorisierung und

---

[1] Eine Orientierung für eine entsprechende Übersicht bietet beispielsweise Glasl (2020).
[2] Zur Einführung von Beschreibungskriterien für kulturspezifische Kommunikationspraktiken im Kontext von Fallbearbeitungen eignet sich das Kriterienraster des Ansatzes „Linguistic Awareness of Cultures" von Helmolt und Müller (1993).

Zuschreibung[3] zurückzugreifen. Auf der Grundlage ihrer Interpretationen entwickeln die Studierenden Handlungsalternativen für die im Fall beteiligten Personen. Während der Präsentation der Gruppenergebnisse im Plenum hebt die Moderation die Variationen der in den Kleingruppen erarbeiteten Fallanalysen hervor und regt zum Nachdenken über ihre jeweiligen Voraussetzungen an. Zudem weist sie auf die Wirkung sprachlicher Kategorien mit (national-)kulturellem Bezug auf Wahrnehmungs- und Interpretationsprozesse hin.

Im dritten Bearbeitungsschritt geht es um die Reflexion möglicher Konsequenzen der Deutungsperspektive *Interkulturalität*. Im Rahmen einer Plenumsdiskussion wird herausgearbeitet, dass die Interkulturalitätsperspektive einerseits Erklärungsansätze bietet, die über personenbezogene Attribuierungen hinausgehen, andererseits aber durch eine kulturalisierende Reduktion komplexer Situationen auch kulturelle Stereotype und damit verknüpfte strukturelle Benachteiligungen fortschreiben kann. Im Rahmen dieses Bearbeitungsschritts wird das Konzept der „reflexiven Interkulturalität" (Schröer, 2011, S. 50; Hamburger, 2009) eingeführt, das neben den intendierten Implikationen der Interkulturalitätsperspektive auch ihre möglichen nicht-intendierten negativen „Nebenfolgen" (Hamburger, 2009) in den Blick nimmt. In der Haltung der reflexiven Interkulturalität werden neben der Interkulturalitätsperspektive auch Alternativen wie „die Ent-Kulturalisierung oder die Nicht-Thematisierung von kulturellen Differenzen" (Hamburger, 2009, S. 129) auf ihre situative Angemessenheit hin geprüft. Das Konzept der reflexiven Interkulturalität wird sowohl auf den Critical Incident als auch metaperspektivisch auf den Diskussionsverlauf angewendet.

What's the point?
Wie kann in der Arbeit mit dem CI Perspektivenreflexivität und Interpretationsflexibilität entwickelt werden? Wie gestaltet sich die Arbeit mit CIs, wenn sowohl bei der Interpretation als auch in der Diskussion auf eine reflexive Interkulturalität abgezielt wird?

---

[3] Um im Vorfeld der Fallbearbeitung in die Problematik sprachlicher Kategorisierung und damit verbundener Zuordnungen und Zuschreibungen einzuführen, kann beispielsweise mit den Artikeln von Hausendorf (2002) und Helmolt (2016) gearbeitet werden.

Literatur

Glasl, Friedrich (2020). Konfliktmanagement. Ein Handbuch für Führung, Beratung und Mediation (12. aktualisierte und erweiterte Auflage). Bern: Haupt Verlag.

Hamburger, Franz (2009). Abschied von der interkulturellen Pädagogik. Plädoyer für einen Wandel sozialpädagogischer Konzepte. München u. Weinheim: Juventa.

Hausendorf, Heiko (2002). Kommunizierte Fremdheit. Zur Konversationsanalyse von Zugehörigkeitsdarstellungen. In Helga Kotthoff (Hrsg.), Kulturen in Kontakt (S. 25-29). Tübingen: Gunter Narr.

Helmolt, Katharina von (2016). Perspektivenreflexives Sprechen über Interkulturalität. Interculture Journal, 15 (26), 33-42.

Helmolt, Katharina von, Müller, Bernd-Dietrich (1993). Zur Vermittlung interkultureller Kompetenzen. In Bernd-Dietrich Müller (Hrsg.), Interkulturelle Wirtschaftskommunikation (S. 509-548). München: Iudicium.

Schröer, Hubertus (2011). Interkulturalität. Schlüsselbegriffe der interkulturellen Arbeit. In Thomas Kunz; Ria Puhl (Hrsg.), Arbeitsfeld Interkulturalität. Grundlagen, Methoden und Praxisansätze der Sozialen Arbeit in der Zuwanderungsgesellschaft (S. 44-57). München u. Weinheim: Juventa.

Gundula Gwenn Hiller

Critical-Incident-Analyse mit Hilfe des KPSI-Modells

Zielgruppe: Lehramtsstudierende, Lehrer*innen

Kurz und knapp:
Exploration situativer, kultureller und persönlich bedingter Einflussfaktoren auf interkulturelle Interaktion. Im Rahmen einer Critical Incident-Analyse sollen verschiedene Interpretationsperspektiven erschlossen werden, die im Deutungsprozess eigener Erlebnisse oft unberücksichtigt bleiben. Der in dieser Übung eingesetzte Critical Incident ist absichtlich so gewählt, dass er NICHT einfach durch den Faktor Kultur erklärbar ist, sich aber durchaus kulturell bedingte Verhaltensweisen identifizieren lassen können. Lernziel ist hier jedoch, dass den Teilnehmenden die Vielschichtigkeit von kommunikativer Interaktion bewusst wird.

Ziele der Übung:

- Analyse einer kritischen Interaktionssituation (Critical Incident)
- Entdeckung verschiedener Einflussfaktoren auf Interaktion
- Entdeckung und Reflexion verschiedener Interpretationsperspektiven
- Erarbeitung von Handlungsstrategien

Teil 1:

Die Trainierenden führen den Begriff Critical Incident ein und kündigen eine Critical Incident-Übung an. Die Teilnehmenden erhalten das 1. Arbeitsblatt mit dem Critical Incident und haben ca. 5 Minuten Zeit, diesen durchzulesen. Daraufhin sollen sie in Einzelarbeit stichpunktartig so spontan wie möglich folgende Fragen beantworten:

- Ist dies ein interkultureller Critical Incident? Warum / warum nicht?
- Gibt es hier Deiner Einschätzung nach kulturell erklärbare Verhaltensweisen bzw. etwas, das Du als „typisch deutsch" oder „typisch türkisch" bezeichnen würdest?
- Welche Faktoren könnten die Situation außerdem beeinflusst haben?

Nach dieser kurzen Reflexionsphase fragt die Leitung die Gruppe nach ihrer allgemeinen Einschätzung: „Wer findet, dass dies ein interkultureller Critical Incident ist?" Hierzu können sich die Teilnehmenden an drei verschiedenen Orten im Raum platzieren, nachdem diese mit „ich stimme zu", „ich bin unentschlossen" und mit „ich stimme nicht zu" gekennzeichnet wurden. Hier können sich einzelne Teilnehmende, die sich unterschiedlich platziert haben, zu kurzen Begründungen für ihre Entscheidung äußern. Um jedoch nicht die Analyse, die im zweiten Teil der Übung erfolgen soll, vorwegzunehmen, werden die Teilnehmenden, sobald ein kurzes Meinungsbild offenbart wurde, wieder zurück an ihre Plätze gebeten.

Teil 2:

An dieser Stelle des Trainings wird das KPSI-Modell zur Exploration situativer, kultureller und persönlich bedingter Einflussfaktoren (vgl. Dt. Studentenwerk, 2016) vorgestellt. Daraufhin erhalten die Teilnehmenden das Arbeitsblatt mit dem auf diesem Modell basierenden *Leitfragen zur Reflexion eigener interkultureller Erlebnisse*. Nun sollen die Teilnehmenden in Kleingruppen anhand der Leitfragen die situativen, kulturellen und persönlich bedingten Einflussfaktoren, die auf diese Situation eingewirkt haben könnten, explorieren.

Nach dem Austausch der Analyseergebnisse können in einer gemeinsamen Diskussion weitere Interpretationsperspektiven erschlossen werden. Dabei kann darauf hingewiesen werden, dass die Perspektivenvielfalt im Deutungsprozess eigener Erlebnisse oft unberücksichtigt bleibt. Passend zu dem hier vorgeschlagenen Critical Incident können beispielsweise folgende weiterführende Fragen gestellt werden und in einem weiteren Schritt mit den Teilnehmenden Handlungsstrategien erarbeitet werden:

- Lässt sich nachvollziehen, ob das Verhalten der Lehrerin und des Jungen jeweils Aktion oder Re-Aktion waren?
- Welche Rolle könnte der Faktor „Autorität" gespielt haben?
- Welche Rolle könnten Alter und / oder Geschlecht der Lehrerin gespielt haben?
- Hätte der Lehrerin kulturspezifisches Wissen in diesem Falle etwas nutzen können?
- Was hätte die Lehrerin tun können, um den Jungen zur Kooperation zu bewegen?
- An welchen Punkten vor der Eskalation hätte sich die Lehrerin (wie) anders verhalten können?
- Welche Absichten könnten möglicherweise hinter dem Angebot des Schülers stecken, ihr die Tasche zu tragen?
- Was hättest Du an ihrer Stelle auf dem Parkplatz getan?
- Was sollte die Lehrerin zukünftig tun, um eine weitere solche Eskalation zu vermeiden?

What's the point?
Welche neuen Perspektiven ergeben sich durch die Berücksichtigung der Kategorie „Institution" (KPS*I*)?
Um welche Aspekte könnte / sollte man das Modell noch erweitern?

Literatur

Deutsches Studentenwerk (Hrsg.) (2016). Eine Frage der Perspektive. Critical Incidents aus Studentenwerken und Hochschulverwaltung. Berlin: Deutsches Studentenwerk. https://www.studentenwerke.de/de/content/eine-frage-der-perspektive-critical (26.01.2021).

Volker Hinnenkamp

In die Erzählung Hinein-Fragen lernen

Den vorliegenden Text nehme ich als Critical Incident und will anhand der unveränderten vorliegenden Fassung versuchen, ihn für ein Training zur interkulturellen Sensibilisierung fruchtbar zu machen, konkret, was Trainees aus diesem weitgehend unbearbeiteten „Rohmaterial" lernen können.[1]

Eine kritische Erzählung...
Aus der Erzählung schließe ich, dass die Lehrerin mitunter in einer schwierigen Situation ist. Meine Rolle könnte die des Verständnisses, der Empathie, der Solidarität oder der kritischen Dekonstruktion sein. Mein erster Schritt ist ein textanalytischer: Die Einführung ist der allgemeine Zustand der Klasse, den die Erzählerin steigernd als „irgendwie der Wurm drin" und „immer ziemlich großes Chaos" charakterisiert, was zu ihrer ersten Zwickmühle führt: „hart durchgreifen" einerseits, im Nebensatz dann der Disclaimer, dass sie dies andererseits „überhaupt nicht so regeln will!" Damit deutet sie von Anbeginn den Konflikt zwischen ihrem pädagogischen Anspruch und der Notwendigkeit disziplinarischer Maßnahmen an. Der Begründung, dem kataphorischen „die nehmen mich [...] nicht ernst", weil sie vielleicht noch „zu jung" sei, folgt die Konkretisierung der Täterschaft: „ein paar türkische Jungs, so eine richtige Clique", die sie nicht verstehen, zweifelnd, „ob das nur an der Sprache liegt." Erneut wird mit Fairness, Vernunft, Beteiligung und der Begründung von Entscheidungen ihr pädagogisches Credo bemüht. All das, so konkretisiert die Erzählerin, wird torpediert von „einem aus dem türkischen Clan", gerade mal 13 Jahre alt. Dieser eine ist „schon jetzt sowas wie ein Rädelsführer", er zieht Strippen im Hintergrund, stachelt auf, ist ein kleiner Mafia-Boss, macht sie vor der Klasse lächerlich. Gleichwohl konzediert die Lehrerin, dass sie nicht alles „so wirklich" mitkriege, „weil da viel auf Türkisch läuft".

Nun kommt ihr Kollegium ins Spiel, vor allem die „älteren Kollegen" ermuntern sie, den Schüler „eben richtig" anzupacken. „Aber das ist doch Pädagogik von vorgestern!" wirft sie erzählerisch ein.

---

[1] Als Ausschnitt und evtl. Transkription liegt natürlich bereits eine gewisse Bearbeitung vor!

Nach diesem allgemeinen Erzählteil im Präsens, bei dem sich die Erzählerin zunehmend auf einen Schüler einschießt, gibt es nun eine Überleitung in der Erzählvergangenheit zu einer Episode, die sie als „Vorfall" bezeichnet: Sie stellt den problematischen Schüler zur Rede, bestellt ihn sogar nach dem Unterricht ein, und als er dennoch nicht bleibt, hält sie ihn fest: „gegriffen, ihn am Kragen gepackt und festgehalten". Damit überschreitet sie – auch nach eigenem Verständnis – eine Grenze, denn sie darf gegenüber den Kindern nicht die Kontrolle verlieren und diese physisch angehen; auch das Festhalten gehört bereits dazu. Sie beichtet dies dem Direktor und verurteilt ihren eigenen Kontrollverlust.

Erzählerischer Höhepunkt scheint nun aber der angekündigte Taschenträger zu sein. Denn am nächsten Morgen wartet „der Junge" auf sie auf dem Parkplatz. Das verunsichert die Erzählerin. Der Schüler aber redet sie an und fragt, ob er ihre Tasche tragen darf. Für die Erzählerin ist dies „das Schlimmste", auch weil Personen aus dem Kollegium das wohl mitbekommen haben.

Hier endet die vorliegende Erzählung und man könnte resümierend feststellen, dass die Lehrerin, obgleich sie längst nicht alles versteht, dem inkriminierten Schüler stets und sich steigernd schlechte Absichten unterstellt. Die Sprache der Jugendlichen in der Klasse nicht zu verstehen, scheint mit Kontrollverlust einherzugehen. Zudem macht die Bezugnahme der Lehrerin auf die schwierige Gruppe in der Klasse bzw. den schwierigen Schüler durchgehend Gebrauch von Verweisen auf schulexterne (z.T. kriminelle) Welten. Dass sie von keiner Klärungsinitiative ihrerseits berichtet, mag der Erzählform geschuldet sein, doch die durchgehende Unterstellung von schlechten Absichten und ihre Projektion auf Rädelsführerschaft, Clan und Mafia lassen auf Vorurteile schließen, die durch ein allgemeines pädagogisches Credo vertuscht werden.

...und das kritische Hinein-Fragen

Im nächsten Schritt will ich nun mehr in die Rolle des Fragestellers gehen, in der Hoffnung, mit Trainees behutsam und durch Gruppenarbeit und Gespräch auf die verschiedenen Problemebenen zu kommen.

- Warum ist die Episode mit dem Angebot, die Tasche zu tragen, „das Schlimmste" für die Erzählerin? Auf welchem Hintergrund geht die Erzählerin von diesem offensichtlichen Verständnis aus? Gibt es Hinweise dazu im Text? (Im Text fehlt dazu die Begründung. Die

Erzählerin scheint davon auszugehen, dass die Leser*innen / Zuhörer*innen diese Einschätzung teilen.)
- Erstellen Sie eine Liste der in der Erzählung vorkommenden Charaktere und den ihnen zugeschriebenen Merkmalsbeschreibungen wie sie im Text vorkommen!
- Gibt es Merkmalsbeschreibungen, die Sie verwirren? Können Sie sich vorstellen, die Charaktere auch mit neutraleren Merkmalen zu beschrei-ben? Machen Sie Vorschläge. Wie würde das die Erzählung verändern?
- Gibt es einen Grund, warum die Erzählerin so vorgeht? Welcher könnte das sein?
- Die Erzählerin sagt, dass sie nicht alles versteht, „weil da viel auf Türkisch läuft". Welche Rolle nimmt Ihres Erachtens Sprache im Unterricht ein, und wie ist das Verhältnis der Lehrerin zur Anderssprachigkeit im Unterricht?
- Welche Rolle spielen Vermutungen, wenn man nicht alles versteht? Wie kommen diese zustande?
- Drehen Sie die Geschichte zum Schluss um – machen Sie daraus einen Triumph für die Lehrerin. Wie würden Sie dies begründen?
- Stellen Sie sich vor, Sie sind ein Kollege oder eine Kollegin der Erzählerin. Wie nehmen Sie das Ganze wahr? Was würden Sie ihr raten?
- Können Sie sich in die Rolle des Jungen hineinversetzen? Machen Sie daraus eine Erzählung, in der Sie versuchen, seinen Blickwinkel einzunehmen, z.B. indem Sie sich vorstellen, dass er die Geschichte in seiner Klasse, seinen Geschwistern oder seinen Eltern erzählt.
- Worüber stolpern Sie, wenn Sie versuchen, sich in die Rolle des Jungen hineinzuversetzen?
- Stellen Sie sich vor, Sie sind an Stelle der Lehrerin in einer Situation, in der Sie auch mit ähnlichen Problemen konfrontiert sind. Wie würden Sie damit umgehen?

What's the point?
Welche Möglichkeiten bieten die textanalytische Paraphrase und das kritische Hineinfragen in den CI? Welche Rolle spielt dabei das behutsame Vorgehen der Trainierenden?

Beatrix Kreß

Sprachliches Handeln als kulturelles Handeln in CI-Erzählungen

Der „Taschenträger" ist auf den ersten Blick eine schriftlich abgefasste Beschreibung eines kritischen Ereignisses. Aber: Ist es eine Beschreibung? Ist es nicht auch eine Erzählung? Eine erste Analyse, eine Bewertung? Und ist es ein Ereignis, ein Vorfall, der erzählt wird, oder nicht eher eine ganze Reihe von Ereignissen, die von der Erzählerin aber in einem Zusammenhang gesehen werden? Und was steht hinter dieser Ereigniskette? Geht es wirklich um das oder die Ereignisse an sich oder sind diese nicht eher Symptom einer Beziehung, über die die Verfasserin des Textes berichtet? Und: handelt es sich überhaupt um einen Text, ein schriftliches Dokument, das zum Zwecke der Überlieferung angefertigt wurde? Immerhin verstößt sie, die die Aufforderung erhalten hat, ein kritisches Ereignis „in einer für sie geeigneten Form" zu beschreiben, an einigen Stellen ganz offensichtlich gegen das Alltagsverständnis von der Form eines schriftlich verfassten Textes – „der ist da wie so ein kleiner Mafia-Boss, und naja, er legt's halt eben so richtig drauf an, mich vor der Klasse lächerlich zu machen".

Das sind zunächst linguistisch inspirierte Überlegungen. Man kann sich zurecht fragen, was die Beschäftigung mit der Textsorte, mit Sprechhandlungen und Illokutionsindikatoren mit der sprachlichen Herstellung von Kausalität, mit Mündlichkeit und Schriftlichkeit in Texten, mit dem üblichen Einsatz kritischer Interaktionssituationen in der interkulturellen Aus- und Weiterbildung zu tun hat. Um nun aber nicht zu psychologisieren, was die Zusammenhänge zwischen kommunikativer Oberfläche und mentalen Vorgängen betrifft, würde ich zunächst einmal Müller-Jacquier (2000) anführen, der im Zusammenhang mit CIs darauf verweist, dass Sprache (sprachliche Form, sprachliche Verfasstheit und Kommunikation) Kultur ist und als solche als Zeichen eines Be- und Verarbeitungsprozesses kultureller Vorgänge gesehen werden kann. Wenn also, wie im vorliegenden Fall, keine nachträgliche sprachliche Bereinigung des Berichts stattfindet, also eine möglichst neutrale Reduktion auf das Ereignis als solches, dann kann die Erzählung des Ereignisses als das genutzt werden, was sie ist: Eine sprachliche Bearbeitung eines offenbar kritisch eingeschätzten Ereignisses als Bewältigungsstrategie. So können die Sichtbarmachung und Analyse wohlmöglich wiederkehrender Strukturen und Muster in Beschreibungen dieser Art einer Manifestation von Lösungswegen gleichkommen. Fragen, die sich stellen, sind dann beispielsweise: Wo wechselt die Erzählende von der beschreibenden Sprechhandlung zur bewertenden Sprechhandlung? Woraus speist sich die Bewertung sowohl hinsichtlich ihrer Bezugsparameter als auch hinsichtlich ihrer lexikalisch-semantischen Verortung? Welche Ereignisse werden verknüpft und wie? Wo finden sich offensichtliche stilistische Brüche – etwa zwischen den Polen der Mündlichkeit und der Schriftlichkeit? Das reicht hinunter bis zu einzelnen sprachlichen Prozeduren und deren Zwecke, etwa dem Tempuswechsel zwischen Perfekt, Imperfekt und Präsens, der motiviert sein muss. Oder aber einzelne Junktoren werden genauer in den Blick genommen hinsichtlich ihrer beziehungsherstellenden Funktion.

Diese – vielleicht gelegentlich mühselige – Arbeit erscheint aber vor dem Hintergrund folgender Überlegungen durchaus sehr sinnvoll: Das Erarbeiten von unterschiedlichen sprachlichen Bewältigungsstrategien mit ihren jeweils spezifischen Zwecken – etwa dem Erreichen einer neutraleren Einschätzung des Geschehens, einer Distanzierung, dem „Beichten" eigenen Versagens, aber auch dem „sich selbst Verzeihen" – kann über die Einzelerzählung und das spezifische Ereignis hinaus genutzt werden. Und ganz nebenbei wird die ursprüngliche Erzählung, die Mühe, die sich die oder der Erzählende durch seine Aufbereitung für die Adressat*innen / Rezipient*innen gemacht hat, wertgeschätzt – als kreative, ästhetische und am Gegenüber und der Verständigung orientierte Bewältigungsleistung.

What's the point?
Welche neuen Zugänge zum CI entstehen, wenn der Text als Kulturprodukt mithilfe sprachwissenschaftlicher und textlinguistischer Kategorien analysiert wird? Wie können darauf basierende Formen sprachlicher Bewältigung aussehen?

Literatur

Müller-Jacquier, Bernd (2000). Linguistic Awareness of Cultures. Grundlagen eines Trainingsmoduls. In Jürgen Bolten (Hrsg.), Studien zur internationalen Unternehmenskommunikation (S. 20-51). Leipzig: Popp.

Francisco Javier Montiel Alafont und Christoph Vatter

Erkennen – Verstehen – Handeln: Der „Taschenträger" aus fremdsprachendidaktischer Sicht

Der im Folgenden skizzierte methodische Vorschlag zur Arbeit mit Critical Incidents knüpft an didaktische Modelle und Erfahrungen aus dem Fremdsprachenunterricht an (Vatter u. Zapf, 2012; Montiel, Vatter u. Zapf, 2014; Vatter, 2013). Aus dieser Perspektive stellt „Der Taschenträger" in dreifacher Hinsicht eine Herausforderung dar:

- Es handelt sich um noch nicht didaktisiertes Material. Insbesondere erweisen sich einige umgangssprachliche Ausdrücke als Herausforderung, um zum Beispiel mit dem Text im Unterricht Deutsch als Fremdsprache zu arbeiten;
- Das Handlungsumfeld betrifft in erster Linie Migrationskulturen und somit nicht den im Fremdsprachenunterricht dominierenden Kontext der internationalen interkulturellen Kommunikation;
- Das zu Grunde liegende Kulturverständnis bezieht sich daher auch nicht auf nationale oder auch sprachlich-kulturräumlich determinierte Akteursfelder.

Die folgende Skizze erschließt Aktivitäten, die sowohl zur interkulturellen Sensibilisierung der Lernenden als auch zur Reflektion über den kulturellen Kontext der Fremdsprache – hier: Deutsch – beitragen können. Zielgruppe wären dementsprechend Deutschlernende ab Niveau B2, die möglicherweise bereits erste persönliche Erfahrungen mit der Gesellschaft der Zielsprache gemacht haben.

Erkennen

Im ersten Bearbeitungsschritt „Erkennen" soll der komplexe Sachverhalt von „Der Taschenträger" erfasst und in Sinnabschnitte aufgeteilt werden. Der Zugang beruht dabei in erster Linie auf sprachlichen Äußerungen bzw.

Zuschreibungen sowie auf verschiedenen sozialen Rollen der beteiligten Personen. Dies könnte z.b. mit Hilfe eines Arbeitsblattes in Partnerarbeit erfolgen. Die Lernenden sollten zunächst die drei zentralen Sinnabschnitte des Texts erfassen und passende Überschriften formulieren: 1. Die kontextualisierende „Vorgeschichte"; 2. „Kragen geplatzt – Kragen gepackt"; 3. „Der Taschenträger". In einem weiteren Arbeitsschritt sind im Text die Stellen zu markieren und den handelnden Personen zuzuordnen, die (stereotype) Zuschreibungen (z.b. „Clan", „Rädelsführer", „kleiner Mafia-Boss"...) bzw. Rollenzugehörigkeiten (z.b. kulturell, sprachlich, professionell, geschlechtsbezogen...) transportieren. Diese könnten z.b. tabellarisch erfasst und dann im Plenum vorgestellt werden.

Zur zielkulturellen Sensibilisierung und Selbstreflexion könnte man hier mit Hilfe zusätzlicher Materialien[1] eine Diskussion, z.B. im Fishbowl-Format, über die Migrationsgesellschaft in Deutschland anschließen.

Verstehen

Im zweiten Schritt steht die Identifikation von Kommunikationsstörungen und Unsicherheitssituationen im Fokus, die – aus Sicht der Protagonistin – als interkulturell bedingt erscheinen könnten. Die Konzepte *hot words* bzw. *rich points* (Agar, 1994; Heringer, 2010) und *hotspots* (Heringer, 2010) dienen dabei als methodische Orientierung. Zur Analyse der *hot words* und *rich points* kann auf die Ergebnisse des ersten Schritts „Erkennen" rekurriert werden. Für die weitere Bearbeitung von *hotspots* wären vor allem folgende relevante Aspekte herauszuarbeiten:

- Sprache („Ich krieg das ja alles nicht so wirklich mit, weil da viel auf Türkisch läuft.")
- Physischer Kontakt zwischen Lehrerin und Schüler („hab ihn mir gegriffen, ihn am Kragen gepackt und festgehalten")
- Angebot, die Tasche zu tragen („Das war wirklich voll schlimm")

Für diese Beispiele werden dann mögliche und auch alternative Erklärungsmuster ausgelotet, z.B. in einem World-Café-Format. Fragen wie die

---

[1] Siehe z.B. Bundeszentrale für politische Bildung (o. J.): Forschen mit GrafStat. Jugendliche zwischen Ausgrenzung und Integration. Materialien für den Unterricht [online], https://www.bpb.de/lernen/grafstat/projekt-integration/134617/materialien-fuer-den-unterricht (03.10.2020).

folgenden können zu einer multiperspektivischen Betrachtung ohne kulturessenzialistische Deutungsmuster anregen:

- Welche alternativen Interpretationen sind denkbar?
- Wie könnten die Unsicherheitssituationen von der Lehrerin erlebt worden sein? Wie vom Schüler?
- Wie würde ich sie möglicherweise in meinem eigenen Kulturkreis deuten?

Handeln
Im dritten Schritt steht dann die Erarbeitung und Diskussion von Handlungsstrategien im Vordergrund. Im vorigen Abschnitt haben die Teilnehmenden verstanden, dass die erkannten Hotspots durch Ambiguität gekennzeichnet sind, die sich nur teilweise beseitigen lässt. Folglich stehen Strategien für den Umgang mit Ungewissheit (Brashers, 2001) im Vordergrund. In Gruppenarbeit werden daher aus dieser Perspektive mögliche Handlungsstrategien für diese und ähnliche Situationen, v.a. aber auch für den weiteren Umgang der Referendarin mit dem betroffenen Schüler erarbeitet. Anschließend werden diese erprobt und diskutiert, z.B. mit Rollenspielen oder Simulationen.

What's the point?
Die vorgeschlagene Methodik eröffnet die Möglichkeit, kulturspezifische Charakteristika sowie interkulturelle Faktoren und Ambiguitätssituationen über sprachliche Elemente zu identifizieren. Darüber hinaus zeigt das Beispiel, inwiefern Themen aus Migrationskontexten gerade im schulischen Fremdsprachenunterricht einen Baustein zum Erwerb interkultureller Kompetenzen darstellen können.

Literatur

Agar, Michael H. (1994). Language shock. Understanding the culture of conversation. New York, NY: William Morrow.

Brashers, Dale E. (2001). Communication and uncertainty management. Journal of Communication, 51 (3), 477-497.

Heringer, Hans-Jürgen (2010). Interkulturelle Kommunikation. Tübingen u. Basel: A. Francke.

Montiel, Francisco Javier; Vatter, Christoph, Zapf, Elke C. (2014). Interkulturelle Kompetenz – Spanisch. Erkennen – Verstehen – Handeln. Stuttgart: Klett.

Vatter, Christoph; Zapf, Elke C. (2012). Interkulturelle Kompetenz – Französisch. Erkennen – Verstehen – Handeln. Stuttgart: Klett.

Vatter, Christoph; Otterpohl, Maja; Robichon, Julien; Schäfer, Kathrin (2013). Interkulturelle Herausforderungen im Auslandspraktikum – methodische Ansätze und Materialien zur Arbeit mit deutsch-französischen Critical Incidents im Unterricht. In Christoph Vatter (Hrsg., unter Mitarbeit von Hans-Jürgen Lüsebrink und Joachim Mohr), Praktikum / Stage. Interkulturelle Herausforderungen, praktische Umsetzung und didaktische Begleitung von schulischen Praktika im Partnerland (S. 175-288). St. Ingbert: Röhrig Universitätsverlag.

Kirsten Nazarkiewicz

Kulturreflexivität im Umgang mit dem Critical Incident (CI) „Der Taschenträger"

Meine Vorschläge zum Einsatz des CI basieren zum einen auf gesprächsanalytischen Forschungsarbeiten zu Interaktionsverläufen bei der Thematisierung von Kultur, zum anderen fließen für den weiteren didaktischen Einsatz die epistemologischen Überlegungen der Kulturreflexivität ein.

1. Kulturreflexiver Umgang mit dem Rohmaterial
Triggerwarnung: Es gibt im mündlichkeitsnahen Originaltext sehr viele moralische „Angebote", die das Interkulturelle Lernen über Gesprächsführung und Deutungsmusterlernen schwer steuerbar machen. Wie Konversationsanalysen von interkulturellen und antirassistischen Trainings, aber auch von Alltagstischgesprächen zeigen (Nazarkiewicz, 1997, 2010, 2020), ist eine Textkonstruktion, wie sie in diesem CI erfolgt, mit Risiken behaftet. Als Reaktion darauf sind typische Gesprächsdynamiken mit Regelmäßigkeit zu erwarten: Äußerungen von Mitgefühl mit der Protagonistin, aufeinanderfolgende eigene Erfahrungen und Erzählungen ähnlicher Art; es kommt zu kollaborativer Stereotypenkommunikation mit gemeinsamen Entrüstungen, Gegenmoralisierungen und Wiedergutmachungen – und dies keinesfalls nur bei der Berufsgruppe der Lehrer*innen, denn zur Lebenswelt Schule können alle aus eigener Erfahrung etwas beitragen. Zugleich könnten, insbesondere wenn die Zielgruppe der Lehrer*innen (etwa in einem Seminar) darüber spricht, Äußerungen moralischer Überlegenheit gegenüber der Ratlosigkeit der jungen Referendarin und Unsicherheit kompensierende Strategieempfehlungen formuliert werden – ebenfalls mit der Gefahr der Stereotypenkommunikation, die oft bis zu rassistischen Spitzen reichen. Auch in der schriftlichen Kommunikation kann man diese moralische Steigerungslogik feststellen (zu lesen in Bezug auf Schule z.B. in König, 2019). Dem gegenüber kann als herausragendes Beispiel für sprachliche Kulturreflexivität im Kontext des Kulturvergleichs bei Koelbl (2019, insbes. S. 38 f.) nachgelesen werden.

Schließlich ist in der Besprechung des Falls auch eine sprachkritische Distanzierung in Form politischer Korrektheit erwartbar, die sich kritisch auf die Art bezieht, wie die Referendarin ihre Not und die Situation beschreibt. Das Initiieren solcher diskursiven Verläufe ist nur dann hilfreich, wenn man sie als solche auch pädagogisch bearbeiten möchte. Ansonsten überwiegt die Gefahr, dass hochdynamische kollektive Bewertungsdiskurse das spannende Beispiel als Anlass zur Thematisierung von situativen Herausforderungen und deren Bewältigung überlagern.

Ich würde daher den CI für didaktische Zwecke in einen anderen Duktus bringen. Dabei geht es nicht darum, Bewertungen zu vermeiden, das wäre den Forschungsergebnissen nach nicht einmal hilfreich, sondern darum, eine nicht moralisierende Herangehensweise zu unterstützen. Dazu ist die Gesprächsführung von der Komplexität und moralischen Dynamik kultureller Diskurse möglichst zu entlasten. Für den Einsatz in einem berufsbezogenen Seminar, in dem an professionsgebundenen Handlungsproblemen der Teilnehmenden gearbeitet werden soll, kann bereits durch die Trennung von Berichtsrahmen und wörtlicher Rede eine leichte kulturreflexive Distanzierung erreicht werden:

> Eine Referendarin berichtet von einer Klasse, die sie als „chaotisch" erlebt. ...sie ist sich nicht sicher, ob die Verständigungsschwierigkeiten sprachlich begründet sind oder andere Ursachen haben... Sie schildert einen Vorfall in einer Stunde, in der sie schon ziemlich gestresst war. Sie fühlte sich durch das Verhalten eines Schülers provoziert und da sagte sie: „So, mein Freund, jetzt reicht's....".

Als weitere Variante des Reformulierens wäre die Tilgung aller landeskulturellen kategorialen Bezüge denkbar. Dann wäre im Text nur allgemein von einem Schülerverhalten die Rede, ohne dass weitere Hypothesen und Assoziationen sowie Dynamiken generierende Kategorien mitgeliefert werden. Diese Form sprengt die Erwartungen an eine Thematisierung mit geschlossenen Kulturbezügen und kann deren kritische Reflexion unterstützen.

2. Kulturreflexive Analyse eines CI

Der so aufbereitete CI kann dann u.a. als Grundlage einer *kulturreflexiven Analyse* dienen. Hierzu werden die Beteiligten zunächst in die Grundidee der *Kulturreflexivität* eingeführt, die darauf basiert, sich Alltagszusammenhängen aus unterschiedlichen Meta-Perspektiven zu nähern. Die Reihenfolge der Meta-Perspektiven ist dabei abhängig von den pädagogischen Zielen. Der Unterschied ist jeweils der angenommene Status des Wissens:

1. **Die Annahme, kulturelles Wissen diene der Interpretation und dem Perspektivenwechsel, führt zur Suche nach (Be-)Deutungen:** Welche (im klassischen Sinne) (inter-)kulturellen Faktoren können eine Rolle spielen? Welches Wissen zu kulturspezifischen Routinen und Wertorientierungen liegt den Beteiligten vielleicht vor. Wie deuten sie – und auch die Diskussionsteilnehmer*innen das Verhalten aus ihren jeweiligen Perspektiven?
2. **Die Annahme, kulturelles Wissen sei Ideologie, führt zur Dekonstruktion von machtvollen sozialen Positionierungen sowie der Suche nach sozialer Anerkennung und Gerechtigkeit:** Wie sind die Beteiligungschancen und Privilegien vorverteilt? Wie können strukturelle Nachteile, Diskriminierungserfahrungen von Kollektiven und Ausgeschlossenheit kontextuell berücksichtigt werden?
3. **Die Annahme, Hypothesen und Ursachenermittlung helfen nicht, führt zur Suche nach Wechselwirkungen und Lösungen auf der Basis von konstruktivem Nicht-Wissen:** Welche sonstigen Systeme und Kollektivzugehörigkeiten könnten eine Rolle spielen? Was weiß man alles nicht und verhandelt dennoch gemeinsam eine Lösung?

Die Diskussion der Antworten auf diese Fragen führt bei den Teilnehmenden zu einer hohen Perspektivenvielfalt sowie einer Sammlung möglicher konstruktiver Verhaltensweisen, die auf ihre ggf. einhergehenden Konsequenzen als „Folgekosten" geprüft werden können (zur Anwendung kulturreflexiver Meta-Perspektiven auf CIs siehe z.B. Nazarkiewicz 2016, 2018 und in diesem Band).

In jedem Fall bieten die kulturreflexiven Reformulierungen des Ausgangstextes einerseits und die Analyse aus drei Meta-Perspektiven andererseits mehrere Vorteile: Sie tragen nicht nur zur emotionalen moralischen „Abkühlung" und damit zu einer multiperspektivischen Herangehensweise bezüglich der Handlungsherausforderungen aller Beteiligten bei, sondern auch zur Vervielfältigung und Kontextualisierung von Deutungs- und Handlungsoptionen, ohne deduktiv eindeutige Antworten nahe zu legen. Damit öffnet sich der Blick auf das gemeinsame, konstruktive und kontextsensitive Aushandeln von für alle Beteiligten tragfähigen Lösungen.

What's the point?
Welche Risiken birgt die vorliegende Textkonstruktion für die Steuerung von interkulturellen Lernprozessen? Sollte der Text umgeschrieben werden, bevor er mit einem kulturreflexiven Ansatz bearbeitet werden kann?

Literatur

Koelbl, Susanne (2019). Zwölf Wochen in Riad. Saudi-Arabien zwischen Diktatur und Aufbruch. München: Deutsche Verlagsanstalt.

König, Ingrid (2019). Schule vor dem Kollaps. Eine Schulleiterin über Integration, die Schattenseite der Migration und was getan werden muss. München: Penguin Verlag.

Nazarkiewicz, Kirsten (1997). Moralisieren über Ethnien. Die Reflexivität der Stereotypenkommunikation. Zeitschrift für Soziologie, 26 (3), 181-201.

Nazarkiewicz, Kirsten (2010). Interkulturelles Lernen als Gesprächsarbeit. Wiesbaden: Springer VS.

Nazarkiewicz, Kirsten (2016). Kulturreflexivität statt Interkulturalität? Re-thinking cross-cultural – a culture reflexive approach. Interculture Journal, 15 (26), Sonderausgabe (Inter-)Kulturalität neu denken! – Rethinking Interculturality!, 23-31.

Nazarkiewicz, Kirsten (2018). Was ist interkulturelles Coaching? 20 Jahre und (k)ein bisschen Klarheit. OSC (Organisationsberatung, Supervision, Coaching), 25, 21-39.

Nazarkiewicz, Kirsten (2020). Zwischen Problemanzeige und Lösung. Das Dilemma der Interkulturellen Kompetenz. In Alois Moosmüller (Hrsg.), Interkulturelle Kompetenz. Kritische Perspektiven (S. 301-319). Münchener Beiträge zur Interkulturellen Kommunikation, Bd. 30. Münster: Waxmann.

Katrin Nissel

Rollenabgleich, Hierarchiewechsel, Intersektionalität

Versuche, gleichberechtigte Kommunikation, Beteiligung und flache Hierarchien herzustellen[1], können, wie im Critical Incident (CI) „Der Taschenträger" beschrieben, bei manchen Menschen weniger Motivation als vielmehr Unsicherheit, gepaart mit einem Nicht-Ernst-Nehmen des Gegenübers, auslösen.

„Der Taschenträger" könnte gut in einem interkulturellen oder Diversity-Sensibilisierungsworkshop für Lehrer*innen, Erzieher*innen, Weiterbildner*innen oder – weiter gefasst – in Trainings mit Fokus auf unterschiedlichen Hierarchie- und Rollenverständnissen eingesetzt werden.

Ziel wäre es, in der Arbeit mit dem CI das eigene Rollenverständnis als Lehrer*in, Dozent*in etc. in heterogenen Gruppen zu reflektieren und im kollegialen Austausch Lösungsansätze für die Praxis zu erarbeiten.

„Der Taschenträger" als Diskussionsanlass über Prägung und Wandel von Methoden und Rollenbildern

Die Geschichte „Der Taschenträger" könnte Anregung sein zum Austausch über die kulturelle Prägung von Wissen, Lernen, Lehren, Rollenerwartungen an Lehrende und Lernende. Diskutiert werden könnte der Erfolg pädagogischer Strategien, wie z.B. der Beteiligung bei Menschen, die starke Hierarchien gewohnt sind. Eine Einbeziehung in Entscheidungsprozesse kann Menschen, die klare Vorgaben und Anweisungen brauchen, auch irritieren und verunsichern. Die Teilnehmenden des Sensibilisierungsworkshops könnten dazu motiviert werden, in ihren Gruppen zu erklären, wie sich pädagogische Methoden und Rollenbilder in Deutschland in den vergangenen 50 Jahren verändert haben. Diese Erklärungen könnten etwas von der „Überheblichkeit" nehmen, mit der die Anwendung partizipativer Methoden manchmal als einzig „wahrer" Weg vermittelt wird.

---

[1] Die Verfasserin geht davon aus, dass es bei Konstellationen, in denen eine Person durch ihre Position funktional und institutionell „über" der anderen eingeordnet ist, keine absolute Gleichberechtigung geben kann.

Hierarchie- und Perspektivwechsel

In einer Umfrage könnten die Teilnehmenden noch vor dem Lesen und Besprechen des CI ankreuzen, welches Selbstverständnis als Erzieher*in, Lehrer*in etc. sie überwiegend haben. Sehen sie sich meist erstens als Begleiter*in, Berater*in, Moderator*in, zweitens als „Freund*in" oder drittens als Respekts- und Autoritätsfigur? In der Gruppe könnte diskutiert werden, wie sich dieses Verständnis entwickelt hat, was es bei verschiedenen Personen im eigenen Arbeitskontext auslöst und warum. Dann könnten die Teilnehmenden in Kleingruppen den CI lesen und besprechen. Was geschieht, wenn diese unterschiedlichen Rollenbilder z.b. in der Interaktion zwischen Lehrperson und Schüler*innen aufeinanderprallen? Wie kann man damit konstruktiv umgehen? In Rollenspielen könnten die Teilnehmenden üben, zwischen eher moderierendem und autoritärem Verhalten zu switchen. Vielleicht wäre ein Hin- und Her-Wechseln zwischen verschiedenen Stilen des Steuerns und Führens gerade bei multikulturellen Lerngruppen eine interessante Strategie.

Beim Lesen des CI erfährt man nur die Perspektive der Lehrerin. Eine wirksame Übung bestünde darin, zu versuchen, dieselbe Situation aus der Perspektive des Jungen zu beschreiben. Dies wäre v.a. dann zu empfehlen, wenn unter den Teilnehmenden Personen mit türkischer Zuwanderungsgeschichte wären, die tiefer erklären könnten, was hinter dem Verhalten des Jungen, der Veränderung vom „Quertreiber" hin zum „Taschenträger", steckt.

Intersektionalität

In der Analyse der Ursachen für das – in ihren Augen – respektlose Verhalten des Schülers, führt die Verfasserin des CI die Kombination aus Alter / Geschlecht / ethnischer Herkunft an. Der CI könnte als Veranschaulichung des Zusammenwirkens von unterschiedlichen sichtbaren Faktoren von Diversität dienen. Die Teilnehmenden könnten dazu angeregt werden, eigene Geschichten zu erzählen, in denen eine Kombination solcher Aspekte Auslöser für ein bestimmtes Verhalten des Gegenübers bzw. der Wahrnehmung der eigenen Person durch Andere in einer spezifischen Interaktion war.

What's the point?
Wie kann man auf der Folie dieses CIs eigene kulturelle Rollenbilder und Rollenerwartungen im Wandel pädagogischer Ideen reflektieren und so zu einer diversitätssensiblen Perspektive beitragen?

Agata Puspitasari Ranjabar

Der "Taschenträger" – A Goffmanian View

The following analysis is an example of how to use Erving Goffman's concept of "remedial work" (Goffman, 1971, pp. 108) in intercultural learning settings.

For Goffman, everyday interaction normally exhibits behavioral patterns of respect towards each other's roles and each other's face. Simultaneously, everyday interaction involves situations that threaten the face of self and others. When such a threat occurs, it normally calls for "remedial work" (Goffman, 1971), which serves "to change the meaning that otherwise might be given to an act, transforming what could be seen as offensive into what can be seen as acceptable" (Goffman, 1971, p. 109).

When such an infraction occurs, the offender is expected to provide an apology or an account. In the next move then, the offended ideally provides a sign of relief, implying that the account or apology is sufficient for the offended. This move leaves the offender under the obligation to show gratitude or thanks for the acceptance. The offender thus demonstrates "his appreciation of the appreciation shown to him and rather fully terminates the interchange" (Goffman, 1971, p. 143). If this full circle is accomplished, Goffman speaks of a "remedial interchange" [1] (Goffman, 1971, pp. 95).

In the critical incident at hand, although there will be no remedial interchange proper, in fact, we can find various attempts of remedial work but never getting to the point where offended and offender come to terms. It is rather through a sequence of actions in different contexts which seem to be differently evaluated by the involved actors and which can be regarded as moves or attempts toward "remedial interchange". Hence, I will show how remedial interchange will get stuck on the level of initiations or attempts of remedial work.

---

[1] Besides "remedial work", Goffman (1971, pp. 108) furthermore uses the adjective "remedial" in various contexts, e.g. "remedial activity" (p. 109, p. 138), "remedial acts" (p. 115), "remedial moves" (p. 118), "remedial message" (p. 119), or "remedial effort" (p. 122). In the following analysis, I take the freedom to use the adjective *remedial* in approaching the various activities which I regard as (attempts of) remedial work.

The Situation

This critical incident takes place in a school class between a teacher and a group of students, in particular with one of them. His behavior is seen as troublesome and disrespectful to her. This leads the teacher to a situation perceiving a threat to her authority of role as a teacher. This feeling finally culminates in a brief physical confrontation with the student. This escalation conflicts with the institutional rules and her own pedagogical ethos, in particular – as a religion teacher. This situation clearly calls for remedial work to repair her reputation. She goes to the school headmaster to confess that she lost control. The peak of conflict for her, however, is the student's action the next day. In front of other students and colleagues, he offers the teacher to carry her bag.

Analysis

The student and the teacher obviously have different perceptions of a teacher-student relationship and interaction in the classroom. These different perceptions can be influenced by various reasons, such as the participation framework, or even expectations influenced by various cultural aspects. For the student, his role in class is probably judged differently compared to how the teacher labels him. For the teacher, the student's role is a threat to her role as a teacher. Within the frame of the institution, there are thus different levels of role conflicts which obviously need to be remedied.

Although the incident is between her as a teacher and her student, her remedial work does not further involve the student. As she takes him to task and grabs him by the collar, this can be regarded as an attempt of remedial work where she is expecting him to apologize or give an account, but he does not. The remedial attempt fails. Instead, her confession of the assault to the headmaster is thus a remedial account, but one within the institution to reconstitute her ethical role.

In this remedial action, the headmaster and the teacher are both representatives of the institution school. In reference to the student, the teacher's attempt of her institutional remedy, i.e., remedial action, remains within the institution, which determines the structure of this remedial work.

Thus, this remedial action seems to revolve solely around the teacher's role. In fact, such procedure presents the unvoiced standard, which she knows of and which she follows. This means, within an institution, remedial actions may be less influenced by the ones directly involved in the local interchange but more by institutional stakeholders.

The student's action in the next morning is different. Here the remedial initiation is from the side of the student, choosing a scene where the public is partially present. The student offers to carry the bag of the teacher. This can be read in different ways, either as a direct remedial attempt to show humbleness and respect for the authority of the teacher, as an act of servility; or as an ironical act, as the peak of impudence, in that he makes use of the teacher's perception to be made silly in front of others. At least this is a direct confrontation which does not detour via superiors. In the former case, it can be seen as a remedial interchange attempt proper, in the latter as an as-if-remedy which displays a formal act of remedial action on the formal side but at the same time caricatures the remedial interchange with the effect of increasing the harm and disrespect.

What's the point?
Welche neuen Sichtweisen ergeben sich, wenn der CI auf der Folie des Goffmanschen Konzepts des „remedial work" interpretiert wird? Welches Potenzial haben soziolinguistische Ansätze für die Arbeit mit CIs?

References

Goffman, Erving (1971). Relations in Public. Microstudies of the Public Order. New York: Basic Books.

Annika Schmidt

Der „Taschenträger": Eine proxemische Analyse

Die proxemische Analyse eines Critical Incidents (CI) setzt an der Schnittstelle physischer und sozialräumlicher Handlungsmöglichkeiten an. Raum definiere ich in Anlehnung an Martina Löw (2012) als sozial konstruiertes, relationales Ordnungsgefüge von zu- und aneinander ausgerichteten Lebewesen und Gegenständen. Darunter fasse ich sowohl physisch-räumliche Ordnungsgefüge wie im vorliegenden CI das Klassenzimmer, den Schulflur oder Parkplatz, als auch sozialräumliche Ordnungsgefüge wie die Klassengemeinschaft, das Kollegium oder die Institution Schule. Dabei verlaufen physischer und sozialer Raum selten kongruent. Die Proxemik, wie sie von dem Anthropologen Edward T. Hall (1990) beschrieben wurde, bezeichnet das Raumverhalten bezüglich wahrgenommener Nähe und Distanz, körperlicher Ausrichtung und Positionierung. Angewandt auf obigen Raumbegriff heißt das für mich: Die Proxemik als Raum-*Verhalten* verweist auf ein *Reaktionsvermögen*, im Sinne eines sich Einfügens in ein Ordnungsgefüge, das Einnehmen einer (zugewiesenen oder verfügbaren) Position, die Anpassungsfähigkeit an vorgefundene Verhältnisse. Proxemik als *Aktionsvermögen* hingegen bezeichnet eine *Handlung*: das Gestalten von Raum, die Tätigkeit des Anordnens und Einrichtens, des Positionierens und Zuweisens von Positionen. Das heißt, Proxemik umfasst sowohl die Fähigkeit, bestehende Ordnungsgefüge zu stützen und zu reproduzieren, als auch die Fähigkeit, Ordnungsgefüge zu unterlaufen, umzugestalten und neu zu errichten.

CIs sind demnach – proxemisch betrachtet – Fallbeispiele, in denen ein bestehendes Ordnungsgefüge „aus den Fugen gerät"; es herrscht Unordnung. Da das vorliegende Beispiel aus Sicht der Lehrerin geschildert wird, greift der nachfolgende Interpretationsversuch ihre Perspektive auf. Die Chance einer proxemischen Betrachtung liegt im Aufzeigen vorhandener und potenzieller Handlungsräume, um aus der wahrgenommenen Unordnung in eine Um- bzw. Neuordnung zu gelangen. Dazu werden mithilfe folgender Leitfragen die unterschiedlichen Ordnungsgefüge betrachtet:

- In welchem Raum (physisch und sozial) findet die Sequenz statt? Wer und was gehört zu dessen Ordnungsgefüge?
- Wie starr oder flexibel ist das Ordnungsgefüge? Sind Positionierungen durch die Ordnungsstruktur vorgegeben oder frei wählbar?
- Wer hat Gestaltungskraft? Wer kann das Ordnungsgefüge wie beeinflussen? Wer nimmt wie viel Raum ein?
- An wem oder was richten sich die Beteiligten aus? Nach welchem *Maß*-Stab handeln sie? Was ist *maß-gebend* für das jeweilige Nähe-Distanz-Empfinden?

Der vorliegende CI umfasst vier Sequenzen: den Unterricht (1), das „Zupacken" nach dem Unterricht, sozusagen „zwischen Tür und Angel" (2), den Gang zum Rektor (3) und die Begegnung auf dem Parkplatz (4). In diesem Fall sind die Sequenzen des CI durch physische Ortswechsel markierbar; dem muss jedoch nicht immer so sein.

Mit Blick auf den Sozialraum werden deutliche Unterschiede zwischen den Sequenzen sichtbar: Im Unterricht ist das Ordnungsgefüge mit einer Lehrperson und vielen Schülern ein anderes als auf dem Parkplatz mit vielen Lehrern und einem Schüler. Ebenso ist der Unterricht – im Gegensatz zum Parkplatz, auf dem ein ständiges Kommen und Gehen herrscht – ein recht starres Ordnungsgefüge mit eingeschränkten Handlungsspielräumen: Trotz der „Gestaltungshoheit" der Lehrerin ist sie an bestimmte (ethische) *Maß*-Stäbe gebunden. In Sequenz 2 gerät das Gefüge in Bewegung: Sprichwörtlich „zwischen Tür und Angel" löst sich der Rahmen des Unterrichts auf und die Handlungsräume wandeln sich. Der Schüler hat die Möglichkeit, sich der Lehrkraft zu entziehen, er unterwandert ihre Gestaltungshoheit und gefährdet ihre Position aus Sequenz 1. Die Lehrerin reagiert, indem sie ihn packt: Sie zieht ihn in ihre Reichweite. So sichert sie einerseits ihre Position, andererseits überschreitet sie eine Grenze; die Sequenz geht ihr nahe, weil das *Maß* überschritten wird.

Sequenz 2 führt aufgrund des eigenen als *unangemessen* wahrgenommenen Handelns zu der oben erwähnten Unordnung im Sozialraum. Sequenz 3 wird nicht näher ausgeführt, kann aber als Versuch gedeutet werden, die „alte Ordnung" und *das rechte Maß* wiederherzustellen. Dafür orientiert sich die Lehrerin an einem übergeordneten Ordnungsgefüge. Hier könnten auch weitere Sozialräume relevant werden, in denen neben der Institution Schule und der Lehrerin die Eltern und das Kollegium eine nicht zu unterschätzende Einfluss- und Gestaltungskraft haben.

Schließlich tritt die „Unordnung" in Sequenz 4 deutlich zutage: Der Schüler wartet auf dem Parkplatz und bietet der Lehrerin an, ihre Tasche zu tragen. Der Schüler greift gestaltend ein, doch ist nicht klar, woran er sich dabei ausrichtet. Die Lehrerin empfindet die Situation als „voll schlimm" und weiß nicht, wie sie reagieren soll. Wenn Unordnung im sozialen Raum herrscht, ist kein *rechtes Maß* für das Handeln erkennbar. Die Lehrerin versucht, das unerwartete, neue Verhalten des Schülers in ihr durcheinandergeratenes Ordnungsgefüge einzuordnen. Je nachdem, welchen „Deutungsmaßstab" sie an das Angebot des Taschetragens anlegt, eröffnen und schließen sich jeweils Möglichkeiten entweder zur Aushandlung einer Neuordnung oder zur Wiederherstellung der „alten" Ordnung.

Aufbauend auf diesem analytischen Zugang können an einem Training Teilnehmende dazu angeregt werden, anhand des Beispiels potenzielle Handlungsspielräume zu diskutieren, um in kritischen Situationen eigene Gestaltungsmöglichkeiten besser erkennen und nutzen zu können.

What's the point?
Was geschieht, wenn man CIs als aus den Fugen geratene physische und sozialräumliche Ordnungsgefüge betrachtet? Welcher neue Blick auf Handlungsspielräume ergibt sich aus dieser Betrachtungsweise?

Literatur

Hall, Edward T. (1990). The Hidden Dimension. New York: Anchor Books.

Löw, Martina (2012). Raumsoziologie (7. Aufl.). Frankfurt / M.: Suhrkamp.

Autor*innen

Doris Fetscher, Prof. Dr., Westsächsische Hochschule Zwickau. Professur für Intercultural Training and Business Administration Romanischer Kulturraum.

Andreas Groß, Dipl.-Päd., Technische Hochschule Köln, Wissenschaftlicher Mitarbeiter.

Katharina von Helmolt, Prof. Dr., Hochschule München, Professur für Interkulturelle Kommunikation und Kooperation.

Gundula Gwenn Hiller, Prof. Dr., Hochschule der Bundesagentur für Arbeit, Professur für Beratungswissenschaften mit Schwerpunkt Interkulturelle Kompetenz und Migration.

Volker Hinnenkamp, Prof. Dr. (i.R.), Hochschule Fulda, Professor für Interkulturelle Kommunikation (2002-2018).

Susanne Klein, M.A., Westsächsische Hochschule Zwickau. Wissenschaftliche Projektmitarbeiterin, Promovendin an der Universität Hildesheim.

Beatrix Kreß, Prof. Dr., Universität Hildesheim, Professur für Interkulturelle Kommunikation.

Francisco Javier Montiel Alafont, Prof. Dr., EWA Madrid – Duale Europäische Wirtschaftsakademie. Direktor.

Kirsten Nazarkiewicz, Prof. Dr., Hochschule Fulda. Professur für Interkulturelle Kommunikation.

Katrin Nissel, M.A., Hochschule Bremen. Wissenschaftliche Mitarbeiterin in den Bereichen Interkulturelle Kommunikation, Diversity Management, Brazilian and European Studies.

Agata Puspitasari Ranjabar, M.A., Hochschule Fulda. Promovendin am Fulda Graduate Centre of Social Sciences.

Annika Schmidt, M.A., Hochschule Fulda. Promovendin am Fulda Graduate Centre of Social Sciences. Lehrbeauftragte im Bereich Interkultureller Kommunikation.

Christoph Vatter, Prof. Dr., Friedrich-Schiller-Universität Jena, Professur für Interkulturelle Wirtschaftskommunikation mit Schwerpunkt Kulturtheorie und Kommunikationsforschung.

KULTUR – KOMMUNIKATION – KOOPERATION

herausgegeben von Gabriele Berkenbusch und Katharina von Helmolt

ISSN 1869-5884

1   *Gabriele Berkenbusch und Doris Weidemann (Hg.)*
      Herausforderungen internationaler Mobilität
      Auslandsaufenthalte im Kontext von Hochschule und Unternehmen
      ISBN 978-3-8382-0026-2

2   *Vasco da Silva*
      Critical Incidents in Spanien und Frankreich
      Eine Evaluation studentischer Selbstanalysen
      ISBN 978-3-8382-0036-1

3   *Gwendolin Lauterbach*
      Zu Gast in China
      Interkulturelles Lernen in chinesischen Gastfamilien:
      Eine Längsschnittstudie über die Erfahrungen deutscher Gäste
      ISBN 978-3-8382-0082-8

4   *Katharina Bertz*
      Akkulturationsmodelle in der aktuellen Forschung
      Metaanalyse neuester wissenschaftlicher Studien über Akkulturation
      ISBN 978-3-8382-0126-9

5   *Sabine Emde*
      Immigration und Schwierigkeiten im deutschen Alltag
      Eine chinesische Migrantin in Deutschland
      ISBN 978-3-8382-0101-6

6   *Andrea Richter*
      Auslandsaufenthalte während des Studiums - Stationen,
      Bewältigungsstrategien und Auswirkungen
      Eine qualitative Studie
      ISBN 978-3-8382-0108-5

7   *Jessica Bielinski*
      Bikulturelle Partnerschaften in Deutschland
      Eine Studie über Diskriminierungen, Konflikte und Alltagserfahrungen
      ISBN 978-3-8382-0299-0

8   *Gabriele Berkenbusch, Katharina von Helmolt, Vasco da Silva (Hg.)*
      Migration und Mobilität aus der Perspektive von Frauen
      ISBN 978-3-8382-0156-6

9   *Ann-Kathrin Hörl*
      Interkulturelles Lernen von Schülern
      Einfluss internationaler Schüler- und Jugendaustauschprogramme auf die

persönliche Entwicklung und die Herausbildung interkultureller Kompetenz
ISBN 978-3-8382-0361-4

10 Gwendolin Lauterbach
    Hierarchie in internationalen Hochschulkooperationen
    Eine Studie zu deutsch-kirgisischer Projektarbeit
    ISBN 978-3-8382-0392-8

11 Gabriele Berkenbusch, Elisa Wiesbaum, Jens Weyhe
    Zwischen Hochschule und Arbeitsmarkt
    Die Absolventenstudie der Fakultät Angewandte Sprachen und Interkulturelle
    Kommunikation der Westsächsischen Hochschule Zwickau
    ISBN 978-3-8382-0351-5

12 Ciara Hogan, Nadine Rentel, Stephanie Schwerter (eds.)
    Bridging Cultures: Intercultural Mediation in Literature, Linguistics
    and the Arts
    ISBN 978-3-8382-0352-2

13 Katharina von Helmolt, Gabriele Berkenbusch, Wenjian Jia (Hg.)
    Interkulturelle Lernsettings
    Konzepte – Formate – Verfahren
    ISBN 978-3-8382-0349-2

14 Alexandra Bauer
    Identifikative Integration
    Über das Zugehörigkeitsgefühl von Migranten und Migrantinnen
    zu ihrer Aufnahmegesellschaft
    ISBN 978-3-8382-0382-9

15 Melanie Püschel
    Emotionen im Web
    Die Verwendung von Emoticons, Interjektionen und emotiven Akronymen in
    schriftbasierten Webforen für Hörgeschädigte
    ISBN 978-3-8382-0506-9

16 Friederike Barié-Wimmer, Katharina von Helmolt, Bernhard
    Zimmermann
    Interkulturelle Arbeitskontexte
    Beiträge zur empirischen Forschung
    ISBN 978-3-8382-0637-0

17 Nicola Düll, Katharina von Helmolt, Begoña Prieto Peral,
    Stefan Rappenglück, Lena Thurau (Hg.)
    Migration und Hochschule
    Herausforderungen für Politik und Bildung
    ISBN 978-3-8382-0542-7

18   Sara Dirnagl
      „Because here in Germany". Kategorisierung und Wirklichkeit
      Eine dynamische *Membership Categorization Analysis* von
      Migrationsberatungsgesprächen
      ISBN 978-3-8382-1005-6

19   Astrid Lohöfer, Kirsten Süselbeck (Hg.)
      Streifzüge durch die Romania
      Festschrift für Gabriele Beck-Busse zum 60. Geburtstag
      ISBN 978-3-8382-0506-9

20   Yvonne Weber
      Interkulturelle Lehrkompetenz
      Konzeption eines Kompetenzprofils für Dozentinnen am Beispiel der Dualen Hochschule
      Baden-Württemberg
      ISBN 978-3-8382-1144-2

21   Stefan Serafin, Vera Eilers (Hg.)
      Vivat diversitas
      Romania una, linguae multae. Festschrift für Prof. Dr. Isabel Zollna zum 60. Geburtstag
      ISBN 978-3-8382-0959-3

22   Katharina von Helmolt, Daniel Ittstein (Hg.)
      Digitalisierung und (Inter-)Kulturalität
      ISBN 978-3-8382-1177-0

23   Thomas Johnen, Mônica Savedra, Ulrike Schröder (Hg.)
      Sprachgebrauch im Kontext
      Die deutsche Sprache im Kontakt, Vergleich und in Interaktion
      mit Lateinamerika/Brasilien
      ISBN 978-3-8382-0825-1

24   Robert Graner
      Perspektiven Interkultureller Kommunikation
      in der Entwicklungszusammenarbeit
      Eine ethnographische Studie zu touristischer Entwicklung in Ecuadors Amazonasgebiet
      ISBN 978-3-8382-1353-8

25   Doris Weidemann, Tina Paul, Anja Brandl-Naik
      Interkulturelle Herausforderungen transnationaler
      Forschungsprojekte Erfahrungen in der chinesisch- deutschen
      Wissenschaftskooperation
      ISBN 978-3-8382-0369-0

Doris Fetscher, Andreas Groß (Hg.)
Critical Incidents neu gedacht
ISBN 978-3-8382-1492-4

ibidem.eu